Rückkehr der Religion in den öffentlichen Raum?

Anna-Maria Schielicke

Rückkehr der Religion in den öffentlichen Raum?

Kirche und Religion in der deutschen Tagespresse von 1993 bis 2009

Anna-Maria Schielicke
Dresden, Deutschland

Zugleich Dissertation der Technischen Universität Dresden 2012

ISBN 978-3-658-05184-6 ISBN 978-3-658-05185-3 (eBook)
DOI 10.1007/978-3-658-05185-3

Die Deutsche Nationalbibliothek verzeichnet diese Publikation in der Deutschen Nationalbibliografie; detaillierte bibliografische Daten sind im Internet über http://dnb.d-nb.de abrufbar.

Springer VS
© Springer Fachmedien Wiesbaden 2014
Das Werk einschließlich aller seiner Teile ist urheberrechtlich geschützt. Jede Verwertung, die nicht ausdrücklich vom Urheberrechtsgesetz zugelassen ist, bedarf der vorherigen Zustimmung des Verlags. Das gilt insbesondere für Vervielfältigungen, Bearbeitungen, Übersetzungen, Mikroverfilmungen und die Einspeicherung und Verarbeitung in elektronischen Systemen.

Die Wiedergabe von Gebrauchsnamen, Handelsnamen, Warenbezeichnungen usw. in diesem Werk berechtigt auch ohne besondere Kennzeichnung nicht zu der Annahme, dass solche Namen im Sinne der Warenzeichen- und Markenschutz-Gesetzgebung als frei zu betrachten wären und daher von jedermann benutzt werden dürften.

Gedruckt auf säurefreiem und chlorfrei gebleichtem Papier

Springer VS ist eine Marke von Springer DE. Springer DE ist Teil der Fachverlagsgruppe Springer Science+Business Media.
www.springer-vs.de

Inhaltsverzeichnis

Abbildungsverzeichnis 7

Tabellenverzeichnis 9

1 Einleitung 11

2 Religion und Säkularisierung 13
  2.1 Religion 13
  2.2 Säkularisierung 16
  2.3 Alternativen: Marktmodell und Individualisierungsthese 20
  2.4 Säkularisierung, Marktmodell oder Individualisierung? 23
  2.5 Zwischenfazit 25

3 Religion und Politik 27
  3.1 Religiöse Legitimation politischer Macht 28
  3.2 Das Problem der unabhängigen Grundsätze 31
  3.3 Religion als Mobilisierungsressource 37
  3.4 Staat-Kirche-Systeme 39
  3.5 Gewünschter Einfluss von Religion auf Politik 43
  3.6 Zwischenfazit 45

4 Religion und Gesellschaft 47
  4.1 Motoren der Rückkehr der Religion 48
  4.2 Religiosität der Bevölkerung 54
  4.3 Zwischenfazit 61

5	**Religion und Medien**	63
	5.1 Religionskommunikation	63
	5.2 Entwicklung der Religionskommunikation	65
	5.3 Forschungsstand	71
	5.4 Zwischenfazit	77
6	**Untersuchungsdesign**	79
7	**Operationalisierung**	87
	7.1 Dimension Volumen	88
	7.2 Dimension Themen	88
	7.3 Dimension Akteure	108
8	**Pretest**	119
9	**Auswertung**	123
	9.1 Dimension Volumen	123
	9.2 Dimension Themen	127
	9.3 Dimension Akteure	155
	9.4 Zusammenfassung	172
10	**Diskussion**	175
	Quellenverzeichnis	179
	Anhang	189

Abbildungsverzeichnis

Abb. 1 Religiöse Menschen in Dresden 60

Abb. 2 Entwicklung der Religionsberichterstattung 125

Abb. 3 Entwicklung der Themenbereiche über die Zeit.................... 130

Abb. 4 Entwicklung der Kontextualisierung............................. 137

Abb. 5 Argumentation mit oder Diskussion über Religion?................ 138

Abb. 6 Entwicklung des Gesamttenors.................................. 141

Abb. 7 Entwicklung der Konfliktkonstellationen......................... 145

Abb. 8 Entwicklung des Vorkommens der Religionen..................... 160

Abb. 9 Valenz der Religionen/Konfessionen 162

Abb. 10 Tenor der von Personen verfassten Beiträge 165

Abb. 11 Anteil aktiver Akteure an allen Akteuren je Bereich............... 169

Abb. A1 Religiosität in Dresden mit Trendlinien 190

Abb. A2 Entwicklung der Religionsberichterstattung nach Ressort......... 191

Abb. A3 Entwicklung der konflikthaltigen Berichterstattung 191

Tabellenverzeichnis

Tabelle 1   Auflagenentwicklung der deutschen Leitmedien Print 81

Tabelle 2   Anzahl Beiträge nach unterschiedlichen Zugriffskriterien 84

Tabelle 3   Anteil der Themenbereiche an
            Religionsberichterstattung gesamt 128

Tabelle 4   Vergleich der Themenbereichsverteilung
            für Anlass und Hauptthema 134

Tabelle 5   Entwicklung der Religionsberichterstattung nach Ressort 136

Tabelle 6   Entwicklung der Darstellungsformen für
            Religionsberichterstattung 140

Tabelle 7   Konfliktkonstellationen nach Themenbereichen 147

Tabelle 8   Entwicklung der Konfliktbeteiligung 148

Tabelle 9   Faktorenlösung Aspekte 152

Tabelle 10 Verteilung der Aspekte nach Religionen/Konfessionen
            im Verhältnis zur Gesamtberichterstattung 153

Tabelle 11 Anteil der Religionen/Konfessionen und -kombinationen
            an der Gesamtberichterstattung 158

Tabelle A1	Faktorenanalyse Werte	192
Tabelle A2	Variablenübersicht ALLBUS 2002 für Religiositätsindex nach Pollack (2009)	193
Tabelle A3	Vergleich Korrelationskoeffizienten	194
Tabelle A4	Anteile spezifischer Themen (nachcodiert)	195
Tabelle A5	Top 10 der spezifischen Themen nach Jahr	196
Tabelle A6	Zusammenfassung der Ressorts	197
Tabelle A7	Subjektive Religionsberichterstattung	198
Tabelle A8	Entwicklung der Konfliktintensität	198
Tabelle A9	Diskussion und Stellung der Aspekte	199
Tabelle A10	Ergebnisse der einfaktoriellen Varianzanalysen (ANOVA) für Vorkommen der Religionen und Jahr	199
Tabelle A11	Entwicklung Agenturbeiträge	199
Tabelle A12	Bereiche der Urheber der Aspekte	200
Tabelle A13	Aktive und passive Akteure nach Bereichen	200
Tabelle A14	Führungsebenen aktiver und passiver Akteure für Politik und Religion	201
Tabelle A15	Faktorenlösung Akteurskonstellationen	202

Einleitung 1

„Das 21. Jahrhundert wird ein Zeitalter der Religion. Gott kehrt zurück, und zwar mit Macht – im doppelten Sinn des Wortes. Nicht nur als philosophische Überzeugung oder spirituelle Kraft. Er kommt mitten hinein in den politischen Raum. [...] Wir gehen vom postmodernen ins neoreligiöse Zeitalter." (Weimer 2006: 7).

Angesichts des immensen Zulaufs gerade zu fundamentalistischen christlichen und muslimischen Strömungen, den vielfältigen Debatten um Religion in der Politik und der zunehmend öffentlich zur Schau gestellten Religiosität der Bevölkerung möchte man Weimer zustimmen. Auf der anderen Seite wird nach wie vor mit dem Säkularisierungsparadigma ein Verschwinden der Religion in modernen Gesellschaften postuliert. Bisher wurde sich diesem Spannungsfeld aus unterschiedlichen Fachperspektiven genähert. Die Politikwissenschaft befasste sich vornehmlich mit dem Verhältnis von Demokratie und Religion und den Staat-Kirche-Verhältnissen. Die Soziologie widmete sich vor allem der Frage, welche Leistungen Religion, Glaube, Kirche und Spiritualität für das Individuum und die Gesellschaft erbringen kann. Die medienwissenschaftlichen Disziplinen konzentrierten sich meist unabhängig von derlei Überlegungen mit der medialen Darstellung von Religion. Dies geschah allerdings meist in Einzelfallstudien und eher unsystematisch. Die Forschung in all diesen Disziplinen orientierte sich vornehmlich an aktuellen Themen und Ereignissen. So dominierte in den letzten Jahren beispielsweise die Beschäftigung mit dem Islam. Eine umfassende Bestandsaufnahme des Mediendiskurses im Bereich Religion fehlt. Dieser Befund gilt nicht nur für den deutschen Raum, sondern (mit Ausnahme der Schweiz und den USA) auch international. Vorliegende Arbeit setzt sich als Ziel, die verschiedenen Sichtweisen zusammenzuführen, um zu einer geschlossenen Darstellung des Feldes zu gelangen. Dies selbstverständlich um den Preis, dass nicht jeder Bereich – Politik, Gesellschaft, Medien – vollumfassend dargestellt werden kann. Zentrale Argumentationen und Konzepte werden jedoch im Überblick dokumentiert und aufeinander bezogen. Die grundlegende Frage ist, ob Religion in den öffentlichen Raum zurückkehrt.

Am Anfang der Arbeit steht eine auf das Anliegen der Studie fokussierte Religionsdefinition, sowie die Darstellung der zentralen Annahmen des Säkularisierungsparadigmas, welches quasi die Nullhypothese zur Rückkehr der Religion ist. An das Säkularisierungsparadigma angelehnt, strukturieren sich die nachfolgenden Kapitel. Zunächst soll das Verhältnis von Politik und Religion geklärt werden. Im Zentrum steht hier welche Beziehungen aktuell zwischen den beiden Sphären bestehen und warum sie nicht – wie im Säkularisierungsparadigma postuliert – getrennt gedacht werden können (und auch nicht müssen). Das Kapitel Religion und Gesellschaft konzentriert sich auf aktuelle Werttreiber für die Religiosität in der Bevölkerung. Der Hauptteil der Arbeit widmet sich einer Bestandsaufnahme des medialen Diskurses zum Thema Religion in Deutschland. Grundlage hierfür ist eine quantitative Inhaltsanalyse zweier Leitmedien Deutschlands. Über einen Zeitraum von 16 Jahren soll die allgemeine Entwicklung des Mediendiskurses zum Thema Religion nachvollzogen werden. Zentrale Fragestellung ist, ob sich eine Rückkehr der Religion – ausgehend von den Befunden für Politik und Gesellschaft – auch in den Medien beobachten lässt. Die Leitmedien stehen hierbei stellvertretend für die mögliche Bandbreite des öffentlichen Diskurses. In der abschließenden Diskussion sollen die Befunde aus allen drei Bereichen zusammengeführt und in eine geschlossene Betrachtung des Feldes überführt werden.

Religion und Säkularisierung 2

Da die forschungsleitende Frage dieser Arbeit ist, ob Religion in den öffentlichen Raum zurückkehrt, muss zunächst der Begriff der Religion eingegrenzt und für diese Arbeit definiert werden. Anschließend wird das Säkularisierungsparadigma diskutiert, welches den gegenläufigen Prozess zur Rückkehr der Religion – nämlich das allmähliche Verschwinden der Religion aus dem öffentlichen Raum postuliert.

2.1 Religion

Nach Riesebrodt (2007) kann Religion ganz unterschiedlich gefasst werden: „Je nach Vorverständnis handelt es sich bei der Religion um eine offenbarte Wahrheit, einen unverzichtbaren Bestandteil von Gesellschaft, ein *a priori* [Hervorhebung im Original] gegebenes Vermögen des Menschen und die Grundlage jeglicher Moral oder aber um ein Symptom von Entfremdung, ein Überbleibsel eines vorwissenschaftlichen Zeitaltes, eine Ideologie im Dienste weltlicher Interessen, eine infantile Illusion oder einen romantischen Eskapismus." (Riesebrodt 2007: 18). Das Definitionsproblem, welches sich stellt, liegt darin begründet, dass die Arten und Formen von Religion derart vielfältig sind, dass sie schwer unter einem universellen Religionsbegriff fassbar sind. Grundsätzlich unterscheidet man funktionale und substantielle Religionsdefinitionen. „Funktionale Religionsbegriffe sind auf Wirkungen und Problemlösungen in der Alltagswelt [...] bezogen; substantielle Religionsbegriffe definieren die Religion von ihrem Wesen her [...]." (Gabriel & Reuter 2010: 24). Das Problem der funktionalen Definition ist, dass sie zu einem „kaum noch abgrenzbaren Religionsbegriff führt, weil jederzeit vom ‚Wesen' der Religion unabhängige funktionale Äquivalente aufgewiesen werden können, die das betreffende Problem ‚stattdessen' lösen und deshalb im

Umkehrschluss (weil es auf die Funktionserfüllung ankommt) als ‚Religion' bezeichnet werden können." (Gabriel & Reuter 2010: 24). Somit wäre dann auch die *Medienreligion* tatsächlich eine Religion, wenn sie Aufgaben wie Strukturierung, Identitätsbildung und Ritualisierung erfüllt (vgl. DaRe 2003). Substantielle Definitionen beziehen sich üblicherweise auf ein Bezugsobjekt, wobei es sich meist um einen personalen Gott handelt. Allerdings beziehen sich nicht alle Religionen auf einen Gott (z. B. Buddhismus). Also wird Gott durch etwas Heiliges als Bezugsgröße ersetzt. Das Problem des Heiligen als Bezugsgröße ist, dass es vom jeweiligen Gläubigen abhängt, was heilig ist. Auf diese Weise kann der Begriff überstrapaziert werden und auch Familie, Nation oder Geld beinhalten. Eingeschränkt werden kann das Heilige mit dem Bezug auf Übernatürliches, was Familie, Nation und Geld ausschließen würde. Alles Künstlerische bliebe aber noch als potenziell heilig erhalten. Transzendenz – also der Bezug auf etwas Über- oder Außerirdisches – ist also nicht spezifisch genug, um das Phänomen Religion ein- oder abzugrenzen (Pollack 2009: 61ff). „Betrachtet man [den] inflationären Gebrauch des Religionsbegriffes, dann gewinnt man zuweilen den Eindruck, als ob sich alles, was manche Theologen und Religionssoziologen auch anfassen, wie von Zauberhand in Religion zu verwandeln vermag." (Pollack 2009: 14f). Bei Riesebrodt (2007) beispielsweise ist letztlich alles Religion, was von anderen als Religion wahrgenommen wird. Das macht eine konkrete Definition unmöglich. Er vertraut darauf, dass es schon immer „Differenzwahrnehmungen zwischen Religiösem und Nichtreligiösem" (Riesebrodt 2007: 72) gegeben hat. Dies würde jedoch bedeuten, jedem selbst zu überlassen, was er unter Religion versteht.

Da Religion mit den bisherigen Ansätzen offensichtlich schwer zu fassen ist, schlägt Pollack (2009) eine Merkmalskombination aus funktionalen und substantiellen Argumenten vor (Pollack 2009: 63). Die Hauptfunktion von Religion besteht dann in Kontingenzbewältigung (funktionales Argument). Kontingenzerfahrungen finden immer dann statt, „wenn Menschen Situationen von Ohnmacht, Hilflosigkeit und Unvermögen ausgeliefert sind, wenn sie zum Beispiel konfrontiert sind mit Krankheit, Tod, Armut, unaufhaltsamen sozialem Abstieg, Ungerechtigkeit, mit dem Zerbrechen sozialer Beziehungen oder unerklärlichen inneren Ängsten." (Pollack 2009: 64). Religion hilft bei der Bewältigung solcher Kontingenzerfahrungen, indem sie bestimmte Erklärungen und Bewältigungsstrategien für das Erfahrene bereitstellt. Das können natürlich auch andere Ideologien oder Weltdeutungen oder auch Psychotherapien leisten. Die Besonderheit der Religion besteht darin, dass sie transzendiert (substantielles Element): „Während alles Immanente erreichbar, hinterfragbar, bezweifelbar und kritisierbar ist, bietet das Transzendente aufgrund seiner Unerreichbarkeit Sicherheit und Nicht-Irritierbarkeit." (Pollack 2009: 65). Durch Rituale wird das Unerreichbare,

2.1 Religion

das Transzendente erfahrbar gemacht und eine Verbindung von Immanenz und Transzendenz hergestellt (Pollack 2009: 64ff), was neben Funktion und Wesen von Religion schließlich auch die Handlungsebene integriert. Die Verbindung von funktionalen, substantiellen und handlungstheoretischen Argumenten findet sich in Durkheims Religionsdefinition. „Eine Religion ist ein solidarisches System von Überzeugungen und Praktiken, die sich auf heilige, d.h. abgesonderte und verbotene Dinge, Überzeugungen und Praktiken beziehen, die in einer und derselben moralischen Gemeinschaft, die man Kirche nennt, alle vereinen, die ihr angehören." (Durkheim 1912, zitiert in Reuter 2003: 52). Die hier präferierte Religionsdefinition nach Durkheim lässt nun noch immer Raum für verschiedene Religionen und Glaubensgemeinschaften. Im Hinblick auf die Aufgabenstellung dieser Arbeit, werden daher im Folgenden weitere Einschränkungen hinsichtlich der für die Arbeit relevanten Religionen vorgenommen. Eine erste Einschränkung ergibt sich durch den geografischen Raum der Studie. Elementar ist für Europa bzw. explizit für Deutschland das Christentum als kulturgebende Religion (vgl. Brague 1996). Dieses kann für Europa nach den beiden großen Konfessionen (Katholizismus, Protestantismus) und für Deutschland noch einmal nach Katholischer und Evangelischer Kirche unterschieden werden. Wie in den nachfolgenden Kapiteln an entsprechender Stelle ausgeführt, prägen beide Kirchen sowohl Struktur als auch Wertebasis der heutigen Gesellschaft (vgl. Kap. 3 Religion und Politik). Darüber hinaus sind in Bezug auf Religion die Kirchen als Institutionen noch immer die bedeutendsten Vermittler von Religion (vgl. Knoblauch 2008). Spiritualität, New Age und die neuen charismatischen religiösen Bewegungen verfügen (in Europa und speziell in Deutschland) noch nicht über die Breite, die Infrastruktur und den Einfluss, den die etablierten christlichen Kirchen haben. Zudem bleibt für viele die vermeintliche Rückkehr der Religion in den öffentlichen Raum an die traditionellen religiösen Institutionen gebunden (Gabriel 2008: 14). Gerade die Katholische Kirche als „monolithischer" kirchlicher Block (Martin 1996: 167) verfügt über ein konkurrenzloses globales Netzwerk und eine ebensolche Infrastruktur, auf die sie zurückgreifen kann. Da im Zentrum der empirischen Analyse (Kap. 6 ff.) die Medien stehen, kommt noch ein weiteres Argument hinzu. Ball-Rokeach, Power, Guthrie & Waring (1990) konstatieren, angelehnt an die *Media System Dependency*, dass nur große Organisationen wirksame Beziehungen zu den Medien aufbauen und diese im Laufe der Zeit auch beeinflussen können (Ball-Rokeach et al. 1990: 266). Somit kann plausibel vorausgesetzt werden, dass nur die institutionalisierten Religionen – hier die Katholische und die Evangelische Kirche – über genügend Einfluss verfügen, um eine kritische Masse an Berichterstattung zu generieren. Kritisch in dem Sinne, dass sie die Außenwahrnehmung von Religion und die dahingehende Meinungsbildung beeinflusst. Befasst man sich mit der Relevanz von Religion in heutigen Gesellschaften, ist man automatisch mit dem Säkularisierungsparadigma konfrontiert, welches für moderne Gesellschaften postuliert, dass Religion aufgrund von Modernisierung und Rationalisierung an Bedeutung verliert. Wäre die Säkularisierungsthese zutreffend, erübrigt sich die Frage nach der Relevanz von Religion. Da Religion aber scheinbar in den letzten Jahrzehnten an Bedeutung gewinnt anstatt zu verschwinden, soll im Folgenden die Säkularisierungsthese sowie deren Alternativen diskutiert werden.

2.2   Säkularisierung

Geboren wurde der Begriff in den Verhandlungen um den westfälischen Frieden durch den französischen Gesandten Henry d'Orleans. Gemeint war zunächst nur die Überführung des kirchlichen Besitzes in weltliche Hände. Als politischer Streitbegriff zieht er sich dann durch das gesamte 19. Jahrhundert (Gabriel 2008: 9). Nach Taylor (1996) bezeichnet *saeculum* – was eigentlich Jahrhundert oder Zeitalter heißt – einfach die weltliche Zeit. Davon zu trennen sei die „höhere Zeit, die manchmal ‚die Ewigkeit' heißt" (Taylor 1996: 218). Säkularisierung würde dann bedeuten, dass immer mehr in die andere, die weltliche Zeit, verschoben wird. Schauer (2007: 24) meint, dass Säkularisierung kein Phänomen der Neuzeit ist, sondern ebenso lange existiert, wie weltliches und geistliches Leben. Er verweist dabei u. a. auf den Investiturstreit in der Zeit von 1075 bis 1122 (Schauer 2007: 24). Säkularisierung bezieht also immer Staat und (institutionalisierte) Kirche ein, wobei Säkularisierung als Prozess verstanden wird, im Zuge dessen sich beide Bereiche trennen (oder voneinander getrennt werden).

Vom Säkularisierungstheorem werden insgesamt drei Entwicklungen erwartet bzw. damit verbunden, welche im Folgenden näher erläutert werden (vgl. Minkenberg & Willems 2002: 7f; Minkenberg & Willems 2003: 18f; Müller 2009: 3f; Casanova 1996: 182, Schauer 2007: 20ff, Pollack 2009: 19ff):

1. Strukturelle und institutionelle Ausdifferenzierung
   Unter Ausdifferenzierung wird hier verstanden, „dass Religion ihren bestimmenden Einfluss auf andere gesellschaftliche Teilbereiche wie Wirtschaft, Wissenschaft, Politik, Kunst, Familie oder Medizin verliert und sich diese Teilbereiche in Emanzipation von der Vorherrschaft der Religion funktional zunehmend verselbständigen." (Pollack 2009: 22). Den Endpunkt bildet

2.2 Säkularisierung

theoretisch die vollständige Trennung von Kirche und Staat (Minkenberg & Willems 2002: 7f). Die Ausdifferenzierung wird als Folge von Aufklärung und Rationalisierung gesehen, womit Religion ihre Bedeutung als Erklärungs- und Legitimierungsinstanz verlor (Müller 2009: 3). Wenn nun Religion im Zuge der Ausdifferenzierung keine allgemeingültigen Deutungen und Erklärungen mehr anzubieten vermag, dann kann sie die (ausdifferenzierte) Gesellschaft als Ganzes auch nicht mehr zusammenhalten und verliert damit ihre Funktion für die Gesellschaft (Pollack 2009: 19). Bisweilen wurde sogar angenommen, dass Religion vollständig durch ein modernes, wissenschaftliches – und damit von Ratio geprägtes – Denken abgelöst wird (Pollack 2009: 20). Allerdings erscheint es eher unwahrscheinlich, dass in einer modernen, pluralen Gesellschaft nur *ein* Denken bestimmend sein sollte, sei es nun rational oder religiös. Demnach muss mit der Ausdifferenzierung der Sphären nicht zwingend ein Verschwinden jeglicher Religion verbunden sein. Die Bereiche werden lediglich autonomer (Schauer 2007: 20), existieren aber weiter. Zudem liegen in der mit der Ausdifferenzierung einhergehenden Spezialisierung der Bereiche neue Abhängigkeiten. „Gerade weil sich die einzelnen gesellschaftlichen Teilsysteme auf ihre spezifischen Funktionen spezialisieren, sind sie auf Leistungen aus anderen Bereichen angewiesen." (Pollack 2009: 71). Religion erbringt also auch weiterhin Leistungen für Individuum, Staat und Gesellschaft. Beispielsweise sind 36 Prozent – also über ein Drittel – aller Kindertagesstätten in kirchlicher Trägerschaft (vgl. Forschungsgruppe Weltanschauungen in Deutschland 2012). Ähnlich dürfte es im Bereich der Altenpflege und diverser Sozialdienste aussehen. Auch Liedhegener & Werkner (2011) sind der Ansicht, dass Religion vor allem durch Einschnitte im Sozialstaat politisch zum Thema wird, da die karitativen Einrichtungen – die schon jetzt einen Großteil des Systems tragen – die Einschnitte ausgleichen müssen (Liedhegener & Werkner 2011: 32). Hier scheinen die Kirchen in Zukunft also mehr Leistungen erbringen zu müssen. Die Ausdifferenzierung der Bereiche bedeutet also letztlich nicht das Verschwinden von Kirche und Religion.
2. Erosion organisierter Religion
Die Erosion organisierter Religion sollte vor allem am Rückgang religiöser Praktiken abzulesen sein (Minkenberg & Willems 2002: 7f). Die Ursache wird in einem Generationseffekt gesehen. Als Folge der Ausdifferenzierung der Bereiche und der Pluralisierung der Wertvorstellungen wachsen junge Menschen nicht mehr mit Religion als *dem* bekannten und kohärenten Glaubenssystem auf (Müller 2009: 3), womit die Religiosität über die Generationen stetig abnimmt. Zuweilen wird der Rückgang religiöser Praktiken auf Religion allgemein ausgedehnt, ist hier aber tatsächlich auf die *organisierten*, tradierten

Religionen beschränkt. Diese verlieren durch zunehmenden religiösen Pluralismus moderner Gesellschaften ihre Sichtbarkeit. Da es mehr Angebote gibt, besteht keine Notwendigkeit mehr *eine* Religion zu tradieren (Pollack 2009: 23). Die Erosion organisierter Religion sollte also nicht als Wegbrechen jeglicher Religiosität missverstanden werden.

3. Rückzug der Religion in den privaten Raum
Die dritte Entwicklung innerhalb des Säkularisierungsparadigmas postuliert einen mit Ausdifferenzierung und Erosion einhergehenden Rückzug der Religion aus dem öffentlichen Raum. Spätestens mit diesem Prozess sollen Religion und Kirche ihre Position als Ordnungsmacht in der Gesellschaft einbüßen (Müller 2009: 3). Problematisch ist daran, dass nach Pollack (2009) eine Säkularisierung der Makroebene nicht ohne gleichzeitige Säkularisierung auf der Mikroebene gedacht werden kann. Ein Bedeutungsverlust von Religion in der Gesellschaft allgemein kann nicht behauptet werden, solange Religion für Individuen noch eine Bedeutung besitzt (Pollack 2009: 31). So kann Religion nicht im Privaten weiterexistieren, ohne auch eine Relevanz für die Gesamtgesellschaft zu haben.

Zusammenfassend kann festgehalten werden, dass die hier beschriebenen Elemente der Säkularisierung nicht notwendigerweise ein Verschwinden von Religion und Kirche postulieren. Eine Trennung der Sphären schließt nicht das weitere Existieren beider Sphären aus. Ein Rückgang organisierter Religion schließt nicht das Fortbestehen alter und vor allem das Hinzutreten neuer religiöser Glaubensvorstellungen aus. Und der postulierte Rückzug der Religion in den privaten Raum widerspricht dem ebenso postulierten allgemeinen Bedeutungsverlust von Religion.

Minkenberg & Willems (2002: 7) bezeichnen es noch als Konsens in den Sozialwissenschaften, dass moderne Gesellschaften unweigerlich säkular werden. Begründet wird dies mit Modernisierung, wobei unter Modernisierung verschiedenste Prozesse zusammengefasst werden. Dazu zählen Industrialisierung, Technisierung, Rationalisierung, Urbanisierung, Bildungsanstieg, Demokratisierung, Individualisierung und Ausdifferenzierung der verschiedenen gesellschaftlichen Sphären (Pollack 2009: 21f, 68f). Angenommen wird nun, dass all diese ineinandergreifenden Prozesse Kontingenzerfahrungen reduzieren und damit Religion überflüssig machen. In dem Maße, in dem das Leben (rational) erklär- und kontrollierbarer wird und mit dem Wohlstand die soziale Sicherheit steigt, sinkt der Bedarf nach externen Erklärungen (Pollack 2009: 69ff). Tatsächlich zeigen Analysen des Zusammenhangs von ökonomischer Entwicklung eines Landes und der Religiosität in der Bevölkerung, dass „thus societies that cannot provide their

2.2 Säkularisierung

citizens with a minimal level of existential security are also societies where the demand for religious values seems to be highest." (Müller 2009: 4). Zur existenziellen Sicherheit gehört zum einen Schutz vor Naturkatastrophen, zum anderen aber auch Schutz vor „sozial produzierten Risiken" (Pollack 2009: 27) wie Armut, Krieg und Ungleichheiten. Häufig findet eine Eingrenzung auf ökonomische Sicherheit statt, welche angesichts abstrakterer Unsicherheiten heutzutage eventuell nicht mehr zeitgemäß ist (vgl. auch Riesebrodt 2007: 85ff). So produziert der Fortschritt selbst neue Risiken und Unsicherheiten. Mit der Anhäufung von neuen Erkenntnissen geht auch eine Vervielfachung der Möglichkeiten einher. Damit geht der „archimedische Punkt der Gewissheit" (Pollack 2009: 75) verloren, sodass der Bedarf an ‚gesichertem', überzeitlichem Wissen und an ‚letzten Wahrheiten' wieder steigen könnte. So ist es auch die Modernisierung, die der aktuell sichtbarsten Form (problematischer) Religiosität – dem Fundamentalismus – Tor und Tür öffnet, sofern man diesen wie Minkenberg & Willems (2002: 14) als „eine Form des Umgangs mit den durch die Moderne selbst geschaffenen und den (technischen) Allmachts- und Vermögensanspruch des modernen Selbstverständnisses dementierenden neuen Unsicherheiten" (Minkenberg & Willems 2002: 14) versteht. Daneben gibt es auch andere Faktoren, die den Bedarf an Religion bestimmen. Dazu gehört, wie tief religiöse Riten, Symbole und Zeichen in die Gesellschaft eingeschrieben sind, „denn religiöse Traditionen hinterlassen einen prägenden Eindruck in ihren jeweiligen Gesellschaften, der selbst dann erhalten bleibt, wenn die gesellschaftliche Bedeutung von Religion zurückgeht." (Pollack 2009: 27). Festzustellen bleibt, dass Modernisierung Kontingenz zwar teilweise reduziert, aber auch selbst produziert, weshalb Religion nicht zwangsläufig an Bedeutung verliert. Zudem ist Kontingenzbewältigung auch nur eine Funktion von Religion (ausführlich siehe Kap. 4 Religion und Gesellschaft).

Aus all diesen Gründen ist es wahrscheinlich, dass die strikte Säkularisierungsthese – also dass die Entwicklung zielgerichtet und alternativlos auf das Ende der Religion zulaufe – nicht zutreffend ist. Eine kulturübergreifende Wirkung kann für sie ohnehin nicht behauptet werden, da sie z. B. für die USA nicht zutrifft und niemand ernsthaft behaupten würde, dass es sich bei den USA nicht um eine moderne Gesellschaft handelt (Gabriel 2008: 11). Auch Casanova (1996) hat sich mit dem Widerspruch der Säkularisierung im Abgleich mit aktuellen Verhältnissen befasst. Er nimmt an, dass es keine Säkularisierung strikt nach dem Paradigma gibt, sondern jedes im Paradigma enthaltene Element separat betrachtet werden muss (vgl. auch Minkenberg & Willems 2002: 8f; Gabriel 2008: 11). So muss eine Ausdifferenzierung von Kirche und Staat nicht zwangsläufig mit einem Rückgang der Religiosität einhergehen. Entscheidend ist nach Casanova (1996) hier beispielsweise auch, ob die staatliche Gewalt, die hier trennt und ausdifferenziert, als legitim angesehen wird. Ist dem nicht so, geschieht, was sehr deutlich in Polen zu sehen war. Der Widerstand gegen den Staat – der religionsfeindlich war – artikulierte sich hier u. a. in verstärktem Zulauf zu den Kirchen (Casanova 1996: 187). Gabriel (2008) nimmt außerdem an, dass Säkularisierung kein allgemeiner Automatismus moderner Gesellschaften ist, sondern eher ein spezifisch europäisches Produkt (vgl. auch Schauer 2007: 19, 24, Robertson 1991: 13). So verweist Gabriel auf Aufklärung und Reformation, die zu einer Entzauberung der Welt geführt hätten, sodass Religion nach dem Sieg der Ratio nur noch im privaten Raum existieren könne (Gabriel 2008: 10). Als besonderes Beispiel führt Gabriel (2008) die DDR an. „Bis heute gelten die ostdeutschen Bundesländer als eine der säkularisiertesten Regionen nicht nur Europas, sondern der ganzen Welt." (Gabriel 2008: 10). Nach Sutor (2009) wiederum ist es nicht die Ratio, die die Säkularisierung einleitete, sondern vor allem die Tatsache, dass nach Reformation und verschiedenen Konfessionskriegen in Europa eine Legitimierung von Staat und Macht aufgrund gemeinsamen Glaubens schlicht nicht mehr möglich war (Sutor 2009: 9). Womit sich Säkularisierung auch auf den europäischen Raum beschränken würde. Auch wenn die hier angeführten Beispiele in den folgenden Kapiteln noch diskutiert werden müssen, wird deutlich, dass die Säkularisierung alleine nicht die aktuellen Verhältnisse erklären kann.

2.3 Alternativen: Marktmodell und Individualisierungsthese

Angesichts des Widerspruches zwischen dem Säkularisierungsparadigma für moderne Gesellschaften und der „Beharrlichkeit religiöser Werte und Orientierungen gerade in Europa" (Minkenberg & Willems 2002: 8), aber auch der zentralen Stellung von Religion in den USA und dem allgemeinen Zuwachs bei den neuen religiösen Bewegungen (Pollack 2009: 2), werden neue Ansätze diskutiert. Einer der prominenteren Ansätze ist das **Marktmodell** der Religionen (auch als Economics of Religion, ökonomisches Marktmodell oder RC-Paradigma[1] bezeichnet), welches annimmt, dass Religion und Moderne nicht zwingend in einem Spannungsverhältnis stehen müssen (Pollack 2009: 35). Nach dem Marktmodell konkurrieren verschiedene Religionen in einem Markt und sind dementsprechend den dort herrschenden Marktkräften ausgesetzt. Die Nachfrage nach Seelenheil und Unsterblichkeit wird dabei als dem Menschen inhärent und infolgedessen

---

1 Vollständig: Rational-Choice Framework of Sociology of Religion, geht zurück auf Stark & Bainbridge 1980 (zitiert in Müller 2009: 4)

2.3 Alternativen: Marktmodell und Individualisierungsthese 21

stabil angenommen (Müller 2009: 4, vgl. auch Riesebrodt 2007: 104ff), was in der grundsätzlichen Funktionalität von Religion für Individuum und Gesellschaft begründet ist (Pollack 2009: 14, vgl. Kap. 4 Religion und Gesellschaft). Also wird der Markt von der Anbieterseite her reguliert. Je weniger der Markt reguliert ist – also je weniger Religion in Gesellschaften reglementiert oder privilegiert ist – desto stärker müssen religiöse Anbieter ihre Produkte überarbeiten, den Kundeninteressen anpassen und einen Mehrwert gegenüber anderen Angeboten bieten. Dies alles steigert die Qualität der Angebote. „Besäßen religiöse Gemeinschaften in einer Region dagegen das Monopol, tendiere der Klerus dazu, faul und nachlässig zu werden und an den aktuellen Bedürfnissen der Menschen vorbeizugehen." (Pollack 2009: 35). Hier werden die Grundannahmen der Säkularisierungstheorie quasi umgekehrt. Eine Trennung von Kirche und Staat führt nicht zu einem Verschwinden von Religion, sondern stärkt – durch Verbesserung der Angebote – die Nachfrage letztlich noch (vgl. Pollack 2009: 36). Entwickelt wurde dieser Ansatz vor allem, um die Ausnahmesituation in den USA zu erklären (Pollack 2009: 3; Minkenberg & Willems 2002: 8) – ein hochmodernes Land mit dennoch hoher religiöser Vitalität. „Religionen überzeugen nicht als mehr oder weniger etablierte Staats- und Landeskirchen, sondern durch das täglich neu zu generierende Engagement und die situative Überzeugungskraft der Glaubensgemeinschaft. Religiöse Gemeinschaften [...] stehen mit anderen Wahrheitsansprüchen in einem Wettbewerb, im ökonomischen Sinne des Wortes." (Leggewie 2005: 5). Was sie insgesamt dann marktfähig macht – nämlich die Qualität der Angebote – führt zu einer Stärkung der Religiosität in der Bevölkerung. Minkenberg & Willems (2002) sehen dieses Modell zwar angesichts einer starken Trennung von Religion und Staat in Frankreich bei geringer Religiosität in Frage gestellt, allerdings sollte hier beachtet werden, dass es sich in Frankreich um Laizität handelt und nicht um Säkularität. Während der amerikanische Markt durch den Schutz der Religion vor staatlichen Eingriffen belebt wird, findet in Frankreich durch eine Abwehr der Religion von Seiten des Staates eine Regulierung statt (Rendtorff 1996), sodass dies kein Gegenbeweis des Funktionierens des Marktmodells darstellen muss[2]. Die Idee eines Marktes von Religionen ist auch von Interesse, wenn die Frage nach der Integration verschiedener Religionen innerhalb einer Gesellschaft gestellt wird. Da der Staat selbst nicht als Regulator eingreifen kann, vertraut man auf Marktmechanismen, um zu einer friedlichen Koexistenz verschiedener Glaubensrichtungen zu kommen (vgl. Leggewie 2005: 4). Das Funktionieren oder Nicht-Funktionieren des Marktmodells ist außerdem hinsichtlich des Sozialkapitals (siehe Kap. 3 Religion und Politik) von Belang. Hier gibt es kul-

---

2 Pollack (2009: 162) unterscheidet dahingehend positive bzw. negative Religionsfreiheit

turübergreifende Evidenzen dafür, dass die Fürsorge seitens des Staates für Religionsgemeinschaften für die Ausbildung einer entsprechenden Zivilgesellschaft kontraproduktiv ist (Liedhegener & Werkner 2011: 23). Die Belege für die Grundannahme des Marktmodells, dass Trennung von Kirche und Staat Religiosität stärkt, sind insgesamt jedoch heterogen (Pollack 2009: 41), was auf Scheinkorrelationen hindeutet. Grundsätzlich wendet Pollack (2009) ein, dass menschliches Handeln „nicht lediglich als interessenbestimmt angesehen werden [kann], vielmehr ist es erforderlich, die Schwerkraft, die menschlichem Handeln anhängt, zu beachten und auch sozialisatorische Prägungen, kontextuale Einflüsse und daraus resultierende normative Orientierungen in die Betrachtung einzubeziehen." (Pollack 2009: 41). Letztlich ist es paradox, anzunehmen, dass ausgerechnet die Wahl der religiösen Praktiken und Überzeugungen rein rational erfolgen soll.

Angesichts der vielen ‚schwarzen Schwäne' wurden Zusatzhypothesen formuliert, die das Marktmodell an sich retten sollten. So können im Konfliktfall auch etablierte Kirchen bei geringer religiöser Pluralität Zuwächse verzeichnen. Über Gruppengrößen und damit im Zusammenhang stehender Flexibilität wird erklärt, warum die unterschiedlichen Anbieter in den Märkten nicht den gleichen Zulauf verzeichnen. Und mit dem Deckeneffekt wird erklärt, warum es auch Länder gibt, in denen trotz steigendem religiösen Pluralismus kein Anstieg der Religiosität erkennbar ist. Das Problem dieser Zusatzhypothesen ist allerdings, dass es die Grundannahmen des Modells bis zur Unkenntlichkeit aufgeweicht (Pollack 2009: 44f).

Eine Alternative zu Säkularisierungsparadigma und Marktmodell ist die **Individualisierungsthese**. Diese geht im Prinzip von den gleichen gesellschaftlichen Veränderungen aus (Differenzierung, Rationalisierung, Pluralisierung), mündet allerdings nicht im Verschwinden von Religion. Religiosität individualisiert sich und löst sich von den tradierten Formen und damit von den etablierten Religionen. Jedem bleibt es nun selbst überlassen, aus einer Vielzahl an Möglichkeiten das auszuwählen, was Richtlinie für seinen Glauben und sein Handeln sein soll. Diesem Ansatz nach gibt es keinen „Verlust an Religiosität, sondern nur ein[en] Wandel ihrer dominanten Sozialformen von institutionalisierten, traditional und sozial abgestützten Vorstellungen und Ritualen hin zu mehr individualisierten, sozial diffusen und synkretistischen Ideen und Praktiken" (Pollack 2009: 14). Mit der Individualisierung soll der paradoxe Prozess der Säkularisierung auf Makroebene bei gleichzeitiger Zunahme der Religiosität auf der Mikroebene erklärt werden. Im Prinzip kann sie aber eigentlich nur die Abnahme organisierter Religion erklären. Diese kommt dann durch das Abwandern in andere Angebote zustande. Nicht erklärt werden kann aber der mit der Zunahme der Religiosität einhergehende steigende Bedarf nach Religion. Ein weiteres Problem der Individualisierungsthese ist, dass der zugrundeliegende Religionsbegriff – im Gegensatz zu Säkularisierungsthese und Marktmodell – sehr weit gefasst wird und damit jedes analytische Potenzial verliert (Marhold 2010: 135). „In einer Gesellschaft, in der alle sinnkonstituierenden Prozesse religiösen Charakter tragen, kann es Prozesse der Säkularisierung im strengen Sinne nicht geben, es sei denn, die Gesellschaft hörte auf, Sinn zu produzieren." (Pollack 2009: 56).

Deutlich wurde bislang, dass es keine „Master theory of religious change" (Beckford & Luckmann 1991: 1) gibt. Neben den rein theoretischen Auseinandersetzungen gab es auch Versuche, die einzelnen Thesen anhand empirischer Daten zu prüfen. Diese sollen im Folgenden dokumentiert werden.

2.4 Säkularisierung, Marktmodell oder Individualisierung?

Pollack (2002) untersucht mit verschiedenen Variablen den Zusammenhang von Religiosität, Modernisierungsgrad und Staat-Kirche-Verhältnis. Für Westeuropa stellt er fest, dass ein höheres Modernisierungsniveau (gemessen mit dem Human Development Index (HDI), bestehend aus BIP, Lebenserwartung, Bildung, Alphabetisierungsrate, Anteil der Studierenden an der Gesamtbevölkerung) tatsächlich mit sinkenden Kirchgangszahlen einhergeht. Allerdings finden sich gleiche Effekte nicht in Osteuropa. Auch Müller (2009) testet die Grundannahme des Säkularisierungsparadigmas. Anstelle der Kirchgangszahlen verwendet er für seine Analyse der dritten und vierten Welle der World Value Survey (1995-2002) die Bedeutung Gottes im Leben des Befragten[3]. Angesichts der fraglichen Verbindung von Ritualteilnahme und individuellem Gottesglauben bzw. Bedeutung von Gott und Religion im Leben (vgl. Kap. 4 Religion und Gesellschaft) scheint dies der validere Faktor zu sein. In der Analyse zeigt sich auch hier der vom Säkularisierungsparadigma angenommene negative Zusammenhang von Modernisierungsgrad (ebenfalls über HDI gemessen) und individueller Religiosität (Müller 2009: 15). Allerdings sind muslimische Staaten und die Staaten Südamerikas religiöser als man es von ihrem Modernisierungsgrad her erwarten dürfte. Gleiches gilt für die USA (Müller 2009: 12). Im Gegensatz zu Pollack (2002) findet Müller (2009) für den Ostblock generell geringere Religiositätswerte, allerdings mit zwei Ausnahmen: Polen und Rumänien. Müller (2009) begründet dies mit der Säkularisierungspolitik der Sowjet-Ära (Müller 2009: 12), wobei zu fragen

---

3 „How important is God in your life? Please indicate – 10 means very important and 1 means not at all important." (vgl. Müller 2009: 7)

bleibt, warum dies dann nicht auf den gesamten Ostblock zutrifft. Angesichts der vielen Ausnahmen (Südamerika, muslimische Staaten, USA, Polen, Rumänien) kann von einem Automatismus von Modernisierung und Säkularisierung kaum gesprochen werden.

Auch die im Marktmodell geäußerte These, dass religiöse Pluralität zu größerer Konkurrenz und damit zu größerer Vitalität führt, unterzogen Pollack (2002) und Müller (2009) eingehender Prüfung. Herangezogen wurde von beiden der so genannte *Herfindahlindex*, der den religiösen Pluralisierungsgrad einer Gesellschaft wiedergeben kann. Gemessen wird hier die Wahrscheinlichkeit, dass zwei Personen der gleichen Konfession angehören (Pollack 2002: 18, Müller 2009: 9). Insgesamt zeigt der Index keinen signifikanten Zusammenhang mit der Vitalität von Religion[4] in Europa. Signifikante Zusammenhänge lassen sich nur für Osteuropa feststellen – allerdings entgegen den Annahmen des Marktmodells. Hier steigt die religiöse Vitalität mit fehlendem Pluralismus an (Pollack 2002: 21). Müller (2009) findet – auf internationaler Ebene – ebenfalls einen negativen Zusammenhang zwischen religiösem Pluralismus und individueller Religiosität (Müller 2009: 11).

Bezüglich der Individualisierungsthese stellt Pollack (2009: 81) fest, dass sich unkonventionelle Formen wie Astrologie und Spiritualismus entgegen den Annahmen der Individualisierungsthese insgesamt keiner großen Beliebtheit erfreuen. Da es sich bei den allgemein nachweisbaren Alterseffekten hinsichtlich der Religiosität um Generationseffekte handelt (Pollack 2009: 83), kann die Individualisierungsthese allerdings noch nicht ganz verworfen werden. Zwar zeigt sich kein statistisch signifikanter Zusammenhang zwischen Alter und Zuwendung zu unkonventionellen Glaubensformen, allerdings meint Pollack „einen umgekehrten Zusammenhang ausfindig [zu] machen, nämlich, dass die Bejahung dieser Glaubensformen mit steigendem Alter sinkt." (Pollack 2009 82f). Da die von Pollack (2009) einbezogene Datenreihe 2001 endet, ist nicht auszuschließen, dass sich die heranwachsende Generation zunehmend diesen Glaubensformen zuwendet. Ein weiteres Indiz für die Individualisierungsthese ist, dass sich der Glaube an Gott wandelt. Bis Ende der 1990er Jahre sinkt der Glaube an Gott als Person, gleichzeitig steigt der Glaube an einen Gott als ein abstrakteres höheres Wesen an (Pollack 2009: 88). Es finden sich also durchaus Indizien für die Individualisierungsthese, allerdings fangen die Zuwächse der unkonventionellen Glaubensrichtungen nicht die Verluste der konventionellen auf, sodass von einer Verschiebung nicht die Rede sein kann (Pollack 2009: 87).

---

4 Vitalität von Religion wurde hier gemessen mit der Häufigkeit des Kirchgangs, dem Vertrauen in die Kirche und den Glauben an Gott (Pollack 2002: 19).

2.5 Zwischenfazit

Religion wird Pollacks (2009) Vorschlag folgend in dieser Arbeit mit funktionalen und substantiellen Argumenten definiert. Aus diesem Grund wird Durkheims Religionsdefinition präferiert. Angesichts des Fokus' der Arbeit auf Deutschland konnten weitere Einschränkungen vorgenommen werden. So liegt der Schwerpunkt der Analyse auf den beiden etablierten, kulturbildenden und organisierten Kirchen Deutschlands. Nur diese sind aktuell in der Lage, einen signifikanten Einfluss in Politik und Gesellschaft zu generieren. Da die Frage nach einer Rückkehr der Religion in den öffentlichen Raum im Zentrum steht, orientiert sich die Arbeit in ihrer Struktur am Säkularisierungsparadigma. Dementsprechend befassen sich die folgenden Kapitel mit den verschiedenen Ebenen, für die das Paradigma bestimmte Entwicklungen postuliert. Kapitel 2 befasst sich mit den Beziehungen von Religion und Politik. Kapitel 3 fragt nach den Funktionen, die Religion in der heutigen Gesellschaft erbringen kann und dokumentiert die Religiosität der deutschen Bevölkerung. Der ‚öffentliche Raum' schließlich wird exemplarisch anhand einer Analyse des massenmedialen Diskurses bezüglich Religion gefasst.

Religion und Politik 3

Legt man ein weites Religionsverständnis an, so kann man mit Meyer (2005) auch in einigen politischen Ideologien Religionen erkennen (vgl. auch Kallscheuer 1996: 44). So schöpften sowohl Kommunismus als auch Nationalsozialismus aus verschiedenen religiösen Arsenalen. Am sichtbarsten ist dies in der Verwendung entsprechender Symbolik und Rituale. Beide versprachen darüber hinaus aber auch Erlösung aus Armut, Unterdrückung und Krise, sowie ein „säkularisiertes Paradies" (Meyer 2005: 22). Es könnte noch Unfehlbarkeit als Merkmal hinzugefügt werden, welches mit den Letztwertbegründungen der verschiedenen Religionen vergleichbar ist. In dieser weiten Definition wäre eine Diskussion des Beziehungsgefüges von Religion und Politik überflüssig bzw. unnötig. Allerdings gibt es auch grundlegende Unterschiede. Zwar ist jede Ideologie potenziell problematisch, weil immer ein Unbedingtheitsanspruch mitschwingt, allerdings stehen politische Ideologien in Konkurrenz zueinander auf einem gedachten Markt der Ideologien und sind rationalen Argumenten und Diskussionen prinzipiell zugänglich. Religion als Ideologie ist problematisch, da Grundprinzipien und Ziele nicht rational begründet werden. Wie bereits im vorangegangenen Kapitel (2: Religion und Säkularisierung) ausgeführt, soll hier ein engeres Verständnis angelegt werden, welches zwischen politischen (rationalen) und religiösen Ideologien unterscheidet und sich darüber hinaus auf die traditionellen, etablierten und institutionalisierten Religionen und Konfessionen beschränkt.

Riesebrodt (2007) stellt fest, dass der Einfluss von religiösen Bewegungen auf die Politik in den letzten Jahren zunimmt. Allerdings stellt sich ihm die Frage, ob er jemals verschwunden war. Die „Annahme einer zunehmenden Entpolitisierung von Religion hat sich als unhaltbar erwiesen, [...] wie inzwischen auch jeder Zeitungsleser unschwer feststellen kann. Weltweit nehmen sowohl traditionelle Kirchen wie neue religiöse Bewegungen Einfluss auf die Politik, ein Trend, der sich schon jahrzehntelang angebahnt hat oder vielleicht nie aufgehört hatte."

(Riesebrodt 2007: 252). Sichtbar bzw. begründet wird der Einfluss durch ein verstärktes öffentliches Engagement der Kirchen und angeschlossener bzw. assoziierter Organisationen (Minkenberg & Willems 2002: 6). Für die Politikwissenschaft diagnostizieren Minkenberg & Willems (2003: 13ff) eine geringe Beschäftigung mit dem Thema Religion und Politik. Sie begründen dies mit dem Postulat der Säkularisierung, welches eine Beschäftigung mit dem Thema scheinbar überflüssig machte.

Im Folgenden sollen die Grundzüge des Verhältnisses von Religion und Politik in notwendiger Kürze dargestellt werden. Begonnen wird mit der auch heute noch aktuellen Legitimation politischer Macht durch Religion. Anschließend wird Religion und Kirche als gesellschaftliches Fundament und Mobilisierungsressource diskutiert. Darauf aufbauend werden die verschiedenen aktuell existierenden Staat-Kirche-Systeme vorgestellt und abschließend die Verbindung von Politik und Religion aus Sicht der Gesellschaft selbst (in Form der Bürger) dokumentiert.

3.1 Religiöse Legitimation politischer Macht

Bis ins 19. Jahrhundert hinein herrschte in Europa die Vorstellung vor, dass jegliche Herrschaft gottgewollt und historisch begründet bzw. tradiert ist (Uertz 2005: 16). Religion wird damit als die ursprüngliche Quelle politischer Legitimation angesehen (Robertson 1991: 19). Rein formal wurden bis 1918 deutsche protestantische Fürstentümer religiös legitimiert (Uertz 2007: 35f). Und die Vorstellung religiös legitimierter Herrschaft ist heute keineswegs überholt. Gerade in den USA finden sich aktuell immer wieder Anzeichen dafür, dass Staat, Ordnung und Amtsführung – also letztlich Herrschaft – religiös unterfüttert werden (Braml 2008: 23). So verwenden amerikanische Politiker religiös konnotierte Sprache (Maddux 2008: 4333f). Coe & Domke sprechen dahingehend von so genanntem „god talk" (Coe & Domke 2006: 310). Sie untersuchten die State-of-the-Union-Reden und die Antrittsreden amerikanischer Präsidenten von Roosevelt bis Bush hinsichtlich der Verwendung von Gut und Böse, Verweise auf eine göttliche Macht, eine Mission Amerikas als auserwähltes Volk und Ähnliches. Die Verwendung religiöser Rhetorik findet sich bei allen Präsidenten, besonders ausgeprägt bei den Republikanern und hier noch einmal sehr stark bei Reagan und Bush (Coe & Domke: 2006). „Diese Rhetorik ist darüber hinaus identitätsstiftend und rückt das ‚von Gott beinahe auserwählte' (almost chosen) Amerika (so schon Abraham Lincoln) in die unmittelbare Nähe des auserwählten Volkes Israel." (Braml 2005: 36, vgl. auch Brocker 2007: 26f; Kallscheuer 2005: 112). Die amerikanischen Wähler haben interessanterweise kein Problem damit, wenn Politi-

3.1 Religiöse Legitimation politischer Macht

ker Bezüge zu Religion in ihren Reden herstellen, allerdings betrachten sie mit Skepsis, wenn sich Kirchen politisch zu Wort melden. In Deutschland findet sich das genaue Gegenteil. Ein Großteil der Bevölkerung hat kein Problem mit Wortmeldungen der Kirchen, reagieren aber stark (negativ) auf den Trend, dass auch deutsche Politiker religiöse Bezüge in Reden und Äußerungen herstellen (vgl. Voigt 2007). Dabei taucht religiös gefärbte Rhetorik erst wieder nach der politischen Wende 1989 in Deutschland auf. Als erster sprach Bundespräsident Weizsäcker 1990 in seiner Rede zum Tag der deutschen Einheit von einer Verantwortung vor Gott und den Menschen. Eine Wortwahl, die allerdings schon im Grundgesetz angelegt ist (s.u.). Einige Jahre später schloss Bundespräsident Horst Köhler eine seiner ersten Reden mit der Formel ‚Gott segne unser Land'. Dieses sehr an die politische Rhetorik Amerikas erinnernde Element stieß allerdings auf derartigen Protest, sodass Köhler in der Folgezeit auf diese Formel verzichtete (vgl. Schieder 2007b: 137ff.). Wie eben erwähnt, finden sich im Grundgesetz der Bundesrepublik Deutschland, wie auch in vielen anderen Landesverfassungen Europas sowie den Verfassungen etlicher deutscher Bundesländer noch Rudimente religiöser Legitimierung von politischer Macht. Unterscheiden kann man hier grundsätzlich die *Nominatio Dei* (Nennung Gottes) und die stärkere *Invocatio Dei* (Anrufung Gottes) (Schauer 2007: 57f). Das deutsche Grundgesetz beginnt in der Präambel mit dem Satz: „Im Bewusstsein seiner Verantwortung vor Gott und den Menschen, von dem Willen beseelt, als gleichberechtigtes Glied in einem vereinten Europa dem Frieden der Welt zu dienen, hat sich das Deutsche Volk kraft seiner verfassungsgebenden Gewalt dieses Grundgesetz gegeben." (Bundestag 2011) Obwohl Deutschland als säkularer Staat gilt[5], erfolgt auch hier eine *Nominatio Dei* in der Verfassung.

Mit der Nationalstaatenbildung in Europa und dem Niedergang der katholischen Reiche verlor die Papstkirche nach und nach die Machtbasis in Europa. Als einschneidend wird hier die Französische Revolution angeführt (Uertz 2005: 15), in deren Folge eine religiöse Legitimierung politischer Macht eigentlich nicht mehr notwendig wäre. Aus Angst, dass die *Una Sancta* (Kallscheuer 2005: 8) in Nationalkirchen aufgeteilt werden könnte und damit auch die Macht der Katholischen Kirche geteilt wird, verschließt sie sich nahezu allen gesellschaftlichen und politischen Entwicklungen und gibt damit von sich aus die Verbindungen zum politischen Staat quasi auf. Im 19. Jahrhundert wird mit der *scholastischen Volkssouveränitätsthese* (Uertz 2005: 19) von Seiten der Katholischen Kirche versucht, die politische Macht des Volkes in der Demokratie wieder religiös zu legitimie-

---

5 Die Diskussion der säkularen Verfasstheit Deutschlands erfolgt im Zuge der Beschreibung der Staat-Kirche-Systeme (s.u.).

ren. In Anknüpfung an die Naturrechtslehre des Thomas von Aquin – demnach jedes Individuum mit von Gott gegebenen unveräußerlichen Rechten ausgestattet ist – wird das Volk als ursprünglicher Träger der Gewalt definiert. Diese Gewalt wiederum kann es per Vertrag an jedwede Macht abgeben, bzw. sich vertreten lassen (Uertz 2005). Mit Hilfe dieser These legitimiert Religion – hier zumindest die Katholische Kirche – im Vorhinein jegliche Staats- und Gesellschaftsform, auch wenn diese nicht zwingend dieser Legitimation bedarf. Dass hiermit nicht wirklich eine Anerkennung der Demokratie erfolgte, zeigt sich daran, dass die Katholische Kirche erst im zweiten Vatikanischen Konzil (1958-1963) die „Freiheits- und Rationalitätsdimensionen der Moderne" (Kallscheuer 2005: 9) anerkennt, wobei es hier vor allem um demokratische Grundrechte wie z. B. Religionsfreiheit ging. Und es dauerte noch einmal drei Jahrzehnte, bis letztlich auch die Nationalstaatlichkeit an sich anerkannt wurde (Kallscheuer 2005). Im Gegensatz dazu wurden Religions-, Gewissens- und Pressefreiheit Mitte des 17. Jahrhunderts in England aus den Reihen radikalprotestantischer Christen (vornehmlich Baptisten) geboren und verbreiteten sich von da aus mit den Auswanderern bis in die USA, wo sie auch erstmalig Eingang in eine Verfassung fanden (Schirrmacher 2009: 21). Zudem wurde im Protestantismus die Eigenständigkeit der weltlichen Ordnung von Beginn an betont (Zwei-Reiche-Lehre) und musste nicht erst in Anpassung an politische Entwicklungen formuliert werden. Spätestens mit der von Katholischer und Evangelischer Kirche herausgegebenen Denkschrift „Demokratie braucht Tugenden"[6], bekennen sich beide Kirchen zur Demokratie, auch wenn „selbst das beste überhaupt denkbare irdische Gemeinwesen [...] niemals mit dem Reich Gottes gleichzusetzen sein [wird]." (Huber 2009: 8). War zunächst die politische Herrschaft bemüht Macht religiös zu legitimieren, änderte sich mit der Nationalstaatenbildung in Europa quasi die Richtung des Legitimationsdruckes. Nun waren es die Kirchen – hier vor allem die Katholische Kirche – die den Anschluss an die politische Macht suchte.

Nach Uertz (2005) wurde der Kampf zwischen Demokratie und Kirche ursprünglich und genau genommen nur in Europa ausgetragen (Uertz 2005: 15). Konfessionskriege, Reformation, Französische Revolution und Nationalstaatenbildung erschütterten nachhaltig die Kirche an sich und ihr Verhältnis zu politischer Macht. Während die Kirche versuchte ihren politischen Einfluss nicht ganz einzubüßen, versuchten Staat und Politik, sich von der Kirche zu emanzipieren. Dies sind alles Vorgänge, die sich in dieser Komplexität tatsächlich auf den europäischen Raum beschränkten. Hinzu kommt das einzigartige Machtpotenzial, welches die Katholische Kirche als „monolithischer" kirchlicher Block

---

6 erschienen November 2006

(Martin 1996: 167) bis heute (nicht nur in Europa). Die USA hingegen – gerne als Vergleichsgröße für europäische Entwicklungen herangezogen – können in ihrem spezifischen Verständnis des Verhältnisses von Religion und Staat als ein Produkt der Konfessionskriege Europas angesehen werden. Graf (2009) stellt für die Gegenwart fest: „Beide großen Kirchen im Lande haben ihre überkommene Demokratiedistanz in harten, schwierigen Lernprozessen seit den 1950er Jahren zunehmend überwunden und sind im politischen System der Bundesrepublik Deutschland zu mächtigen staatstragenden Institutionen geworden." (Graf 2009: 15). Wenn dem so ist, dann ist die politische Gewalt zwar nicht mehr auf die explizite Legitimation durch Religion und Kirche angewiesen, sehr wohl aber noch auf Religion und Kirche an sich.

Das Zusammenwirken von Christentum und Demokratie scheint so evident, dass zu Zeiten sogar die These aufgestellt wurde, dass die Demokratie nahezu kausal aus dem Christentum erwuchs (vgl. Minkenberg & Willems 2003: 24). Dies wäre eine ganz neue Form religiöser Legitimation von politischer Macht. So meint Uertz (2005), dass „der säkulare Charakter des Gemeinwesens, die Toleranz sowie die Religions- und Gewissensfreiheit als Basis der demokratisch-rechtsstaatlichen Ordnung und des europäischen Lebensgefühls [...] nicht durch Beiseitestellen, sondern in konkreter Auseinandersetzung mit dem Christentum entstanden" (Uertz 2005: 22) ist. Dagegen wendet Schirrmacher (2009) ein, dass wohl niemand bestreiten würde, „dass die Theologie der größten Religionsgemeinschaft der Welt einen Einfluss auf die reale Politik ihrer Anhänger hatte und hat", es aber im Ganzen doch eher so aussieht, dass sich die Demokratie dort durchsetzte, wo sich die Mehrheitsreligion mit dem Gedanken anfreunden konnte (Schirrmacher 2009: 23ff).

Politische Macht und Kirche – hier hauptsächlich als Institution gesehen – können also auch in der Gegenwart nicht ganz entkoppelt werden. Politische Macht muss heutzutage nicht mehr zwingend religiös legitimiert werden (Minkenberg & Willems 2003: 19), was aber dennoch häufig geschieht. Im Folgenden wird den Gründen dafür nachgegangen.

3.2 Das Problem der unabhängigen Grundsätze

Vor der Entstehung (demokratischer) Nationalstaaten bestand der für einen Staat notwendige gesellschaftliche Grundkonsens in dem religiösen Fundament des Staates. Mit der Trennung von politischer Macht und Kirche stellt sich die Frage nach den gesellschaftlich geteilten Wertvorstellungen, die Gesetze und Normen generieren, die nicht aus sich heraus entstehen können (vgl. Sutor 2009: 10). Nach

Schauer (2007) ist die Trennung von Kirche und Staat dementsprechend nicht gleichbedeutend mit der Trennung von Politik und Religion (Schauer 2007: 34). Der Staat ist auf ein „Minimum an religiösen Sätzen" angewiesen und kommt daher nicht ohne einen „heiligen Rest" aus (Schauer 2007: 35). Aufgrund der Tatsache, dass „die europäische Identität [...] ihren spezifischen Charakter direkt und indirekt aus jener Religion, durch die Europa als kulturelle Einheit geformt wurde, nämlich dem Christentum [bezieht]" (Brague 1996: 45) fragen Minkenberg & Willems (2002), „ob moderne demokratische Gesellschaften ohne ein gemeinsames religiöses bzw. christliches Fundament lebens- und funktionsfähig sind" (Minkenberg & Willems 2002: 9). Hier schließt das so genannte Böckenförde-Diktum an, wonach der moderne demokratische Staat von Voraussetzungen lebt, die er selbst nicht garantieren kann (Sutor 2009:10). Wobei Haus (2003) in diesem Zusammenhang herausstellt, dass mit den ‚Voraussetzungen' kein diffuser moralischer Konsens, sondern explizit die christliche Religion gemeint war (Haus 2003: 47ff). Meyer (2007) argumentiert, dass diese häufig anzutreffende Begründung europäischer, möglichst einheitlicher, zumindest aber allgemeinverbindlicher Werte aus der christlichen Tradition heraus stattfindet, da die Wurzeln jeder Gesellschaft inklusive politischem System in religiösen Überzeugungen fußen, die vor der Verstaatlichung des öffentlichen Lebens, selbiges regeln.

Die scheinbare Unauflösbarkeit der Verbindung von Religion und Staat wird auch in den Menschenrechten deutlich, auf die sich verschiedenste Nationen bislang einigen konnten, die aber letztlich auf der Naturrechtslehre des Thomas von Aquin fußen (Uertz 2005, Taylor 1996). Darin sieht Uertz (2005) ein Hauptproblem des modernen europäischen Staates. In der Rückführung der Menschenrechte auf das Naturrecht kann die christliche Religion den gesellschaftlichen Grundkonsens für sich reklamieren. So spricht Papst Benedikt XVI. dann auch nur von „natural law" – also Naturrecht – und nie von Menschenrechten. Sie werden zwar von der Kirche als Basiselemente Europas akzeptiert, aber nur weil sie auf dem von Gott gegebenen Naturrecht basieren (Garcia 2010: 94ff). Interessanterweise hat der Vatikan auch nie die Menschenrechtskonvention von 1953 unterschrieben (Graf 2009: 17). Umgekehrt enthält zumindest die Menschenrechtskonvention von 1789 noch eine *Invocatio Dei* – also eine Anrufung Gottes (Robbers 2003: 144). Auch hier vertritt die Evangelische Kirche eine andere Position. Hier wird zwar auch eine gewisse Schnittmenge von Menschenrechten und christlichen Prinzipien gesehen, allerdings wird das eine nicht aus dem anderen abgeleitet oder/und als abhängig voneinander gesehen. Menschenrechte basieren demnach auf Vernunftrecht und sind nicht gottgegeben (Uertz 2007: 35). Die Evangelische Kirche kennt im Gegensatz zur katholischen grundsätzlich kein „ethisches Mandat der Kirche" (Graf 2009: 15). Die Verantwortung des Einzelnen steht über der

3.2 Das Problem der unabhängigen Grundsätze

Autorität der Institution. Dementsprechend handelt jeder aus „eigener politischer Einsicht" (Graf 2009: 16). Wenn einerseits der säkulare politische Staat ohne religiöses Fundament auskommen muss, andererseits aber eine von staatlichen Gesetzen und Normen unabhängige Basis benötigt, stellt sich die Frage, wie gesellschaftliche Grundsätze unabhängig von Religion begründet werden können.

Taylor (1996) unterscheidet dahingehend drei Strategien. Die „Strategie des gemeinsamen Fundaments" (Taylor 1996: 220) gibt quasi den ursprünglichen Zustand wieder, ruht auf der Naturrechtslehre des Thomas von Aquin und ist für alle Christen (und nach Taylor auch für alle Theisten) anschlussfähig. Vertreter dieser Strategie sind u. a. John Locke und Wilhelm Leibniz (Taylor 1996: 220). Nach Pollack (2009) würde dieser Ansatz unter ein genealogisches Säkularisierungs-Verständnis fallen, wonach theologische Begriffe in einen säkularen Kontext überführt werden. So würde die Gleichheit der Bürger vor dem Gesetz abgeleitet aus der Gleichheit der Menschen vor Gott (Pollack 2009: 21). In seiner – vor allem christlichen – Argumentation ist dieser Ansatz allerdings inakzeptabel für alle Nicht- oder Andersgläubigen. Mit dieser Strategie können gerade angesichts der Pluralisierung der Glaubensinhalte heutzutage keine mehrheitlich geteilten, gesellschaftlichen Werte mehr begründet werden. Die „Strategie der unabhängigen politischen Ethik" (Taylor 1996: 221) ist die zweite Form. Sie ruht auf „einer vor allen kontroversen Überzeugungen geschützten Basis des Zusammenlebens, die von sich aus so zwingend wirkt, dass sie unsere politische Loyalität erheischt." (Taylor 1996: 221). Vertreter sind hier Hugo Grotius und Thomas Hobbes. Diese Strategie bedarf keiner höheren Autorität mehr, sondern wird logisch vom Menschen und seinem Wesen abgeleitet. Zwar bezieht sich auch der erste Ansatz auf den Menschen und sein Wesen, dies wird aber als Teil der Schöpfung gesehen und ist damit von Gott gegeben. Religion ist im ersten Ansatz noch sehr zentral, auch wenn versucht wird, die Monopolisierung einer Konfession auszuschließen. Der zweite Ansatz kommt ohne die moralische Legitimation durch Religion und höhere Mächte aus. Im Prinzip ist die zweite Strategie somit für die meisten Religionen anschlussfähig. Wie die Grundsätze der unabhängigen Ethik vom Einzelnen begründet werden – mit Gott oder ohne – ist nicht von Belang. Dieser Ansatz scheint im Konzept der Zivilreligion umgesetzt, welches „ideengeschichtlich auf Jean-Jacques Rousseau zurückgeht, [und] beansprucht, ein gerade auf liberale Demokratien zugeschnittenes und mit ihnen verträgliches, weil nichtkonfessionelles Wert- und Orientierungsmuster darzustellen, das als gemeinsame und geteilte soziomoralische Grundlage eines Gemeinwesens fungieren kann." (Minkenberg & Willems 2002: 9). Ein ähnliches Konzept meinen vermutlich Beckford & Luckmann (1991) wenn sie von „transcendent humanism" (Beckford & Luckmann 1991: 4) sprechen. Diese neue Form der Religiosität, die sich von Ritualen und Institutionen gelöst hat, und dennoch allgemeine Ziele und Werte wie Gerechtigkeit, Frieden, Solidarität etc. vertritt, hat jedoch das Problem, dass mit der Transzendenz wieder Religion impliziert wird. Auch steht die unabhängige Ethik als Ideologie selbst in Gefahr, zur Religion zu werden (vgl. Taylor 221ff). Problematisch wird es z. B., wenn Atheisten die tatsächlich unabhängige („atheistische") Begründung für die einzig richtige halten und ihrerseits die Religion herausdrängen wollen. Dann ist die unabhängige Ethik nicht mehr unabhängig, sondern parteiisch gegen Gläubige. Als Ausweg beschreibt Taylor (1996) den „Ansatz vom übergreifenden Konsens" (Taylor 1996: 227), der auf John Rawls zurückgeht. Hier wird ganz auf ein wie auch immer geartetes Fundament verzichtet und lediglich die Existenz allgemein gültiger politischer Prinzipien postuliert (vgl. Taylor 1996: 226). Dieser Ansatz scheint in der Formulierung der Menschenrechte bereits realisiert. Diese wurden mit dem Ziel formuliert, für jede Kultur und Religion akzeptabel zu sein. Der Ansatz vom übergreifenden Konsens birgt allerdings zwei Probleme. Um anschlussfähig zu sein, müssen solche universellen Prinzipien derart abstrakt formuliert werden, dass sie auf ganz konkrete Fälle wie z. B. Abtreibung nicht ohne Interpretation anwendbar sind. Wenn der Schutz des Lebens das allgemeine Prinzip ist, kann damit noch nicht geklärt werden, was Leben ist und wann es beginnt. Ein zweites Problem ergibt sich aus neuen Fragestellungen, die bei der Formulierung der universellen Prinzipien noch nicht mitgedacht werden konnten. So verlangen die Möglichkeiten der synthetischen Biologie ganz neue Regelungen (vgl. auch Minkenberg & Willems 2003: 15f). Hier müsste auf die Basis der universellen Prinzipien zurückgegriffen werden, die aber im dritten Ansatz explizit ausgespart wurde, um sich vom religiösen Fundament zu lösen. Gerade die traditionellen Kirchen werden in diesem Zusammenhang „immer wieder mit der Erwartung konfrontiert, in den vielen neuen ethischen Konflikten Orientierungswissen zu vermitteln." (Graf 2009: 16). Es scheint also nach wie vor nicht ohne ein gemeinsames Fundament, eine gemeinsame Moral zu gehen. Die Frage bleibt also, wie sich diese Moral unabhängig von konkreten Gesetzen und Regeln und ohne Rückgriff auf religiöse Traditionen generieren lässt.

Nun könnte man schlussfolgern, dass eine Letztwertbegründung mit christlichen Werten nicht problematisch ist, da nahezu alle europäischen gesellschaftlichen Werte auf christlichen Werten fußen. Dagegen ist zunächst einzuwenden, "that the strong value-orientation, which we find desirable in a believer, and a fundamentalist religiosity grow on the same stem." (Zachhuber, Pruin & Schieder 2007: 15). Bedeutsam ist dieser Einwand vor allem deshalb, weil die Liberalisierung des Christentums in Europa und den USA nicht über den Umstand hinwegtäuschen darf, dass die gleiche Religion in den Schwellenländern Afrikas und Lateinamerikas wesentlich konservativer, wenn nicht gar fundamentalistisch auftritt (Minkenberg & Willems 2003: 25). Abgesehen von der Gefahr der Fundamentalisierung und Radikalisierung, sollten Werte als wünschenswert angesehen werden, weil sie gut für die Gesellschaft, den Staat und das Zusammenleben sind und nicht, weil sie von Gott sind. Jeder Wert, der sich rationaler Überprüfung entzieht, birgt die Gefahr Dogmen Tor und Tür zu öffnen. Es darf letztlich nicht dazu kommen, dass säkulare und liberale Demokratien von letztbegründeten Werten unterhöhlt werden mit dem Verweis darauf „es könne ja nicht schaden" (Meyer 2007). Jeder Wert – egal ob christlich oder nicht – muss sich gesellschaftlich bewähren und in Demokratien auch einen Konsens finden. So darf sich in die Debatte um Ethikunterricht oder Religionsunterricht an deutschen Schulen eben nicht das Argument „Gott ist größer als der Berliner Senat" einfinden (Meyer 2007). Dementsprechend wünscht John Rawls (zitiert in Graf 2007: 17) dann auch religiöse Stimmen aus öffentlichen Debatten zu verbannen. Moderater argumentiert Jürgen Habermas (zitiert in Graf 2007: 18) wenn er meint, dass natürlich auch Kirchen und Christen ihre Meinung als zivilgesellschaftliche Akteure gleichberechtigt mit anderen kundtun dürfen. Allerdings müssten sie „Spielregeln der Fairness beachten und ihre Sicht rational, in intersubjektiv verständlichen, von anderen nachvollziehbaren Argumenten kommunizieren." (Habermas, zitiert in Graf 2009: 18). Habermas ist sich mit Papst Benedikt XVI. insofern einig, dass beide eine stärkere Präsenz religiöser Argumente in der Öffentlichkeit fordern. Bisher haben ihrer Ansicht nach die säkularen, rationalen Argumente den Diskurs beherrscht und die möglichen Auswüchse von religiösem Fanatismus im Zaum gehalten. Religiöse Argumente sollten nun wiederum die Möglichkeiten der Vernunft zähmen. Also sollten Glaube und Vernunft zusammenwirken (zitiert in Garcia 2010: 92f). Problematisch allerdings wird es dann, wenn offenbar wird, dass nicht Religion generell gemeint ist, sondern es eher danach aussieht, dass die Rolle der moralischen Instanz dem Christentum vorbehalten sein soll (Garcia 2010: 97). Im idealen, gleichberechtigten Verständnis der säkularisierten Argumente, können diese schließlich in der Diskussion mit anderen vernünftig ausgetauscht und verhandelt werden, um – ausgehend von moralischen Prinzipien (unabhängig von der Quelle) – zu konkreten Regelungen zu gelangen. Willems (2003) hält dem wiederum entgegen, dass die Verbannung jeglicher religiöser oder religiös konnotierten Argumente aus der öffentlichen Debatte „schlichtweg zur Hegemonie säkularer politischer Argumente [führe], obwohl diese keineswegs weniger partikular sind als religiöse" (Willems 2003: 89). Als Mittelweg referiert Willems (2003) u. a. Robert Audi. Bei Audi wird Religion und religiöse Argumentation nicht aus dem öffentlichen Diskurs ausgesperrt, allerdings mit Auflagen belegt. Dazu zählt, dass religiöse Argumente mit wenigstens einem säkularen

Argument[7] verbunden werden müssen (Willems 2003). Aber auch hier lässt sich kritisieren, dass keineswegs sichergestellt werden kann, dass jedes säkulare Argument auch gleich ein rationales ist. Dementsprechend kann gefragt werden, warum säkulare nicht-rationale Argumente im Diskurs zugelassen werden sollten und religiöse generell nicht (Willems 2003). Letztlich scheint weitgehender Konsens zu sein, dass eine Unterfütterung der ‚alten' demokratischen Werte und die Stärkung derselben durch Vermittlung einer grundsätzlichen Moralität durchaus wünschenswert ist (Meyer 2007, vgl. auch Garcia 2010: 96), wobei das *Wie* ungeklärt bleibt. Eine Letztwertbegründung – also eine absolut religiöse und nicht-rationale Begründung – wird allgemein abgelehnt (Meyer 2007: 4).

Unabhängig vom grundsätzlichen Problem des Einbeziehens religiöser Argumente in den öffentlichen Diskurs, weist Meyer (2007) im Hinblick auf die neuen Herausforderungen durch die Globalisierung darauf hin, dass religiöser Einfluss heutzutage auch nur dann unproblematisch wäre, wenn die erwähnte grundsätzliche Moralität anschlussfähig für alle Religionen ist (Meyer 2007: 4). Angesichts von Pluralisierung der Glaubensvorstellungen (u. a. durch Migration) muss gefragt werden, ob der – in Europa auf dem Christentum basierende – Grundkonsens nicht doch politisch definiert werden muss, um das System auch für andere Kulturen und Religionen integrationsfähig zu machen (Minkenberg & Willems 2002: 9ff, vgl. auch Leggewie 2005: 4, Meyer 2005: 38ff). Mit der Leitkulturdebatte, die in den 1990er Jahren einsetzte, wurde die Frage akut, ob so etwas wie eine ‚Leitkultur' gerade angesichts der Ausdifferenzierungsprozesse und Diversifizierung moderner Gesellschaften überhaupt definierbar ist. Zumindest ein Minimalkonsens auf universelle Grundrechte, wie die Menschenrechte, sollte möglich sein. Wie schwierig aber auch das Schmieden eines Minimalkonsenses ist, zeigt die Debatte um den EU-Beitritt der Türkei (vgl. Meyer 2007: 7). Eine wie in Amerika funktionierende „Inklusion" von Muslimen kann nach Ansicht von Leggewie (2005) nur dann gelingen, wenn das Oligopol der beiden großen Kirchen gebrochen wird. Wenn schon religiöse Argumente in der öffentlichen Diskussion unumgänglich sind, dann sollten diese Argumente wenigsten plural sein. Wie weit Europa insgesamt von einem integrationsfähigen Grundkonsens entfernt ist, zeigt das Minarettverbot in der Schweiz.

Letztlich „bleibt zwischen der uneingeschränkten Freiheit der Religionsausübung und dem Vorrang der Demokratie sowie zwischen einer die öffentliche Moral beanspruchenden Kirche und dem säkularen und liberalen Staat eine Spannung bestehen, die sich nicht ganz auflösen lässt." (Minkenberg & Willems 2002:

---

7   Säkulare Argumente sind nach Willems solche, die ohne einen Bezug auf Gott oder eine andere religiöse Autorität (z. B. Heilige Schriften) auskommt (Willems 2003: 94)

11). Allerdings können politische Kultur und Religion solange als vereinbar angesehen werden, solange Religion Begründungszusammenhang ist, aber nicht darüber hinaus Letztwertbegründungen anbietet. Für die freie Gesellschaft ist nach Schauer (2007) letztlich nicht die Definition von Zielwerten notwendig, sondern die Schaffung gemeinsamer Voraussetzungen (Schauer 2007: 36ff). Dabei sollte Religion nur einer von mehreren möglichen Begründungszusammenhängen sein. Noch ungeklärt ist, ob die Kirchen als Interessenträger unter vielen angesehen werden sollten oder „eine eigenständige, ihrer besonderen Eigenart entsprechende Stellung" (Robbers 2003: 139) einnehmen. Ebenfalls ungeklärt ist die Frage, ob Religion und Kirche ihre Argumente säkularisieren können bzw. müssen, um am öffentlichen Diskurs teilzunehmen (vgl. Haus 2003).

3.3 Religion als Mobilisierungsressource

Deutlich wurde bereits, dass Religion und Kirche eine „bedeutsame Quelle politischer Mobilisierung" (Minkenberg & Willems 2003: 13) sein können. Dementsprechend ist die Politik, bzw. bestimmte Kreise, daran interessiert, sich und ihre Politik an Kirche oder religiöse Wählerschaft zu binden. Ein Blick in die USA zeigt, dass es gerade die Netzwerke der ‚Moral Majority' sind, die auch politikferne Schichten und Kreise erreichen können, da sie gemeinsame Werte und Ziele teilen (vgl. Braml 2005: 33). Während das Vertrauen in staatliche und (säkulare) gesellschaftliche Institutionen seit den 1950er Jahren (in den USA) stark gelitten hat, blieb das Vertrauen in Religion und deren Institutionen weitgehend stabil (Nisbet, Moy & Scheufele 2003: 4). In Deutschland verlieren zwischen 1991 und 2001 alle Institutionen an Vertrauen in der Bevölkerung. Allerdings hat die Kirche – zumindest in Westdeutschland – noch die geringsten Einbußen zu verzeichnen (Noelle-Neumann & Köcher 2002: 619).

Das Bild von Religion und Kirche als Mobilisierungsressource wird allerdings heterogener, wenn man es nach unterschiedlichen Konfessionen untersucht. Nisbet, Moy & Scheufele (2003) weisen nach, dass dogmatischer Glaube, verbunden mit homogenen religiösen Netzwerken wie bei den Evangelikalen zu Vertrauensverlust in die Politik und quasi zum Rückzug in die eigene homogene Gruppe führt. Hingegen „the denominational culture of mainline Protestantism[8] promotes directly political efficacy, political trust, and social trust." (Nisbet, Moy & Scheufele 2003: 21). Schauer (2007) stellt fest, dass das zwischenmenschliche Vertrauen in den protestantischen Ländern Europas am höchsten ist und dieses

---

8 Traditionelle Evangelische Kirchen, vergleichbar mit denen in Deutschland

Grundvertrauen vermutlich in die Gesellschaft ausstrahlt und damit auch den demokratischen Staat trägt (Schauer 2007: 67). Nisbet, Moy & Scheufele (2003) folgern aus den Ergebnissen ihrer Studie, dass die Sorge, die Evangelikalen würden dem allgemeinen gesellschaftlichen Vertrauen in den USA und dem sozialen Kapital Schaden zufügen, durchaus berechtigt ist (Nisbet, Moy & Scheufele 2003: 24). Sofern eine Übertragung dieser Ergebnisse auf Europa überhaupt zulässig ist, kann man annehmen, dass die Evangelischen Kirchen weiterhin Mobilisierungsressource sein können, während die Katholische Kirche mit dogmatischer Basis zu einem Rückzug aus der Politik führen kann. Wichtig sind diese Ergebnisse gerade angesichts der Forderung Papst Benedikt XVI. eine Art christlich basierte Zivilreligion für Europa zu formen (zitiert in Garcia 2010: 90).

Ein weiterer Faktor, der Religion als Mobilisierungsressource moderiert, ist nach Liedhegener & Werkner (2011) das Staat-Kirche-Verhältnis. Religion kann demnach nicht zur Zivilgesellschaft beitragen, wenn sich der Staat in Abwehr der Religion befindet oder die Religion in Abwehr des Staates. Allerdings gilt auch: „Wenn sich die Kirche in allzu große Nähe zum Staat begibt, wird sie als Herrschaftsinstitution betrachtet, dann wird sie von vielen, vor allem den Deprivilegierten der Gesellschaft nicht länger als eine Vertreterin ihrer Interessen angesehen, sondern steht dem ‚Volk' als eine quasi-staatliche Institution gegenüber und muss damit rechnen, dass sie demselben Misstrauen ausgesetzt ist wie der Staat […]" (Pollack 2002: 22). Das könnte auch der Grund für die unterschiedlichen Daten hinsichtlich des Vertrauens in Institutionen aus den USA und Deutschland sein. Für Deutschland bliebe dann zu vermuten, dass die Kirchen durch die Nähe zum Staat (s.u.) ebenso wie dieser an Vertrauen verlieren. Insgesamt gibt es also eher konfligierende Ergebnisse, ob Religion und gesellschaftliches und/oder politisches Engagement zusammenhängen (Liedhegener & Werkner 2011: 19f).

Sekundäranalysen von Befragungsdaten zeigen zumindest, „dass Religionszugehörigkeit und Kirchenbindung in Deutschland alles andere als irrelevante Größen sind, wenn es um das politische Engagement im Allgemeinen und das parteipolitische Engagement im Besonderen geht." (Liedhegener & Werkner 2011: 27f). Für Deutschland existiert mit dem ALLBUS 2002 ein auf Religion spezifizierter Befragungsdatensatz, indem u. a. verschiedene Items zu Wertorientierungen abgefragt wurden. Auf die Frage: „Jeder Mensch hat ja bestimmte Vorstellungen, die sein Leben und Verhalten bestimmen. Wenn Sie einmal daran denken, was Sie in Ihrem Leben eigentlich anstreben: Wie wichtig sind dann die folgenden Dinge für Sie persönlich?" (ALLBUS 2002) gaben die Befragten auf einer siebenstufigen Likert-Skala die Wichtigkeit für insgesamt 14 Items an. In einer Faktorenanalyse laden auf dem vierten Faktor (siehe Tab. A1 im Anhang) *politisches Interesse* und *Glaube an Gott*. Berücksichtigt man auch die schwächeren Koeffizienten (kleiner

0.5 aber größer 0.3) laden hier zusätzlich *Gesetz und Ordnung respektieren* sowie *Benachteiligten helfen*. Anhand dieser Ergebnisse lässt sich für Deutschland ein Zusammenhang von politischem Engagement und Religiosität nachweisen. Zusammen mit den schwächeren Items könnte man den Typus hier als gläubigen, gesetzestreuen, politisch engagierten und solidarischen Bürger bezeichnen.

3.4 Staat-Kirche-Systeme

Bisher wurde das Verhältnis von Politik und Religion bzw. Politik und Kirche theoretisch und normativ betrachtet. Im Folgenden sollen die ganz konkreten, in Europa existierenden Beziehungssysteme zwischen Staat und Kirche beschrieben werden. Es wurde bereits deutlich, dass man das Verhältnis von Staat und Kirche bzw. von Staat und Religion mit unterschiedlichen Faktoren beschreiben kann. Dazu zählen vor allem institutionelle, konfessionelle und religionssoziologische Kriterien (vgl. Minkenberg 2003: 119ff). Politische Faktoren werden zumeist vernachlässigt (Minkenberg & Willems 2002: 11f). Grundsätzlich lassen sich Staatskirchen-, Trennungs- und Kooperationssysteme unterscheiden (Minkenberg & Willems 2002: 11; vgl. auch Schauer 2007: 22f; Minkenberg 2003: 115f). „Staatskirchensysteme offizialisieren und privilegieren eine bestimmte Konfession, deren Würdenträger eine mehr oder weniger offene Symbiose mit staatlichen Instanzen eingehen [...]" (Leggewie 2005: 5). Beispiele für Staatskirchensysteme wären Großbritannien und Schweden. Trennungssysteme wie der Laizismus in Frankreich und der Türkei wiederum sind „durch eine weit reichende Abwehr- und Aufsichtsfunktion des Staates charakterisiert" (Leggewie 2005: 5). Kooperationssysteme sehen ein Nebeneinander von Staat und Religionen vor. Die Glaubensgemeinschaften erhalten weitgehende Autonomie (Leggewie 2005: 5), allerdings gibt es auch Kooperationen zwischen Staat und Kirche in verschiedenen Bereichen, die meist durch Staats-Kirchen-Verträge (z. B. Konkordate) geregelt werden. In Europa lassen sich alle drei Systeme finden.

In Deutschland spricht man zunächst von einer Religionsneutralität (Minkenberg 2003: 118f). Grundgedanke ist, dass sich der Staat neutral gegenüber allen Religionen und Religionsgemeinschaften zu verhalten hat. Dies jedoch mit der Einschränkung, dass „sie ihrerseits die Regeln der rechtsstaatlichen Demokratie respektieren" (Meyer 2007: 7). Der Begriff Neutralität gibt die eigentliche Beziehung aber nur unzureichend wieder. Zum einen obliegt es dem Staat zu entscheiden, welche Religions- bzw. Glaubensgemeinschaft als solche anerkannt wird und infolgedessen bestimmte Privilegien genießt. Zudem erhebt der Staat die Kirchensteuer für die institutionalisierten Kirchen. Etliche Bundesländer haben Kirchenverträge mit den beiden großen Kirchen in Deutschland. Gegenstand ist u. a. der Religionsunterricht, welcher (bis auf Bremen) ordentliches Lehrfach an den öffentlichen Schulen ist. In öffentlichen Einrichtungen finden sich Kruzifixe und Landesverfassungen (so auch das Grundgesetz) haben einen Gottesbezug in der Präambel. Vor allem auf dem Gebiet des Sozialsystems kooperiert der Staat umfangreich mit den Kirchen (Warner 2003: 294f). 20 Prozent aller Netzwerke – also Verbände, Vereine, Organisationen – in Deutschland sind religiös (Liedhegener & Werkner 2011: 21). Hier schaffen die Kirchen Strukturen und Angebote, die der Staat nicht erbringen kann (oder will) (vgl. Schauer 2007: 22). Es handelt sich also eher um ein Kooperationssystem. Für die Vitalität von Religion in Deutschland würde die Vermutung von Minkenberg & Willems (2002: 12f) zutreffen, dass sich „staatlich privilegierte Kirchen […] weniger für politische Positionen [engagieren], die ihnen traditionell wichtig sind; sie sind stattdessen eher an der Sicherung ihres Status interessiert, auch wenn dies bedeutet, Kompromisse in wichtigen Politikfeldern einzugehen" (Minkenberg & Willems 2002: 12f).

Vor der Weimarer Republik war die Doktrin der Katholischen Kirche in Deutschland noch, dass Christen zwar die jeweilige staatliche Ordnung zu stützten hätten, aber nicht politisch gestaltend einwirken sollten (Uertz 2005: 19). Mit der Gründung der Zentrumspartei als Partei der Katholischen Kirche (Wiemeyer 2009: 27) änderte sich das grundlegend. Auch nach dem Zweiten Weltkrieg gab es Bestrebungen, dem Christentum wieder mehr Gewicht in der Politik zu verschaffen (Uertz 2005: 21, Minkenberg & Willems 2002: 6) – dies zumeist von katholischer Seite. Zum Wertekanon gehörte hier: „Würde, Freiheit und Verantwortungsfähigkeit der Einzelperson, ihre Endlichkeit und Schuldfähigkeit (Gebrochenheit), ferner die Gleichheit der Menschen (vor Gott) und die Idee der Gerechtigkeit." (Uertz 2005: 21). Daraus abgeleitet wurden die an eine freiheitlich-demokratische Grundordnung anschlussfähigen Prinzipien der Solidarität, Subsidiarität und Gerechtigkeit (Uertz 2005: 21, Uertz 2007: 33). Der monokonfessionellen Zentrumspartei folgten nach 1945 die CDU und CSU. Formal interkonfessionell angelegt, waren sie jedoch mehrheitlich katholisch (Wiemeyer 2009: 30). Nach Minkenberg & Willems 2003) betrieben vor allem diese christdemokratischen Parteien bis in die 1960er Jahre hinein eine Politik der „Rechristianisierung" (Minkenberg & Willems 2003: 19), die mit der 68er Bewegung vorerst ihr Ende fand. Andererseits forderte Papst Johannes Paul II. noch 1988 mit dem apostolischen Schreiben „Christifideles Laici", dass sich die Christen in die Politik einzumischen haben (Zollitsch 2009: 3). Der Vatikan hat auch immer wieder Lehrsätze für christliche Politiker herausgegeben. Beispielsweise, dass kein christlicher Politiker einem Antrag, Gesetz oder einer Entscheidung zustimmen darf, welche gegen die kirchliche Lehre verstoßen (Zollitsch 2009: 5). „So wenig

3.4 Staat-Kirche-Systeme

wie es genügt, die Globalisierung einzig als eine Herausforderung für Ökonomen zu sehen, so wenig genügt es, die immer neuen Möglichkeiten der Bio- und Gentechnologien für ein nur wissenschaftliches und technisches Problem zu halten, das man getrost den Fachleuten überlassen kann." (Zollitsch 2009: 5). Allerdings gibt es auch andere Stimmen, die Politik für verdorben halten, „sodass sich ein Christ besser von der Parteipolitik fernhält" (Wiemeyer 2009: 28). Graf (2009) stellt für die Gegenwart fest: „Zum politischen Personal der Berliner Republik gehören nicht nur Berufspolitiker aller Couleur, sondern auch eine gern moralisierende Klerisei, die zu allem und jedem Stellung nimmt und, so ihr Jargon, sich gern ‚einmischt'" (Graf 2009: 16). Nach Schieder (2007a) ist über die Hälfte der Bundestagsabgeordneten konfessionell gebunden. Von 614 Abgeordneten sind 29 Prozent Katholiken und 34 Prozent Protestanten[9] (Schieder 2007a: 19). Diese Verteilung ist seit 1953 relativ stabil (vgl. Oermann 2007: 154ff). Oermann (2007) schließt aus diesen Zahlen: „While the German population may be becoming more secular, the political elite is still made up of members of the churches." (Oermann 2007: 156). Das sollte jedoch nicht überinterpretiert werden. Die genannte Verteilung entspricht der der Gesamtbevölkerung[10] und auch bei der allgemeinen Bevölkerung sagt Kirchenmitgliedschaft noch nichts über den Grad der (gelebten) Religiosität aus. Bemerkenswert ist allerdings, dass man nach der Wende durchaus hätte mit einem Mehr an Atheisten im Bundestag rechnen müssen. Das dem nicht so ist, liegt mit großer Wahrscheinlichkeit daran, dass die einzigen unbelasteten Vertreter, die auch zugleich Träger des Umbruchs waren, aus den Reihen der Kirchen kamen. Erst mit dem Einzug der PDS in den Bundestag steigt der Anteil derer, die keine Konfession angeben (vgl. Oermann 2007:157ff).

Bildlich gesprochen links und rechts von Religionsneutralität und Kooperationssystem in Deutschland existieren in Europa andere Beziehungssysteme von Staat und Kirche. Auf der einen Seite steht Säkularität bzw. Laizismus, die aus unterschiedlichen Gründen eine Trennung von Staat und Kirche anstreben – auf der anderen Seite stehen die Staat-Kirche-Systeme wie in England oder Schweden, in denen Staatskirchen existieren. In England ist beispielsweise der Erzbischof von Canterbury nach König/Königin und Premier die Nummer Drei im Staate. Es bestehen weitreichende Verflechtungen: der Staat nimmt Einfluss auf die Gottesdienste, die Kirche wiederum bildet u. a. Lehrer für staatliche Schulen aus. Frankreich wiederum war bis zur französischen Revolution ein katholisches Königreich. Hier liegen auch die Gründe für die heutige Aversion Frankreichs vor

---

9 An 100 fehlende Prozent: 31 Prozent (192) keine Angabe, 1 Atheist, 4 Muslime
10 Laut statistischem Bundesamt waren 2007 31 Prozent katholisch und 30 Prozent evangelisch (Statistisches Bundesamt 2012)

allem gegen die Katholische Kirche. Diese war stark mit der Monarchie verwoben. „Sie provozierte damit die Entstehung eines militanten, antiklerikalen Säkularismus und beförderte so die Entstehung einer Konfliktlinie, die bis heute Folgen für die religiöse Partizipation zeitigt" (Minkenberg & Willems 2002: 12). Nach 1789 schrieb man sich daher die strikte Trennung von Staat und Religion auf die Flagge. „The French state set itself up as a ‚counterchurch' whose creed was secular republicanism" (Berkowitz 2007: 781). Frankreich ist aktuell ein besonders interessantes Beispiel. Zunächst eindeutig laizistisch – hier in dem Sinne des Schutzes des Staates vor der Religion – wurde der Laizismus in Frankreich unter Sarkozy langsam abgeschwächt. Nachdem die europäische Verfassung noch aufgrund des Gottesbezuges in der Präambel abgelehnt wurde (Meyer 2007), empfängt nun ein französisches Staatsoberhaupt den Papst, was entsprechende Kritik hervorbrachte (Sutor 2009: 9).

Leggewie (2005) identifiziert für Europa im Vergleich zu Amerika zwei verschiedene Säkularisierungspfade. „Der europäische Pfad trennte Kirche und Staat nur halbherzig und beließ christlichen Religionsgemeinschaften ihr faktisches Monopol religiöser Sammlung und Mobilisierung." (Leggewie 2005: 3). In Amerika hingegen wurde „Die Trennmauer zwischen Religion und Politik viel höher gezogen, aber Religiöses blieb im öffentlichen Raum und in der ‚Zivilreligion' präsent, die Varianz der Bekenntnisse wuchs ebenso wie die Zahl der Gläubigen." (Leggewie 2005: 3). Kritisch einzuwenden ist – angesichts der Heterogenität der Staat-Kirche-Verhältnisse in Europa – dass der Vergleich nicht auf Europa vs. USA eingeschränkt werden kann. Zusätzlich zu den in Europa existierenden Systemen – die von Laizismus bis Staatskirchensystemen reichen – weist die USA lediglich ein weiteres Beziehungssystem auf. Die Trennmauer zwischen Religion und Staat ist in den USA tatsächlich sehr hoch. Dinge wie der Gottesbezug in der Präambel des Grundgesetzes, das Recht von Religionsgemeinschaften Steuern zu erheben, staatlich finanzierte Seelsorge beim Militär, Rechtsanspruch auf Sendezeiten im öffentlich-rechtlichen Rundfunk wären in den USA undenkbar. Auch konfessioneller Religionsunterricht an Schulen würde in den USA als Verstoß gegen das Trennungsgebot gewertet werden. „Wenn ich [Voigt] diese Tatsachen in den USA berichte, stoße ich bei den Liberalen auf Erstaunen und bei der religiösen Rechten auf Interesse." (Voigt 2007: 24). Allerdings muss erwähnt werden, dass die Säkularität der USA von anderer Art als z. B. die französische ist. Bei letzterer spricht man von Laizismus. Im Nachgang der französischen Revolution sollte der Staat hier vor der Religion geschützt werden (vgl. Rendtorff 1996: 147). In den USA hingegen geht es bei der Trennung von Kirche und Staat um den Schutz der Religion vor dem Staat. Auf puritanischen Werten und mit den Erfahrungen religiöser Verfolgung in Europa gegründet, wird jeglicher Glaube (auch Unglaube) gesetzlich geschützt. „Furthermore, in the United states, unlike France, there is suspicion of government. The threat to American liberties is seen to come from the government, not religion, not the church, not multiculturalism as is the case in France." (Berkowitz 2007: 782).

Neben den bisher genannten vier Formen der Staat-Kirche-Beziehung existiert im Islam noch eine fünfte Form. Während das Christentum die Trennung von Kirche und Staat schon Ende des 5. Jahrhunderts durch das Papsttum festgestellt und wurzelnd im römischen Recht die Sphären nach und nach ausdifferenziert wurden – wobei das Papstamt allerdings noch die höhere normative Kraft gegenüber allen weltlichen Ämtern darstellte, (Kallscheuer 2002: 3) und auch das Judentum eine mehr oder weniger starke Trennung vorsieht, ist diese im Islam gar nicht angelegt (Leggewie 2005: 5). Das hängt damit zusammen, dass Mohammed als Religionsstifter auch gleichzeitig Staatengründer war, eine Trennung von Staat und Kirche somit gar nicht vorgesehen ist (Arjomand 1991: 109). Hier liegt eher eine vollständige Symbiose von Staat, Gesellschaft und Religion vor. Politisierung von Religion ist dementsprechend vor allem in islamischen Staaten zu beobachten (Robertson 1991: 13f).

Auch wenn Pollack (2002) zeigt, dass es scheinbar keine Effekte des Staat-Kirche-Verhältnisses auf die religiöse Vitalität eines Landes gibt (Pollack 2002: 21), so ist der Status der Beziehung insofern relevant, das sie der Kirche bzw. Religiosität insgesamt bestimmte Räume öffnet bzw. verwehrt. Das Staat-Kirche-Verhältnis legt also gewissermaßen die Höhe der Hürde fest, die Religion zu bewältigen hat, wenn sie die breite Masse erreichen will.

Nachdem das historische, das allgemeine und das konkrete Beziehungssystem zwischen Politik, Staat und Religion bzw. Kirche erläutert wurde, soll im Folgenden beleuchtet werden, ob und in welchem Maße der Einfluss von Religion auf Politik und Staat von Seiten der Bevölkerung gewünscht wird.

3.5 Gewünschter Einfluss von Religion auf Politik

Es ist plausibel anzunehmen, dass religiöse Personen auch eher der Ansicht sind, dass religiöse Werte in der Politik Bedeutung haben sollten und dass religiöse Führer auch direkten Einfluss auf die Politik eines Landes nehmen sollten. Interessanterweise kann Müller (2009) aber zeigen, dass zwischen individueller Religiosität und dem Wunsch nach Einfluss von Religion auf Politik nur moderate positive Effekte bestehen (Müller 2009: 11). Die individuelle Religiosität wurde mit der Bedeutung Gottes im Leben gemessen. Ob sich Menschen einen Einfluss von Religion oder religiösen Führern in der Politik wünschen, wurde mit vier

Fragen aus der World Value Survey operationalisiert, die per Faktorenanalyse zu zwei Indizes zusammengefasst wurden. Der *Religious Leadership Index* erfasst, ob religiöse Führer Einfluss auf Wahlentscheidungen der Bürger (im Sinne von Wahlempfehlungen) oder auf Regierungsentscheidungen nehmen sollten[11]. Der *Religious Influence Index* wiederum misst, ob Personen in öffentlichen Ämtern religiöse Überzeugungen haben sollten, bzw. explizit an Gott glauben sollten[12]. Auch Müller (2009) findet den bereits im zweiten Kapitel (Religion und Säkularisierung) ausgeführten negativen Zusammenhang zwischen dem Grad der Modernisierung und der Wichtigkeit Gottes im Leben. Gleiches gilt für den Zusammenhang von Modernisierung und den Indizes *Religious Leadership* und *Religious Influence* (Müller 2009: 12). Auch Jugend und hohes Einkommen sowie hohe Bildung (wobei letztere wohl in Zusammenhang zu sehen sind) haben einen negativen Effekt auf Religiosität (Müller 2009: 15). Allerdings haben all diese Variablen keinen – auch keinen negativen – Einfluss auf die Präferenz für religiösen Einfluss in der Politik. Im Falle des Alters sind es gerade die Jungen, die einen Einfluss sogar präferieren (Müller 2009: 17). Auf der Ebene der einzelnen Länder zeigen sich unterschiedliche Ergebnisse. Polen und Portugal etwa haben hohe Werte individueller Religiosität, allerdings wird ein Einfluss religiöser Führer auf die Politik eher abgelehnt (Müller 2009: 12). Auf der anderen Seite präferieren Post-Sowjet-Staaten mehrheitlich religiöse Führer, zumindest mehr als aufgrund der forcierten Säkularisierung zu erwarten gewesen wäre (Müller 2009: 17). Grund hierfür könnte der Wunsch der Bürger sein, dass ihre politische Führung moralisch handelt und nicht ideologisch, wie es zu Zeiten des Kalten Krieges war. Zudem finden sich gerade in den Ostblockstaaten (hier vor allem in Polen) tiefe religiöse Überzeugungen, die vor allem auch durch die Widerstandsbewegungen kultiviert wurden (vgl. Casanova 1996: 187, Robertson 1991: 15) und nun als Basis für einen neuen Staat eingefordert werden. Dies gilt aber wiederum nicht für alle Ostblockstaaten. So gilt der Osten Deutschland im europäischen Vergleich als besonders säkular (Gabriel 2008: 10).

In den USA ist aktuell ein Wandel zu beobachten. War Mitte der 2000er Jahre noch die Mehrheit in den USA der Meinung, dass sich die Kirchen zu sozialen und politischen Fragen äußern sollten, kippte das Verhältnis Ende der 2000er

---

11 Fragestellungen der WVS: „Religious leaders should not influence how people vote in elections." und "Religious leaders should not influence government decisions." (vgl. Müller 2009: 8)

12 Fragestellungen der WVS: „Politicians who do not believe in God are unfit for public office." und "It would be better for this country, if more people with strong religious beliefs held public office." (vgl. Müller 2009: 8)

Jahre zugunsten derer, die der Meinung sind, dass sich die Kirche aus der Politik raushalten sollte (PEW 2012b). 2011 – mit Beginn des Wahlkampfes – kehrt sich auch das Verhältnis derer um, die Äußerungen individueller Religiosität inklusive öffentlicher Gebete und Gottesbezüge in Reden befürworten – sie sind nach fast einem Jahrzehnt plötzlich in der Minderheit (PEW 2012b). Zeitgleich halbiert sich interessanterweise auch das Aufkommen der Religionsberichterstattung von stabilen 2 Prozent der Vorjahre auf 0,7 Prozent (PEW 2012a). Leggewie (2005: 5) begründet diesen Wandel mit dem immer größer werdenden Einfluss der religiösen Rechten in den USA, die den religiösen Pluralismus gefährden. „Der fundamentalistische Protestantismus ist in den Sog einer extremistischen Häresie geraten, deren Neigung zu Manipulation und Politisierung nicht nur Agnostikern Sorge bereitet, sondern auch Gläubige aller Konfessionen beunruhigen muss." (Leggewie 2005: 5).

Muslime wiederum plädieren grundsätzlich eher für den Einfluss religiöser Führer auf die Politik als andere Konfessionen (Müller 2009: 17), was auch damit erklärt werden kann, dass a) der Koran eine Verbindung von Staat und Religion vorsieht (s.o.) und b) Muslime im Vergleich mit den anderen Religionen und Konfessionen am religiösesten sind (Müller 2009: 15).

Angesichts der Ergebnisse hinsichtlich des gewünschten Einflusses von Religion auf Politik, vermutet Meyer (2009) unterschiedliche Dimensionen der Säkularisierung – einmal privat und einmal öffentlich, wobei diese in beide Richtungen ausschlagen können. Das Plädieren für einen größeren Einfluss von Religion in der Politik scheint nur zum geringen Teil von der eigenen Religiosität abhängig zu sein (vgl. Müller 2009: 12). Von einem Rückgang der individuellen Religiosität kann also nicht zwingend darauf geschlossen werden, dass die Bürger Kirche generell ablehnen. Zum Teil kann auch genau das Gegenteil der Fall sein. Für sich selbst sieht man keine Bedeutung von Gott und Religion im Leben, wünscht sich aber entsprechende Werte bei der politischen Führung.

3.6 Zwischenfazit

Prinzipiell scheinen Staat, Politik und Religion durchaus vereinbar. Haus (2003) kann in allen zeitgenössischen Demokratietheorien Religion erfolgreich verorten. In pluralistischen Demokratietheorien kompensiert sie organisationelle Ungleichheiten, in der deliberativen Demokratietheorie liefert sie eine „unverzichtbare semantische Ressource in einer auf Perspektivenvielfalt angewiesenen Öffentlichkeit" (Haus 2003: 53) und in kommunitaristischen Demokratietheorien stiftet sie über Werte der Solidarität und Sinngebung letztlich Gemeinschaft

(Haus 2003). Hildebrandt (2007) spricht dennoch hinsichtlich der Funktion von Religion in der politischen Sphäre von einer „Ambivalenz des Sakralen" (Hildebrandt 2007: 3), womit er die Tatsache meint, dass Religion immer schon für Konflikt oder für Frieden gesorgt hat und für beides das Potenzial in sich trägt. „Es [das Heilige] kann die Gesellschaft und ihre politische Ordnung befrieden, stabilisieren und integrieren, sie aber auch destabilisieren, desintegrieren und in einem religiös motivierten und legitimierten Blutrausch zerfallen lassen." (Hildebrandt 2007: 3). Festzustellen bleibt, dass Religion immer noch zur Legitimation politischer Herrschaft genutzt wird und auch die Religionen, Kirchen und Konfessionen selbst die Nähe zur Politik suchen, wenn nicht gar im Fundamentalismus selbst nach der Macht greifen. Scheinbar ist es auch so, dass eine Gesellschaft nicht ohne einen „heiligen Rest" (Schauer 2007: 35) auskommt. Dieser dient zum Einen als moralische Grundlage des Gemeinwesens und zur Generierung von Gesetzen und Normen. Zum Anderen bilden religiöse Gemeinschaften eine Mobilisierungsressource für Politik. Zumindest in den ALLBUS-Daten für Deutschland findet sich faktorenanalytisch in der Symbiose dieser Merkmale der idealtypische Bürger: gesetzestreu und solidarisch, engagiert er sich politisch und kann bei Entscheidungen, die über die bestehenden Gesetze hinausgehen, auf seine religiösen Überzeugungen und damit auf eine tiefer liegende Moral zurückgreifen.

„Die Entwicklung des spannungsreichen Wechselverhältnisses von Religion und Politik ist gegenwärtig offen. Die Weichen für die Erfolgsaussichten der unterschiedlichen Optionen werden hier von einer großen und unübersichtlichen Vielzahl von Akteuren auf unterschiedlichen Handlungsfeldern gestellt. Dazu gehören Staaten und transnationale Institutionen, Parteien, Zivilgesellschaften und Religionsgemeinschaften sowie vor allem die Massenmedien. Die Wechselwirkungen zwischen der nationalen, regionalen und globalen Arena sind unter den gegebenen Bedingungen der Globalisierung und der elektronischen Massenmedien eng und unmittelbar." (Meyer 2007: 13).

Religion und Gesellschaft 4

Gegenstand dieses Kapitels soll zunächst sein, zu klären, warum Religion nach wie vor eine Rolle in der Gesellschaft spielen kann. Dabei wird nicht die Funktionalität von Religion generell diskutiert, sondern angeschlossen an die Frage nach der Rückkehr der Religion, welche aktuellen Phänomene – und damit in Zusammenhang stehende Funktionen von Religion – eine Rückkehr der Religion in den öffentlichen Raum wahrscheinlich machen. Zu nennen sind hier verschiedene Funktionen, die entweder der Glaube an sich oder die Institution Kirche für das einzelne Individuum oder die Gesamtgesellschaft übernehmen kann. Im zweiten Abschnitt wird dokumentiert, wie es um die Religiosität der der deutschen Bevölkerung konkret bestellt ist.

„[…] in many societies religious values are a part of everyday life, providing a foundational framework for behaviors related to everything from clothing styles to childrearing to health-care. Also religious rituals play a central organizational role in marking key life events." (Steeves 2008: 4796). Was Steeves (2008) für nicht-säkulare Länder konstatiert, gilt bei genauer Betrachtung auch für die formal säkularen westlichen Staaten. So gehen etwa die heutigen christlichen Feiertage wiederum auf heidnische Feiertage der Naturreligionen Europas zurück. Die jeweils folgenden Religionen haben die alten Feiertage und zum Teil auch Rituale übernommen bzw. überformt (vgl. Riesebrodt 2007: 56). Dies setzt sich bis in säkulare Ideologien fort (vgl. Schauer 2007: 26). So wurde die Jugendweihe in der DDR als Substitut zu sonst üblichen Initiationsriten etabliert. Wie im dritten Kapitel (Religion und Politik) ausgeführt, ist das Christentum quasi in die europäische – und damit auch in die deutsche – Kultur eingeschrieben. Es strukturiert alltägliches und öffentliches Leben und bildet die Wertgrundlage der Gesellschaft. Abgesehen davon spricht Gabriel (2008) von einer allgemeinen Symptomatik der *Rückkehr* der Religion (Gabriel 2008: 9). Er macht dies u. a. an zwei aktuellen Phänomenen fest. Dazu zählt der weltweite Erfolg der evangelikalen und der katholischen Charismatiker vor allem in Asien und Afrika sowie die religiöse Expansionsbewegung des Islam vor allem in Indonesien und ebenfalls Afrika (Gabriel 2008: 12, vgl. auch Kallscheuer 2005: 14) mit allen Implikationen für die westliche Gesellschaft.

4.1 Motoren der Rückkehr der Religion

Religion mit ihren Glaubensgrundsätzen als Wertefundament der Gesellschaft wurde bereits im dritten Kapitel (Religion und Politik) diskutiert. Darüber hinaus erfüllt Religion aber auch Funktionen für den Menschen als Privatperson bzw. als gesellschaftliches Wesen. Für Riesebrodt besteht die Leistung religiöser Institutionen diesbezüglich darin, „dass sie die Handlungsfähigkeit des Menschen in Situationen tatsächlicher Machtlosigkeit und Handlungsunfähigkeit erhält." (Riesebrodt 2007: 241). Neben dieser Funktion der Kontingenzbewältigung (vgl. Kap. 2 Religion und Säkularisierung) erfüllen Religionen aber auch im alltäglichen Leben – also abseits außergewöhnlicher Ereignisse und Zeiten – Funktionen für Individuum und Gesellschaft. Müller (2009: 5) nennt hier die Ausbildung und den Schutz einer spezifischen Gruppenidentität. Gleiches findet sich bei Schauer (2007: 9) in den Begriffen Identitätsstiftung, Handlungsorientierung und Sozialintegration. Für die aktuell postulierte Rückkehr der Religion identifiziert Hildebrandt (2007) einen Ursachenmix aus „ungerechter politischer (Fremd-)Herrschaft, ökonomischer Deklassierung und sozialen Abstiegsängsten" (Hildebrandt 2007: 7). Dies trifft aber letztlich auf alle Zeiten zu, sodass dies nicht alleine für den aktuell steigenden Bedarf an Religion verantwortlich gemacht werden kann. Hinzu kommen laut Hildebrandt (2007) „Auflösungserscheinungen tradierter Lebenswelten, die durch Globalisierungsprozesse ausgelöst werden." (Hildebrandt 2007: 7, vgl. auch Schilson 1997: 28ff; Kallscheuer 1996: 37f). Dieser Ursachenmix führt zu Orientierungslosigkeit, in der dann Religion mit einfachen Erklärungen der Welt und der Aussicht auf jenseitiges Heil Hilfestellung anbietet (Hildebrandt 2007: 7). Die Ironie Gottes – wie Meyer (2005) es bezeichnet – besteht dann darin, dass auch viele Nichtgläubige glauben, „dass ein bisschen Gott in öffentlichen Dingen im Grunde nicht schaden kann, zumal Alternativen der säkularen Vernunft in den meisten Fragen, um die es im öffentlichen Raum heute geht, an Einheitlichkeit, Simplizität und Unbedingtheit nichts Gleichgewichtiges aufbieten können." (Meyer 2005: 12f und 60ff). Vor dem Hintergrund dieser grundsätzlichen Funktionalität von Religion für Individuum und Gesellschaft sollen im Folgenden einige aktuelle Werttreiber für den Bedarf an Religion diskutiert werden.

4.1.1 Modernisierung

Die Modernisierung der Gesellschaften wurde bereits im zweiten Kapitel (Religion und Säkularisierung) diskutiert. Dort allerdings als Motor der Säkularisierung, die zum Verschwinden der Religion führen sollte. Wie in jenem Kapitel bereits angedeutet, ist Modernisierung aber hinsichtlich der Vitalität von Religion ambivalent zu sehen. Nach Minkenberg (2002) konnten die Verheißungen der Moderne nicht vollständig eingelöst werden. Fortschritt bedeutet nicht Fortschritt für alle und hat auch seine Schattenseiten. Moderne Technik beispielsweise konnte viele Probleme lösen aber bei weitem nicht alle (vgl. Schauer 2007: 9) und warf zudem neue Probleme auf (Minkenberg & Willems 2002: 14, Riesebrodt 2007: 254ff). Zudem treffen die modernen Wissenschaften an Grenzen, bei denen sich nicht mehr die Frage der Machbarkeit stellt, sondern die Frage, ob Entwicklungen noch ethisch vertretbar sind (vgl. Minkenberg 2002, Beckford & Luckmann 1991). Wann beginnt das Leben? Darf mit Embryonen geforscht werden? Ist ein Klon ein eigenständiges Lebewesen? Theoretisch kann die Menschheit sich selbst rekonstruieren und Erbgut von Tier und Pflanzen nahezu nach Belieben verändern. Im Bereich der synthetischen Biologie, mit den Möglichkeiten biologische Systeme (also letztlich Leben) synthetisch zu erzeugen, werden moralische Fragen jenseits des Möglichen noch virulenter. Was davon ist geboten um zu heilen, Leben zu retten und wo ist die Grenze zu ziehen? An welchem Punkt greift der Mensch selbst in die Evolution ein, indem er über Leben und Tod entscheidet? Letztlich sind es die möglichen Eingriffe in die Schöpfung, die Religion tangieren. Im Gespräch mit Jürgen Habermas bezweifelt Papst Benedikt XVI. im Hinblick auf die Wissenschaften, dass Vernunft immer gleich gut ist. So sei die Technisierung zwar absolut rational, ufere aber aus, weil keine moralischen Standards greifen. Nicht alles, was möglich ist, ist auch gleich gut, auch wenn es immer rational ist. Explizit benannt werden Themenfelder, die nach Ansicht von Papst Benedikt XVI. nicht ohne moralische Standards auskommen. Dazu zählen Abtreibung, Sterbehilfe und Stammzellenforschung (Garcia 2010: 92f). Für die USA identifiziert Voigt (2007) Abtreibung, Rolle der Frau, Homosexualität, Umweltschutz, Abrüstung als Themen zwischen denen die „Demarkationslinie zwischen Liberalen und Konservativen" (Voigt 2007: 20) verläuft, wobei hier hinter den Konservativen die Religiöse Rechte zu sehen ist. Nach Pollack (2009: 11) blieb Enttäuschung und Technikpessimismus zurück (vgl. Pollack 2009: 11), welche das Tor für die Rückkehr der Religion aufgestoßen haben. Nachdem die Aufklärung, mit Betonung der Ratio und der Aufwertung der Wissenschaft, Befreiung versprach, rückt nun – nachdem diese Erwartungen nicht eingelöst werden konnten – die Religion bzw. die Kirche wieder an die alte Stelle (vgl. Meyer 2005: 24ff).

4.1.2 Globalisierung

Globalisierung ist natürlich untrennbar mit Modernisierung verbunden. Eine moderne Welt ist heute auch immer eine globalisierte Welt. Trotzdem sollen die Begriffe hier getrennt beleuchtet werden. Modernisierung fokussierte hier auf technischen und wissenschaftlichen Fortschritt, während unter Globalisierung eher soziale und individuelle Problemfelder diskutiert werden sollen.

In der globalisierten Welt lösen sich alte soziale Strukturen auf. Geburtsort, Verwandtschaft, Familie sind nicht mehr unbedingt die stabilisierenden Faktoren für das Individuum. Mobilität verlangt ständig von der Person, sich neue Bindungen zu suchen, sich in neue (Riesebrodt 2007: 255f) und/oder größere Umfelder einzufinden (Beckford & Luckmann 1991: 3). Religion und Kirche bieten da alternative soziale Strukturen (Minkenberg 2002) an, die einerseits überall zu finden sind, wo es eine Kirche gibt und andererseits trotzdem überall gleich sind, was unmittelbar Vertrautheit herstellt. Liturgie und Rituale sind innerhalb einer Glaubensgemeinschaft universell. Betritt man ein Gotteshaus, weiß man sofort, was die Leute um einen herum glauben, man teilt deren Werte und findet so leicht Zugang zu einer Gemeinschaft (vgl. Meyer 2005: 62f). Pollack (2009: 24) verweist auf das Phänomen, dass besonders Zuwanderer ihre Religion pflegen, da diese als „Rückzugsort, als solidarisches Unterstützungsnetzwerk" (Pollack 2009: 24) dient. Kallscheuer (2002) sieht daher gerade in den durch „kulturelle, demografische Wanderungsbewegungen erschütterten Identität der insbesondere in den städtischen Mega-Agglomerationen der Dritten Welt mobilisierten Massen" ein großes Rekrutierungspotenzial für die christlichen Kirchen (v.a. Katholizismus und Pfingstler). Gleiches gilt für den Islam (Kallscheuer 2002: 5, vgl. auch Minkenberg 2002: 7).

Kirche verbindet darüber hinaus den Einzelnen mit seiner Vergangenheit. Als einzige nahezu unveränderte Institution seit Hunderten von Jahren suggeriert sie Kontinuität, wo die Zeit durch Sprünge und Parallelitäten gekennzeichnet ist. Mit der Erklärung der Welt und der Einordnung von individueller und gesellschaftlicher Biographie in einen größeren Zusammenhang bietet sie dem Einzelnen Identität und Sicherheit (vgl. Schauer 2007: 8f). Nicht vergessen werden sollte unter dem Globalisierungsaspekt, dass zumindest die Katholische Kirche nahezu jahrhundertelang die einzige transnationale Institution stellte (Kallscheuer 2005: 7), somit Strukturen ausweist, die sich ohne Probleme an die Globalisierung anpassen können (sofern sie nicht schon immer globalisiert waren).

Betrachtet man sich den immensen Zulauf gerade in Entwicklungsländern, könnte man den Eindruck gewinnen, dass das Phänomen der Vitalisierung von Religion nur für ‚Globalisierungsverlierer' zuträfe und sich davon unabhängig trotzdem eine in ihren Werten homogene globale Elite herausbildet. Dem entgegen stehen die Ergebnisse von Davidson, Poor & Williams (2009), die auf ihrer Suche nach einer globalen Elite zu dem Schluss kommen, dass eher das Gegenteil zu beobachten ist. Statt einer Angleichung der Identitäten, Werte und Einstellungen über die Zeit im Sinne der Globalisierung, werden sie lokaler im Sinne einer „accentuation of what is distinctive and idiosyncratic in national societies" (Davidson, Poor & Williams 2009: 179). Robertson (1991) spricht dahingehend von einer „particularization of universalism" (Robertson 1991: 19). Da es schlicht unmöglich ist, in etwas so Großem wie der globalisierten Welt aufzugehen, sucht das Individuum seine Identität in Abgleich und Abgrenzung zu anderen. Diese Funktion übernahm vormals der Nationalstaat, welcher aber aktuell zunehmend an Bedeutung verliert (Riesebrodt 2007). „Dadurch werden aber Gruppenbildungen und Solidaritätserwartungen von der Nation häufig auf andere, speziell ethnische und religiöse Aggregationsebenen verlagert." (Riesebrodt 2007: 256). „Die weitere Schwächung staatlicher Institutionen und nationaler Identitäten schafft vor allem in Ländern der Dritten Welt ein ideologisches Vakuum, in dem religiöse Traditionen zu Kernen kultureller Identitäten, transnationaler Einheitsprojektionen und Loyalitäten avancieren können." (Minkenberg & Willems 2002: 7). Aufgrund der kulturgebenden Funktion des Christentums in Europa und speziell in Deutschland kann also von einer Akzentuierung der christlichen Tradition angesichts der gesellschaftlichen Entwicklungen ausgegangen werden.

4.1.3 Konflikte

Eng verbunden mit dem Gedanken der Positionierung des Individuums in einer äußerst heterogenen Gesellschaft ist ein weiterer Faktor, der nicht nur zur Rückbesinnung auf Religion generell, sondern speziell auf die eigene Religion bzw. religiösen Kultur führen kann. Die Konfrontation mit dem Islam (Minkenberg 2002) – vor allem in Form des islamistischen Terrors – zwingt Menschen zu einer Reflektion der eigenen Religiosität, zumindest aber für eine höhere Sensibilität für das Religiöse allgemein (Meyer 2007, Knoblauch 2008: 3, Schieder 2007: 22). Es gehört zur Amivalenz religiöser Funktionalität, dass die Stabilisierung der ‚In-Group' immer mit der Definition und Gegenüberstellung einer ‚Out-Group' von Un- oder Andersgläubigen einhergeht (vgl. Hildebrandt 2007: 4). Somit provoziert der Islam eine Auseinandersetzung mit der eigenen religiösen Kultur, in Europa also (mehrheitlich) dem Christentum. Böntert (2007) merkt diesbezüglich an, dass in der Auseinandersetzung mit dem Islam regelmäßig und „reflexhaft selbstkritisch die Frage nach dem Glutkern christlicher Traditionen in unserer pluralistischen Gesellschaft wieder aufgeworfen" (Böntert 2007: 171) wird. Dabei handelt es sich allerdings nicht um eine neues Phänomen. Bereits im fünften Jahrhundert sah sich das europäische Christentum einer „äußeren Herausforderung durch den Siegeszug einer konkurrierenden monotheistischen Macht – des Islam" (Kallscheuer 2002: 3) gegenüber. Zu fragen ist, ob es speziell der Islam ist, der zur Rückbesinnung auffordert oder nicht der religiöse Fundamentalismus allgemein – egal welcher Richtung – wie Meyer (2005) annimmt. Pollack (2009) attestiert dahingehend zumindest den Deutschen ein eher „leidenschaftsloses Verhältnis zum Christentum" (Pollack 2009: 175). So wird zwar durchaus eine Bedrohung empfunden, diese führt aber nicht zwingend zu einer Intensivierung der eigenen Religiosität. Allerdings wird der Islam immer negativer beurteilt, während das Christentum immer positiver bewertet wird (Pollack 2009: 175f).

Was speziell für die Konfrontation mit dem Islam bzw. Islamismus gilt, trifft auch für Konflikte generell zu. Interessanterweise wurden sowohl für das Säkularisierungsparadigma als auch für das Marktmodell Ausnahmen definiert, die sich speziell auf Konfliktfälle beziehen. Erklärt werden sollten vor allem Verhältnisse wie in Irland, Polen und Italien, in denen sich die großen Kirchen weiterhin eines hohen Zulaufs erfreuen, obwohl keine große Pluralität herrscht (Pollack 2009: 42f). Pollack (2009) vermutet dahingehend, dass Religion bzw. Kirchen immer dann größeren Zulauf verzeichnen, „wenn eine Religionsgemeinschaft einen Referenzpunkt für den Widerstand gegen äußere Repression darstellt" (Pollack 2009: 42). Dies kann sich sowohl auf etablierte, organisierte Religionen beziehen, als auch auf Religiosität allgemein. Auch hier kommt die gemeinschaftsbildende und stabilisierende Funktion von Religion zum Tragen. In den genannten Ländern – Irland, Polen und Italien – kommt vermutlich noch hinzu, dass es sich dort um die Katholische Kirche handelt, welche besonders große Kohäsionskräfte entwickeln kann.

Wie verbindend Religion und Kirche sein kann, zeigen ironischerweise einige politische Protestbewegungen (vgl. Casanova 1996). Konnte man sich zwar im Detail nicht unbedingt auf einen Konsens einigen, fand man doch immer wieder Gemeinschaft unter einer religiösen Flagge. Auch eigentlich politische oder ethnische Konflikte werden immer wieder religiös aufgeladen, „weil das Politische religiös konstituiert ist oder ethnische Konflikte zugleich religiös motiviert sind, weil religiöse Differenzen konstitutiv für ethnische Differenzen sind" (Hildebrandt 2007: 7). Beispiel hierfür ist Jugoslawien, wo mangelnde (säkulare) kulturelle Kohärenz durch Verweise auf das gleiche religiöse Fundament ausgeglichen wurde (vgl. Kallscheuer 1996: 18ff). Auf die gleiche Weise verbindet sich der islamistische Terrorismus. Auch hier finden sich letztlich Shiiten, Sunniten etc. unter einem Dach zusammen, wobei religiöse Motive und die entsprechende Rhetorik immer nur (religiöses) Mittel zum (politischen) Zweck sind (Braml 2008: 22). Religion wird dann als „Mobilisierungsressource" (Hasenclever & De Juan 2007: 10) genutzt. So ist auch in wissenschaftlichen Studien die Duldung terroristischer Anschläge auf politische und nicht auf religiöse Einstellungsunterschiede zurückzuführen (Braml 2008: 21). „Religiöse Unterschiede und religiöse Unzufriedenheit wirken mithin nicht als Brandursache, sondern als Brandbeschleuniger." (Hasenclever & De Juan 2007: 12, vgl. Meyer 2007: 4ff). Interessanterweise funktioniert das allerdings nur in Zeiten der Pression. Danach fallen die Gruppen oft auseinander bzw. besinnen sich auf das eigentlich Trennende unter dem vermeintlich gleichen religiös-ethnischem Schirm.

4.1.4 Zusammenbruch des Ostblocks

Ein nicht zu vernachlässigender Faktor für die Rückkehr der Religion in Europa ist das ideologische Vakuum, welches der Kommunismus bzw. Sozialismus gerade im ehemaligen Ostblock hinterlassen hat. Nach Knoblauch (2008) erfüllen Religion und politische Ideologien die gleichen Funktionen für die Gesellschaft, sodass es nicht verwunderlich ist, dass religiöse Akteure – allen voran Katholizismus und neue religiöse Bewegungen – die Lücke der gescheiterten politischen Ideologie erfolgreich füllen konnten. „Offenbar wiesen die Menschen in der Zeit des krisenhaften sozialen, politischen und wirtschaftlichen Übergangs der Kirche die Aufgabe zu, gesellschaftlich integrativ zu wirken und normative Orientierungsfunktionen zu erfüllen" (Pollack 2002: 16). In der Zeit vor und direkt während des Umbruchs im Ostblock war die Kirche die Opposition, die Alternative zum Staat, war Sprachrohr der Revolution und Träger des Umbruchs (Pollack 2002: 15). Danach wollte sie nahtlos an diesen Status anknüpfen, war jedoch nun nur noch eine der möglichen Alternativen. Der eben erst gewonnene politische und gesellschaftliche Einfluss war plötzlich nicht mehr vorhanden. Mit überaltertem Personal, teilweise selbst belastet und kompromittiert, hatte die Kirche Schwierigkeiten sich an Demokratie und Markwirtschaft anzupassen. Waren die Kirchgangszahlen direkt vor und nach der Wende noch außergewöhnlich hoch, sanken diese anschließend ebenso dramatisch wieder (Pollack 2002: 16f). Auch die Konkurrenz vor allem der neuen religiösen Bewegungen machte den alteingesessenen Kirchen Sorge. Sie versuchten diese abzuwehren, indem sie Einfluss auf die staatliche bzw. rechtliche Anerkennung nahmen. Auch empfahlen sie Parteien zu Wahl, unterstützten offensiv einzelne Kandidaten und „gebärdete[n] sich nicht selten als moralische Erziehungsanstalt, die den Menschen vorschreiben kann, nach welchen Werten und Normen sie ihr persönliches Leben einzurichten hatten." (Pollack 2002: 16f). Damit überspannten sie den Bogen. Die Kirchen reklamierten für sich einen moralisch-geistigen Führungsanspruch, der im Gegensatz zu dem gerade Erreichten stand. Dies wiederum rief antiklerikale Bewegungen auf den Plan (Pollack 2002: 18). In Russland hingegen profitiert die russisch-orthodoxe Kirche noch heute von „kulturellen Identitätsängsten und [...] materieller Not" (Kallscheuer 2005: 12) großer Bevölkerungsteile.

4.2 Religiosität der Bevölkerung

Die im ersten Kapitel diskutierten Ansätze (Säkularisierung, Marktmodell, Individualisierung) lassen verschiedene Annahmen über die Religiosität der deutschen Bevölkerung zu. Die faktische Privilegierung der Katholischen und Evangelischen Kirche in Deutschland bei gleichzeitig garantierter Religionsfreiheit, müsste eine Pluralisierung der Angebote – im Sinne des Marktmodells – verhindern, was zu einer schwachen Religiosität der Bevölkerung führen müsste. Im Gegensatz dazu müsste mit dem Säkularisierungsparadigma angenommen werden, dass die unvollständige Trennung der Sphären in Deutschland – durch die Vielzahl an Kooperationen und Privilegien – in einer zumindest *noch* vitalen Religiosität resultiert. In den vorangegangenen Kapiteln wurden bereits Sekundäranalysen verschiedener Datensätze dokumentiert, die bspw. Zusammenhänge zwischen Staat-Kirche-Systemen und der Religiosität der Bevölkerung prüfen. Unbeachtet blieb dabei zunächst die Religiosität der Bevölkerung an sich. Diese sollte sich angesichts der im ersten Abschnitt dieses Kapitels dokumentierten Treiber für Religiosität über die Jahre steigern. Problematisch ist bei der Erfassung der Religiosität, dass ganz unterschiedliche Indikatoren – u. a. abhängig vom Religionsverständnis – herangezogen werden können. Unterscheiden lassen sich grob *formale Kriterien* wie Mitgliedschaft in einer Kirche, *konative Kriterien* – also auf der Handlungsebene liegende – wie Kirchgangshäufigkeit und *affektive Kriterien*, die den Glauben an z. B. einen personalen Gott wiedergeben. Auf alle drei Kriteriengruppen soll nachfolgend eingegangen werden, um letztlich zu einer Einschätzung der Religiosität der deutschen Bevölkerung zu gelangen.

Formale Kriterien
Bei der Frage nach der Religiosität der Bevölkerung wird in den meisten Fällen mit der Mitgliedschaft in (den etablierten) Kirchen argumentiert. Laut Statistischem Bundesamt (2012) waren 2010 29 Prozent der deutschen Bevölkerung Mitglied der Evangelischen Kirche und 30 Prozent Mitglied der Katholischen Kirche. Da doppelte Mitgliedschaften ausgeschlossen werde können, sind insgesamt 59

4.2 Religiosität der Bevölkerung

Prozent der Bevölkerung offiziell Mitglied einer (christlichen) Kirche. Die Angaben des Statistischen Bundesamtes beruhen auf Angaben der Evangelischen Kirche in Deutschland (EKD) und der Deutschen Bischofskonferenz (DBK) und dürften damit die Kirchensteuer zahlenden Mitglieder wiedergeben (Statistisches Bundesamt 2012). Pollack (2009) kommt in seiner Sekundärdatenanalyse von Befragungsdaten zu höheren Werten. Für alle von ihm analysierten Länder liegen die Werte für die Konfessionszugehörigkeit bei 70 Prozent und mehr (Pollack 2009: 79). Der Grund für die Abweichung liegt vermutlich darin, dass im ersten Fall offizielle Mitgliedschaften ausgewiesen werden, während im zweiten Fall die Daten auf den Aussagen der Befragten beruhen, welcher Konfession man sich zugehörig fühlt[13]. Zu den Personen, die Kirchensteuer zahlen und damit offiziell Mitglied der Kirche sind, kommen noch solche, die sich selbst der Kirche zurechnen, aber nicht durch offizielle Statistiken erfasst werden. Ebenfalls nicht konfessionslos, aber nicht in den 59 Prozent Kirchenmitglieder enthalten, sind die 5 Prozent Muslime in Deutschland (BAMF 2009), sowie 1 Prozent Mitglieder in Freikirchen und 2 Prozent Mitglieder anderer christlicher Glaubensrichtungen (ALLBUS 2002).

Ebenso falsch wie die Annahme, alle Nicht-Kirchenmitglieder wären nicht religiös, ist die Annahme, alle Kirchenmitglieder seien es. Unter denen, die für sich eine Konfession angeben, existiert mit Sicherheit ein großer Anteil derer, die nur noch rein pro forma Mitglied in der Kirche sind. Ein Grund kann hier die Familientradition sein. Andere Gründe können sein, dass man an bestimmten Ritualen wie Taufen und Trauungen festhalten oder sich bestimmte Leistungen der Kirchen im sozialen Bereich sichern will. Zu nennen wären hier beispielsweise der Zugang zu bestimmten Kindergärten oder Schulen (vgl. Pollack 2009: 182ff). Gerade die so genannte *Kasualpraxis* – Riten des Übergangs wie Taufe, Konfirmation, Heirat und Beerdigung – werden in Deutschland auch seit den 1970er Jahren vermehrt nachgefragt. 1972 wollten noch 72 Prozent der Protestanten ihre Kinder taufen lassen, 2002 waren es 95 Prozent (Pollack 2009: 137)[14].

Festzuhalten bleibt, dass die konfessionell Gebundenen anscheinend keine homogene Gruppe bilden. Es lassen sich sowohl religiöse Menschen finden, die an der kirchlichen Praxis teilnehmen, als auch eher nicht-religiöse Menschen, die

---

13 Pollack (2009) spricht dementsprechend auch von „Identifikationsdimension" (Pollack 2009: 77)

14 Diese Daten kann man selbstverständlich auch so interpretieren, dass in den 1970ern zwar noch viele in der Kirche waren, dies aber nicht mehr mit Überzeugung. 30 Jahre später sind zwar weniger Mitglied in der Kirche, nehmen dafür aber verstärkt am Gemeindeleben teil.

zwar formal noch Mitglied sind, aber darüber hinaus kaum als religiös bezeichnet werden können. Bezüglich der Konfessionslosen – also diejenigen, die offiziell nicht Mitglied einer Glaubensgemeinschaft sind – verweist Schieder (2007) darauf, dass auch diese keine homogene Gruppe bilden. Zum einen gibt es solche, bei denen es nicht zur familiären Tradition gehört in einer Kirche Mitglied zu sein, was aber noch nichts über die Religiosität aussagen muss. Zum anderen gibt es auch solche, die selbst religiös, aber z. B. aus finanziellen Gründen nicht offizielles Mitglied einer Kirche sind. Im Religionsmonitor der Bertelsmann Stiftung (zitiert in Knoblauch 2008) geben immerhin 68 Prozent der Deutschen an, theistische – also auf eine personalisierte Gottheit bezogene – Erfahrungen gemacht zu haben. Im Bereich der pantheistischen – also allgemein spirituellen – Erfahrungen sind es sogar 76 Prozent (Knoblauch 2008: 6). Diese Zahlen liegen damit über denen der konfessionell Gebundenen in Deutschland. Konfessionszugehörigkeit oder Konfessionslosigkeit eignen sich also nur bedingt als Indikator für Religiosität.

Abgesehen von der generellen Kritik an der Kirchenmitgliedschaft als Indikator für Religiosität, kann die Entwicklung der Kirchenmitgliedschaft *an sich* nicht als Gegenargument zur These der Rückkehr der Religion verwendet werden. Zwar überwiegen nach wie vor die Kirchenaustritte die -eintritte, allerdings hat sich das Verhältnis – zumindest für die Evangelische Kirche – über die Jahre gewandelt. Zwischen 1995 und 2007 halbierten sich die Austrittsraten, während sich die Eintrittsraten verdoppelten, sodass das Verhältnis von 1:6 auf 1:2 zurückging (Pollack 2009: 127). Zudem verweist Schieder (2007) mit Recht darauf, dass a) aktuell jede Organisation – vom Sportverein bis zur Partei – mit Mitgliederschwund zu kämpfen hat und b) 68 Prozent Kirchenmitgliedschaft[15] immer noch nur zwei Prozent Parteienmitgliedschaft gegenübersteht (Schieder 2007: 20f). Abgesehen von der sich andeutenden Trendwende darf also Kirchenmitgliedschaft im gesamtgesellschaftlichen Kontext generell nicht marginalisiert werden.

Konative Kriterien
Ein anderer häufig verwendeter Indikator ist der Gottesdienstbesuch. Hier erfolgt die Zuordnung nicht aufgrund formaler Zugehörigkeit, sondern basiert auf der Handlungsebene. Die Daten des ALLBUS 2002 weisen zwei Prozent der Bevölkerung aus, die mehrmals in der Woche in die Kirche zu gehen. Sieben Prozent besuchen diese einmal pro Woche, weitere neun Prozent ein bis drei Mal im Monat

---

15 Vergleicht man die von Schieder zitierten Daten mit anderen Datenquellen, bestätigen sich diese: 29 Prozent Protestanten, 30 Prozent Katholiken (Statistisches Bundesamt 2012), 5 Prozent Muslime (BAMF 2009), 1 Prozent Freikirchen, 2 Prozent andere christliche Glaubensrichtung (ALLBUS 2002)

4.2 Religiosität der Bevölkerung

(ALLBUS 2002). Etwa jeder fünfte Deutsche könnte nach diesem Kriterium als religiös angesehen werden. Diejenigen, die mehrmals im Jahr (17 Prozent) oder seltener (30 Prozent) in die Kirche gehen (ALLBUS 2002), besuchen diese vermutlich nur zu hohen Feiertagen wie Weihnachten oder Ostern oder zu bestimmten Familienfesten wie Heiraten oder Taufen. Hier kann also nicht unbedingt von Religiosität gesprochen werden. Deutlich wird, dass die Kirchgangshäufigkeit weit unter der Mitgliedschaft rangiert. Nach dem Kriterium der Mitgliedschaft wären drei von vier Deutschen religiös, nach dem Kriterium auf der Handlungsebene ist es nur einer von fünf. Auch für die europäische Ebene stellt Pollack (2009) fest, dass die Werte bezüglich der religiösen Praxis durchweg unter den Werten der Identifikationsdimension – also der Kirchenzugehörigkeit – liegen. In Europa steht hier Irland an der Spitze. Dort gibt 2006 jeder Zweite (54 Prozent) an, wöchentlich die Kirche zu besuchen. Ein Schlusslicht bildet Ostdeutschland, wo nur drei Prozent einen wöchentlichen Kirchenbesuch angeben (Westdeutschland: 9 Prozent) (Pollack 2009: 80).

Affektive Kriterien

Eine dritte Gruppe von Kriterien zur Erfassung von Religiosität nennt Pollack (2009) „Dimension der religiösen Erfahrung und des Glaubens" (Pollack 2009: 77). Wie sich mit den Daten des Religionsmonitors (s.o.) abzeichnet, liegen diese tendenziell über den Werten für die Kirchenzugehörigkeit. Üblicherweise wird hier nach dem Glauben an Gott, an Himmel und Hölle und Ähnlichem gefragt (vgl. Pollack 2009: 77). Im ALLBUS 2002 sollten die Befragten auf einer siebenstufigen Likert-Skala mit den Polen unwichtig (1) und sehr wichtig (7) angeben, wie wichtig ihnen der Glaube an Gott ist. Im Ergebnis stufen 49 Prozent der Befragten den Glauben an Gott für sich persönlich als *eher wichtig* bis *wichtig* ein. Dem entgegen stehen nur 40 Prozent, die sagen, der Glaube an Gott sei für sie *eher unwichtig* oder *unwichtig*[16] (ALLBUS 2002). Diese Zahlen verdeutlichen, dass die Zugehörigkeit zu einer Konfession keine Aussage über die tatsächliche Religiosität zulässt. Immerhin waren 2005[17] 62 Prozent der Bevölkerung konfessionell gebunden (statistisches Bundesamt 2012) aber nur 49 Prozent geben den Glauben als wichtig an. Für Ostdeutschland gilt allerdings das genaue Gegenteil. Wie

---

16 siebenstufige Likert-Skala, Zusammenfassung der oberen und unteren Skalenpunkte, Mittelkategorie (4) 13 Prozent, von 100 Prozent abweichend: Rundungsfehler
17 Das Statistische Bundesamt weist auf seinen Seiten den Bevölkerungsstand ab 2005 aus. Dieses Jahr wurde aufgrund der Nähe zu den Allbusdaten 2002 gewählt. Aktuell (2010) sind es noch 60% konfessionell Gebundene (ohne Muslime).

Pollack (2009: 80) auf anderer Datenbasis dokumentiert, liegt hier der Glaube an Gott mit 40 Prozent *über* dem Anteil der konfessionell Gebundenen (30 Prozent). Das Problem der affektiven Kriterien ist, dass sie je nach Religionsverständnis sehr weit gefasst werden können. Neben dem traditionellen Glauben an Gott wurde bei Pollack (2009) auch nach Astrologie und Spiritualismus – also unkonventionellen religiösen Formen – gefragt. Die Werte hierfür liegen allerdings deutlich unter denen für den Glauben an Gott, sodass unkonventionelle Formen (noch) keine Alternative für die traditionellen Religionen sind. Um das Problem der weiten oder engen Religionsdefinition zu umgehen, wird die dritte Dimension nach Pollack (2009: 77) häufig mit der Frage operationalisiert, ob sich der Befragte selbst für einen religiösen Menschen hält. Allerdings muss man bei dieser Operationalisierung darauf vertrauen, dass die Befragten zwischen Religiösem und Nichtreligiösem in gleicher Weise unterscheiden.

Da keines der bisher genannten Kriterien isoliert in der Lage ist Religiosität vollständig wiederzugeben, schlägt Pollack (2009: 77) für die Messung von Religiosität vor, einen Index aus den bisher genannten drei Dimensionen bzw. Kriteriengruppen zu bilden. Die Identifikationsdimension erfasst die tatsächliche Mitgliedschaft bzw. das Zugehörigkeitsgefühl und damit die Identifikation mit einer Religion oder Konfession. Die zweite Dimension ergänzt dies um die Teilnahme an üblichen „kultischen Vollzügen" (Pollack 2009: 77) – also Häufigkeit von Gottesdienstbesuchen, Gebet sowie allgemeine Teilnahme am kirchlichen Leben inklusive Inanspruchnahme von kirchlicher Trauung, Taufe und Ähnlichem. Mit der dritten Dimension würde darüber hinaus auch die „Akzeptanz religiöser Vorstellungen wie Himmel und Hölle, Auferstehung und Wiedergeburt" (Pollack 2009: 77) erfasst. Mit einem solchen Index besteht die Möglichkeit, formal Religiöse von tatsächlich religiösen Personen zu trennen und letztere im Grad ihrer Religiosität abzustufen.

Der ALLBUS 2002 bietet für jede der Dimensionen entsprechende Variablen an. Aus diesen kann ein einfacher, ungewichteter Index gebildet werden, der die Religiosität der deutschen Bevölkerung wiedergibt. Insgesamt werden 16 Variablen einbezogen. Darunter Konfessionszugehörigkeit, Glaube an Himmel, Hölle und Ähnliches, Kirchgangshäufigkeit, Wunsch nach kirchlicher Beerdigung etc. (vgl. Tab. A2 im Anhang). Für dichotome Variablen (ja/nein) wird je ein Punkt für eine positive Antwort vergeben, für ordinale Daten jeweils ein Punkt für mindestens monatliche Praxis (vgl. Tab. A2 im Anhang). Der Index bleibt ungewichtet, da es keine plausiblen Annahmen zur Gewichtung einzelner Variablen gibt. Das theoretische Maximum des Index' beträgt somit 16 Punkte, das Minimum 0 Punkte. Im Ergebnis zeigt sich fast die gesamte Spannweite (0-15 Punkte) in einer linkssteilen, rechtsschiefen Verteilung. 13 Prozent der Befragten können mit 0

4.2 Religiosität der Bevölkerung

Punkten im Index als absolut nicht religiös bezeichnet werden. Der Mittelwert des Index liegt bei 5,5. Über dem Durchschnitt liegen 47 Prozent der Bevölkerung. Etwa 22 Prozent können mit 10 und mehr Punkten als besonders religiös eingestuft werden. Im Vergleich mit der vorhergehenden isolierten Betrachtung der einzelnen Kriterien kann man hier von einer valideren Erfassung der Religiosität ausgehen. 67 Prozent Konfessionszugehörigkeit, 49 Prozent Glaube an Gott und 19 Prozent Kirchgänger resultieren hier in 47 Prozent der Bevölkerung, die als überdurchschnittlich religiös bezeichnet werden kann.

Der hier gebildete Index korreliert hoch signifikant mit der subjektiven Einschätzung der Religiosität[18] (Pearson: $r = .760$, $p = .000$), sodass die von Pollack (2009: 77) der dritten Dimension zugeordnete Frage, ob man sich selbst für einen religiösen Menschen hält, durchaus als valide Frage für Religiosität an sich gesehen werden kann. Im Gegensatz zu den in den einzelnen Dimensionen dokumentierten Daten liegen mit den Daten des IfK-DNN Barometers (zumindest für die Stadt Dresden) zeitlich dichte Trenddaten für die subjektive Einschätzung der Religiosität vor (Abb. 1).

---

18 Frage: Würden Sie von sich sagen, dass Sie eher religiös oder eher nicht religiös sind?, Antwortskala: unbenannt, zehnstufig (ALLBUS 2002)

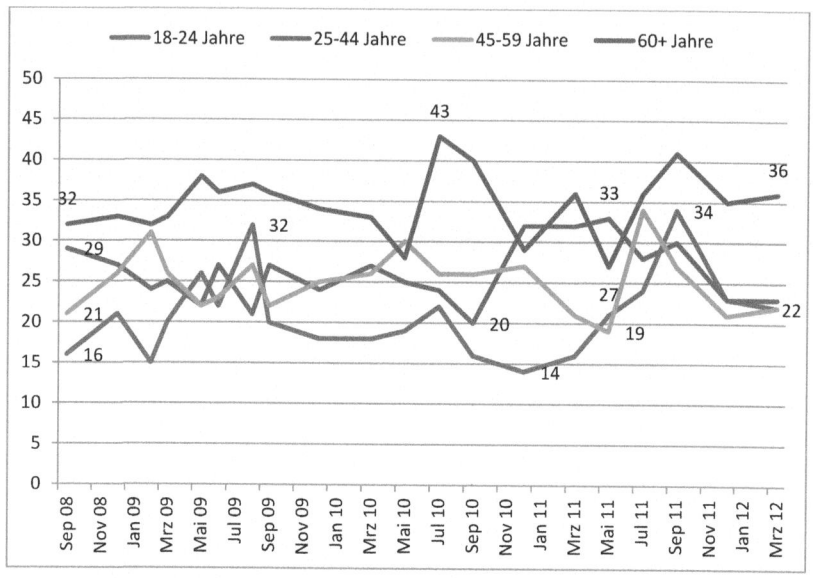

Abb. 1 Religiöse Menschen in Dresden
Frage: Einmal abgesehen davon, ob Sie regelmäßig Gottesdienste besuchen oder nicht: Würden Sie sagen, dass Sie ein religiöser Mensch sind, oder würden Sie das nicht sagen? Antwortitems: ein religiöser Mensch, kein religiöser Mensch – Angaben in Prozent für „ein religiöser Mensch"
Basis: IfK-DNN-Barometer, repräsentative telefonische Bevölkerungsbefragung (18+) in Dresden (CATI), N≈500

Dabei wird deutlich, dass die individuelle Einschätzung der Religiosität starken Schwankungen ausgesetzt ist, die auch weit außerhalb der maximalen Fehlerspanne von ± 4,48 Prozentpunkten (Noelle-Neumann 2005: 226) liegen. Im September 2008 sagen 16 Prozent der 18-24 Jährigen von sich, dass sie religiöse Menschen sind. Ein Jahr später sind es in dieser Altersgruppe 32 Prozent. Der Wert fällt dann wieder auf 14 Prozent im Dezember 2010, um im September 2011 auf den höchsten Wert von 34 Prozent anzusteigen. Die Schwankungsbreiten der anderen Altersgruppen sind ähnlich groß. Mit Ausnahme der 45-59 Jährigen zeigen aber alle Altersgruppen einen allgemeinen Aufwärtstrend (vgl. Abb. A1 im Anhang). Hinsichtlich der Schwankungen lassen sich keine altersübergreifenden Muster erkennen. Während beispielsweise der Wert für die Gruppe der 25-44 Jährigen Ende 2010 ansteigt, sinkt er im gleichen Zeitraum für die 18-24 Jährigen. Naheliegend ist die Annahme, dass bestimmte Ereignisse oder Themen im öffentlichen

Diskurs diese Schwankungen verursachen, wobei die Reaktionen darauf höchst altersspezifisch zu sein scheinen.

4.3 Zwischenfazit

Nachdem im vorangegangenen Kapitel bereits die Notwendigkeit einer Wertegrundlage herausgestellt wurde, konnte in diesem Kapitel darüber hinaus festgestellt werden, dass Religion auch für das Individuum notwendige Funktionen erfüllt. Wichtig ist dabei der Befund, dass angesichts der aktuellen Herausforderungen v.a. durch die Globalisierung nicht *irgendeine* Religion für das Individuum zunehmend relevant wird, sondern die jeweils kulturspezifische. Somit findet sich hier ein Gegenargument zu der im ersten Kapitel ausgeführten Individualisierungsthese. Nahm diese noch an, dass Religion zwar wesentlich ist für den Einzelnen, dieser sich aber sein religiöses Arsenal synkretistisch zusammenstellt, kann nun behauptet werden, dass aufgrund der identitätsbildenden Funktion von Religion die jeweils ‚eigene' Religion im Zusammenhang mit der Auflösung traditioneller Bindungen und aktuellen Konflikte relevanter wird. Sekundärdatenanalysen konnten darüber hinaus zeigen, dass es einen zwar ereignisabhängigen aber allgemeinen Aufwärtstrend in der Religiosität der Bevölkerung – zumindest in einer deutschen Großstadt – gibt.

Religion und Medien 5

„Die Religion, vor kurzem noch zu wachsender Unsichtbarkeit verdammt, wird in einer ganz neuen Weise öffentlich sichtbar. Sie tönt aus allen Kanälen, die Buchläden sind ebenso voll von ihr wie das Fernsehen und das Internet." (Knoblauch 2008: 3). Inwiefern diese Beobachtung von Knoblauch (2008) den aktuellen Tatsachen entspricht, soll anhand eines Forschungsüberblickes und der anschließenden empirischen Inhaltsanalyse deutscher Leitmedien geklärt werden. Gegenstand der folgenden Kapitel ist die Religionskommunikation, also die Vermittlung von Religiösem und religiösen Inhalten u. a. via Medien. Es soll explizit nicht um das Thema *Medienreligion* im Sinne einer Religionsersatzfunktion der Medien gehen, wie sie etwa Schilson (1997) Da Re (2003), Thomas (1998) oder Friedrichs (1996) beschreiben.

Buddenbaum (2002) bezeichnet das Forschungsgebiet Medien und Religion als relativ neu. Es gibt bislang keine Theorie, um das Verhältnis von Religion und Medien zu beschreiben. Allenfalls Ansätze dazu finden sich bei Comte, Durkheim, Weber und Marx (Buddenbaum 2002: 15). Jecker (2011) konstatiert, dass „in der Medien- und Kommunikationswissenschaft vergleichsweise wenig Interesse an der massenmedialen (Re-)Präsentation von Religion – jenseits des Islam – besteht […]." (Jecker 2011: 8). Und Krüger (2011) geht sogar so weit zu behaupten, dass der Bereich Religion und Medien „von der Medienwissenschaft als Randerscheinung betrachtet und von der Theologie […] bis heute vollkommen ignoriert" wurde (Krüger 2011: 161).

5.1 Religionskommunikation

Prinzipiell kann man Religionskommunikation der großen Kirchen als Organisations- bzw. Unternehmenskommunikation im Non-Profit-Bereich fassen, wobei Organisationskommunikation im Sinne von Corporate Communication alle internen und externen Kommunikationsprozesse zu allen möglichen Stakeholdern beinhaltet (vgl. Cornelissen 2008: 1004ff). Stakeholder – also Anspruchsgruppen – wären im Falle der Kirchen zunächst Mitglieder und Mitarbeiter. Wie jede Organisation ist sie des Weiteren auf entsprechende Lobbyarbeit, auch im politischen Bereich, angewiesen. Eine weitere große Zielgruppe sind potenzielle Spendengeber, die sowohl im privaten als auch im wirtschaftlichen Bereich gesucht werden. Ein Merkmal, welches Kirchen von vielen anderen Organisationen unterscheidet, ist, dass es sich um eine nicht-kommerzielle Organisation handelt, bei der nicht das Eigeninteresse im Vordergrund steht, sondern „die Erreichung ideeller und sozialer Zielsetzungen, ohne dass dabei Eigeninteressen verfolgt werden, die über die Aufrechterhaltung und Verbesserung der eigenen Funktion zur Erreichung dieser Ziele hinaus gehen" (Tonnemacher 2005: 491), weshalb sie in den Non-Profit-Bereich eingeordnet werden kann. Die „Erreichung ideeller und sozialer Zielsetzungen" (Tonnemacher 2005: 491) führt auch zur Definition einer weiteren, besonders großen Zielgruppe: Letztlich ist Religionskommunikation auf jeden Menschen gerichtet, unabhängig von Alter, Status, Einkommen oder Nationalität.

Ein gravierender Unterschied zu allen anderen Organisationen besteht neben der Größe und Vielfalt der Anspruchsgruppen darin, dass Religion explizite Erwähnung in verschiedenen Gesetzestexten findet, was für andere Organisationen nicht zutrifft. Die Religionsfreiheit ist im deutschen Grundgesetz in Artikel 4, Absätze 1 und 2 festgeschrieben. Die Beschimpfung religiöser (und auch anderer weltanschaulicher) Bekenntnisse wird im Strafgesetzbuch im Paragraph 166 unter Strafe gestellt. Entscheidend für die massenmediale Kommunikation ist darüber hinaus, dass der Rundfunkstaatsvertrag in Paragraph 42, Absatz 1 auch den privaten Rundfunkanbietern vorschreibt: „Den Evangelischen Kirchen, der Katholischen Kirche und den Jüdischen Gemeinden sind auf Wunsch angemessene Sendezeiten zur Übertragung religiöser Sendungen einzuräumen [...]" (Rundfunkstaatsvertrag 2010). Ein ähnliches Privileg genießen nur noch politische Parteien zu Wahlkampfzeiten. Diese Privilegierung ist dabei kein spezifisch deutsches Phänomen. Neben Deutschland verpflichten auch Frankreich, Israel, Litauen, die Niederlande und Serbien zumindest den öffentlich-rechtlichen Rundfunk mit Kooperationsverträgen dazu, Sendezeit für Religion zu reservieren (Regnotto et al. 2011: 142). In Irland, Katalonien, Lettland, Montenegro, Norwegen, Tschechien, Ungarn, England und Zypern ist der Rundfunk zumindest verpflichtet, Religion im Programm abzubilden. Derartige Regelungen leiten sich zumeist aus einem Bildungsauftrag, aus einem Vielfaltskriterium, aus dem Toleranzgebot und einer damit verbundenen Verpflichtung, Verständnis zu fördern, ab (Regnotto et al. 2011: 142). Von diesen Geboten zu trennen ist das Verbot religiöser Werbung, welches in etlichen Ländern, so auch Deutschland, besteht (Regnotto et al. 2011: 143). Auch auf der Ebene der EU gibt es Regelungen hinsichtlich Religion in den Medien. So dürfen Gottesdienste grundsätzlich nicht durch Werbung unterbrochen werden und Werbung darf religiöse Gefühle nicht verletzten (Robbers 2003: 149). Ein weiteres Spezifikum der Religionskommunikation in Deutschland ist, dass Vertreter der beiden großen Kirchen in den Aufsichtsgremien der öffentlich-rechtlichen Sender vertreten sind (Krüger 2011: 162).

5.2 Entwicklung der Religionskommunikation

Im Folgenden soll die Entwicklungslinie der Religionskommunikation mit Institutionalisierung und Professionalisierung nachgezeichnet werden. Dabei wird deutlich, dass es sich um ein äußerst fragmentiertes Forschungsfeld handelt, welches einer systematischen Betrachtung bedarf. Dies bezieht sich vor allem auf die nicht an die Katholische Kirche gebundene Religionskommunikation. Abgesehen von einer Dokumentation bisheriger Erkenntnisse kann unter dem Fokus dieser Arbeit jedoch keine Erweiterung geleistet werden.

Religiöse Erfahrung zu teilen war schon immer Gegenstand menschlicher Kommunikation (Radwan 2008: 4179). Die Ehrfurcht vor und die Verehrung von höheren Mächten lassen sich schon in Höhlenmalereien nachweisen. Mit dem Aufkommen der Schrift konnte religiöse Überlieferung fixiert werden. Etliche Glaubensrichtungen entwickelten über die Zeit heilige Texte (z. B. Bibel) und entsprechende Kommentierungssysteme (z. B. Talmud) (Radwan 2008: 4180). Bezüglich des Christentums stellt Rolfes (2007) fest: „The Christian Faith and the Church have been connected to the media from their beginning; its important norms of faith and Episcopal actions are founded on the Holy Bible, wich is a collection of texts." (Rolfes 2007: 9). Die Kontrolle der Schriften beginnt mit den Kanonisierungen bzw. der Aussonderung apokrypher bzw. häretischer Texte (Rolfes 2007: 9). Mit dem Aufstieg des Christentums zur Staatsreligion unter Kaiser Konstantin errichtete die Kirche ein Monopol auf Zulassung und Vervielfältigung von Texten. Dies war vor allem durch die (nahezu) alleinige Textproduktion in den Skriptorien der Klöster möglich (Rolfes 2007: 10).

Bis zur Erfindung bzw. Verbreitung von Massenmedien durch Buchdruck, Radio und Fernsehen blieb die Reichweite der Botschaften allerdings lokal begrenzt. Pilger und Missionare streuten die Botschaften zwar weiter, als es anderen Institutionen möglich war, konnten aber selbstverständlich nicht die Reichweite moderner Massenmedien erreichen (Radwan 2008: 4181). Die Erfindung des Buchdrucks – als erster Schritt in Richtung Massenmedien – markiert einen

Wendepunkt in der Geschichte der christlichen Kirchen in Europa. Nach Bühler (2011: 207) wäre die Reformation in Europa ohne Buchdruck nicht denkbar gewesen. Zumindest aber war sie ein Motor der Reformation (Radwan 2008: 4180). Die Reformation wiederum führte zum Bruch der konfessionellen Einheit, infolgedessen der Einfluss der Katholischen Kirche auf weite Teile der Bevölkerung sank. Letztlich wurde durch den Buchdruck auch die nahezu absolute Kontrolle der Kirche über Schrift und Botschaften gebrochen (Rolfes 2007: 10).

Gut 100 Jahre nach Erscheinen der ersten Tageszeitung in Europa, gründete Papst Pius IX. (1846-1878) 1861 den bis heute existierenden *L'Osservatore Romano* als Zeitung des Vatikan (Schlott 2008: 17). Auch ließ er von sich massenweise Heiligenbilder anfertigen und verbreiten und führte öffentliche Papstaudienzen ein, die bis heute Gegenstand der Medienberichterstattung sind (Schlott 2008: 18f). Auch wenn Pius IX. somit scheinbar der erste Papst ist, der breiter von massenmedialen Angeboten und deren Wirkungen Gebrauch machte, verurteilte er in seinem *Syllabus Errorum* (Liste der Irrtümer) 1864 – also drei Jahr nach Gründung des *L'Osservatore Romano* – Meinungs- und Pressefreiheit (Schlott 2008: 17). Ziel aller medialen Anstrengungen war also nach wie vor Lenkung der Kommunikation, wenn auch von Kontrolle keine Rede mehr sein konnte. Ein Kommunikationsmonopol hielt die Katholische Kirche nur noch in den eigenen Reihen (Rolfes 2007: 10).

In den USA fällt die Entwicklung der (amerikanischen Massenmedien) und die Entwicklung der Religionskommunikation nach Ansicht von Buddenbaum (1998) zusammen. 1690 wurde hier die erste Zeitung von Puritanern herausgegeben. Da jene auf der Suche nach Religionsfreiheit die ersten Siedler in der neuen Welt waren, wurden die ersten Zeitungen auch von entsprechenden Gemeinden oder Organisationen finanziert (Buddenbaum 1998: 362).

1880 wurde in Ergänzung zum *L'Osservatore Romano* die Wochenzeitschrift *Ciciltà Cattolica* gegründet (Padovani 2008: 5251). Papst Benedikt XV. (1914-1922) gab als erster Papst auch anderen Zeitungen und Zeitschriften Interviews (Schlott 2008: 17). In Deutschland werden ebenfalls im 19. Jahrhundert überregionale Zeitschriften gegründet, die in den meisten Fällen auf die eigene religiöse Klientel zugeschnitten sind und somit über eine geringe Auflage kaum hinauskamen. Nach und nach kamen Sonntagsblätter hinzu, die sich schon eher an die breite Bevölkerung wandten. Ende des 19. Jahrhunderts existierten 48 Titel mit einer Gesamtauflage von einer Million Exemplaren (Albrecht 2007: 158ff).

Durch einen Lateranvertrag zwischen Mussolini und dem Vatikan wurde unter Papst Pius XI. (1922-1939) 1931 der bis heute sendende Radiosender *Radio Vatikan* gegründet, welcher aktuell in 47 Sprachen produziert wird (Padovani 2008: 5252). Anders als die Printmedien des Vatikans war dieser als Kurzwellen-

5.2 Entwicklung der Religionskommunikation

sender mit entsprechender Reichweite von Anfang an auf die gesamte Welt als Instrument der Missionierung ausgerichtet (Padovani 2008: 5251). Ähnliche Ziele verfolgen *Radio Maria* (internationales Unternehmen) und *Radio Chretiennes* (Frankreich), die jedoch nicht direkt vom Vatikan betrieben werden (Padovani 2008: 5252). In Deutschland wurde im Jahr der Gründung von *Radio Vatikan* (1931) der erste Weihnachtsgottesdienst im Radio übertragen (Kranemann 2007: 182f).

Papst Pius XII. (1939-1958) komplettierte das Medienangebot mit einem kirchlichen Fernsehsender, welcher heute unter *Centro Televisivo Vaticano* firmiert (Schlott 2008: 17). Sowohl Pius XI. als auch Pius XII. standen den modernen Massenmedien schon weitaus aufgeschlossener gegenüber als deren Vorgänger, wovon entsprechende Enzykliken wie *Vigilanti Cura* zum Thema Film oder *Miranda Prorsus* zu den ‚wunderbaren technischen Entwicklungen' zeugen (Schlott 2008: 17). In *Vigilanti Cura* finden sich zwar Warnungen vor moralisch fragwürdigen Filmen, aber eben nur in Form einer Warnung. Auch enthielt sie die Forderung, wertvolle Filme zu fördern. Die Enzyklika *Miranda Prorsus* befasst sich über den Film hinaus auch mit Radio und Fernsehen und betont erstmals die Wichtigkeit der Medien allgemein (Rolfes 2007: 11f). Eine weitgehende Öffnung des Vatikans und eine Anerkennung der modernen Medien erfolgte erst im Zuge des Zweiten Vatikanischen Konzils (1962-1965). In diese Zeit fällt auch das Ende der katholischen Zensur mit dem Index verbotener Bücher (Rolfes 2007: 10). Bezüglich der Zeit vor dem Zweiten Vatikanischen Konzil hält Rolfes (2007) fest: „Concerning the field of media and communication, the Church moved itself into an untimely and fruitless position which was characterized by looking backward, mistrust and resistance." (Rolfes 2007: 10).

Mit dem Pontifikat Paul VI. (1963-1978) beginnt die rege Reisetätigkeit der Päpste, wobei sie stets von Medienvertretern begleitet werden (Schlott 2008: 17). Eine ganz neue Qualität erreichte die vatikanische Öffentlichkeitsarbeit unter Papst Johannes Paul II.. Nachdem er 1978 zum Papst gewählt wurde, war es eine seiner ersten Amtshandlungen, 1.500 Medienvertreter eine Audienz zu gewähren, bei der er auch – im Gegensatz zu seinen Vorgängern – spontane Interviews gab (Schlott 2008: 16). Bei seinen insgesamt 250 Pastoralreisen in 128 Ländern (Schlott 2008: 16) ließ er sich wie sein Vorgänger Paul VI. stets von Medienvertretern begleiten und sorgte damit für eine anhaltende Medienresonanz. Johannes Paul II. war sich von Anfang an der Macht der Medien bewusst. Ihm war klar, dass Botschaften Kanäle brauchen und man in modernen Gesellschaften diesbezüglich auf moderne Massenmedien angewiesen ist (Schlott 2008: 16). Papst Johannes Paul II. profitierte dabei einerseits von der Würde und Tradition des Papstamtes an sich, aber auch von seinem eigenen Charisma, welches ihm letztlich Titel wie ‚Medienpapst' oder ‚Propagandist des Herrn' einbrachten. Kallscheuer (2005) geht sogar so weit zu behaupten: „Kein Politiker hat die Klaviatur der elektronischen Medien besser beherrscht als der ‚große Kommunikator' Wojtyla [...] (Kallscheuer 2005: 11). Sein Nachfolger, Benedikt XVI. „versuchte erst gar nicht das Medienstar-Image seines Vorgängers nachzuahmen" (Schlott 2008: 20). Sicher fehlt es ihm an dem (medialen) Charisma eines Johannes Paul II., trotzdem muss auch er den Anforderungen einer medialisierten Gesellschaft und den durch seine Vorgänger gesetzten Maßstäben in Sachen Medienarbeit gerecht werden.

Eine Professionalisierung der religiösen Medienarbeit seitens der Glaubensgemeinschaften setzte in den USA Anfang des 20. Jahrhunderts mit der Gründung von PR-Abteilungen und spezialisierten Nachrichtenagenturen ein. Mitte der 1940er Jahre ziehen die anderen Nachrichtenagenturen mit der Einrichtung entsprechender Abteilungen nach (Buddenbaum 1998: 363). In Deutschland gibt es seit dem Ende des 19. Jahrhunderts *Evangelische Preßverbände*, die als Vorläufer von Agenturen angesehen werden können und entsprechend Beiträge an die allgemeine Presse lieferten. Diese Verbände wurden mit Gründung des Gemeinschaftswerkes Evangelischer Publizistik in der *epd* gebündelt (Albrecht 2007: 160). Die Katholische Kirche zog 1952 mit der Gründung der katholischen Nachrichtenagentur (KNA) nach (Schulz 2009: 385). Wie alle Agenturen bieten *KNA* und *epd* Basisdienste für Bilder, Texte und aktuell auch Onlineprodukte an, darüber hinaus auch Regional- und Fachinformationsdienste zu kirchenspezifischen und theologischen Themen (Schulz 2009: 385).

Auch die Journalistenausbildung im Bereich Religion wurde früh institutionalisiert und damit professionalisiert. Für Evangelische Publizistik gab es in Deutschland von 1925 bis 1945 einen entsprechenden Lehrstuhl an der Theologischen Fakultät der Universität Berlin. Seit 1966 existiert die christliche Publizistik eigenständig an der Universität Erlangen. Vier weitere Hochschulen haben zumindest einen entsprechenden Forschungsschwerpunkt an den evangelisch-theologischen Fakultäten (Albrecht 2007: 156). Explizit evangelische Journalistenschulen gründen sich Mitte des 20. Jahrhunderts (Albrecht 2007: 160). Bei den direkt von den christlichen Kirchen in Deutschland betriebenen Bildungseinrichtungen sind die Medienakademie Wetzlar, die Evangelische Journalistenschule in Berlin und das Institut zur Förderung des publizistischen Nachwuchses in München erwähnenswert (Donsbach 2009: 103). In den USA gibt es seit 1994 (Stand 1998) zwei Institute, die einen speziellen Master für Religionsjournalisten anbieten (Buddenbaum 1998: 365).

In Deutschland wurde 1952 über den NWDR der erste katholische Gottesdienst ausgestrahlt. Seit 1955 geschieht dies regelmäßig, wobei die Katholische

5.2 Entwicklung der Religionskommunikation

Kirche festgelegt hat, dass ihre Gottesdienste nur live und vollständig übertragen werden dürfen (Kranemann 2007: 181). In den 1970er Jahren kamen evangelische Gottesdienstübertragungen dazu (Krüger 2011: 164). Das *Wort zum Sonntag* wird seit dem 8. Mai 1954 jeden Samstag in der ARD ausgestrahlt (Da Re 2003: 39f). Ursprünglich in einem Umfang von zehn Minuten nach der Tagesschau, musste es diesen attraktiven Sendeplatz räumen und wird nun mit drei bis vier Minuten nach den Tagesthemen ausgestrahlt (Krüger 2011: 165). Andere Religionen bekommen bei den öffentlich-rechtlichen Sendern zumeist im Internet Raum. So bietet der SWR sei 2007 im Internet analog zum Wort zum Sonntag ein *Islamisches Wort* an (Krüger 2011: 165). Ebenfalls 2007 startete der ZDF Infokanal das *Forum am Freitag*, welches sich vor allem an Nicht-Muslime richtet und über Riten, Feste und Ähnliches des muslimischen Glaubens berichtet (Krüger 2011: 166). Interessant ist dabei, dass Formate für Christentum und Judentum sich vornehmlich an Mitglieder der entsprechenden Glaubensgemeinschaften richten, während sich die Angebote zum Islam eher an Nicht-Muslime richten und auf Integration und Information abgestellt sind. „[...] der muslimische Glaube wird hier als etwas Anderes und Fremdes präsentiert – ein muslimischer Geistlicher, der die Zuschauer mit ‚wir' anredet, scheint aus der Sicht der Programmverantwortlichen zur Zeit noch nicht zumutbar zu sein." (Krüger 2011: 167).

Nahezu alle öffentlich-rechtlichen Sender in Deutschland betreiben separate Redaktionen und/oder Ressorts für die Darstellung von Religion. Die Feststellung Krügers (2011: 162), dass für die privaten Sender keine entsprechende Verpflichtung besteht, ist angesichts der entsprechenden Passage im Rundfunkstaatsvertrag (s.o.) falsch. Allerdings wenden sie weniger Zeit auf. Bei RTL gibt es 20 Sekunden lange Bibelclips, die sonntags im Vorabendprogramm laufen und in Zusammenarbeit sowohl mit den Evangelischen Kirchen in Deutschland als auch der Katholischen Kirche produziert werden (Da Re 2003: 34). Bei Sat1 läuft in der Nacht von Sonntag auf Montag *So gesehen*, eine von einem Kapuzinerpater moderierte Sendung (Da Re 2003: 36). Krüger (2011) stellt fest, dass im Gegensatz zu den öffentlich-rechtlichen Sendern das Christentum bei den Privaten eine geringere Rolle spielt. Vergleichsweise mehr Raum erhalten hier die Evangelikalen mit entsprechenden Produktionen (Krüger 2011: 163f). Wichtig ist dabei der Hinweis von Krüger (2011), dass die öffentlich-rechtlichen Sender sich der Wahrung des Religionsfriedens verpflichtet haben. Missionierung oder explizit positive wie negative Berichterstattung verbietet sich dadurch. Die Privaten allerdings sind nicht daran gebunden, sodass hier auch Missionierung und Verkündigung ihren Platz findet (Krüger 2011: 174). Auch in Kinderprogrammen kommt Religion vor. So laufen bei KI.KA Sendungen wie *Der kleine Bibelfuchs, Bible in Animation, Verbotene Geschichten* oder *Gottes 10 Gebote*, welche auf festen Programmorten,

z. B. Sonntagvormittags, gesendet werden (Debertin 2007: 97ff). Neben den bereits genannten, eher informativen Sendeformaten, findet sich Religion auch breit in fiktionalen Unterhaltungsformen wie *Pater Braun, Oh Gott, Herr Pfarrer, Mit Leib und Seele* (ZDF), *Pfarrer Braun* (ARD), *Lasko – Die Faust Gottes* (RTL) oder *Schwarz greift ein* (Sat1) (Krüger 2011).

Neben den erwähnten Angeboten der privaten und öffentlich-rechtlichen Vollprogramme gibt es in Deutschland ebenso wie in Frankreich, Griechenland, den Niederlanden, Norwegen, Schweden, Serbien, Ungarn und Großbritannien Spartenkanäle für Religion. In Deutschland sind dies z. B. *Bibel TV, Hope Channel* und *Stimme der Hoffnung* (Regnotto et al. 2011: 144) sowie EWTN-TV – ein katholisches Missionsfernsehen aus den USA (Krüger 2011: 170). Bei *Bibel TV* handelt es sich um ein Kooperationsprojekt der Rentrop-Stiftung (USA), der ekd-media GmbH und der katholischen Astratel (Krüger 2011: 170f). Krüger (2011) betont aber, dass es im Gegensatz zu den USA (vgl. Radwan 2008: 4181) „nach wie vor [...] ein schwieriges Unterfangen [ist], auf dem deutschen Fernsehmarkt kostendeckende oder gewinnbringende religiöse Spartenkanäle zu etablieren." (Krüger 2011: 170).

Mit dem Siegeszug des Computers und des Internets kam eine neue Qualität der Religionskommunikation hinzu. Man könnte sie als ähnlich revolutionär wie die Erfindung des Buchdrucks bezeichnen. Nachrichten – und somit auch religiöse Botschaften – können innerhalb kürzester Zeit verbreitet werden. Zudem bietet es die Möglichkeit direkter Kommunikation über Foren und Feedbacks (Radwan 2008: 4181; auch Ahn 2007: 192f). Das Internet „bietet hochspezialisierten religiösen Gruppen eine Form interner Kommunikation, die sonst nur mit hohem Aufwand in Form von Esoterik-Messen oder Seminaren zu erzielen wäre" (Rüpke 2007: 23). Gleiches gilt natürlich auch für die etablierten Glaubensgemeinschaften, obwohl diese dem Internet eher kritisch gegenüberstehen. Für Kontaktaufnahme und Austausch ist das Internet noch opportun, darf aber keinen Ersatz für Gottesdienst oder Beichte bieten (Böntert 2007: 169). Auch hier findet sich wieder die allgemeine Medienskepsis der Anfangsjahre. Mittlerweile ist das Internet ein „reich ausdifferenzierter religiöser Kosmos" (Böntert 2007: 171), in dem schon spezielle Internetriten zur Aufnahme in virtuelle Glaubensgemeinschaften erfunden wurden (Böntert 2007: 170, auch Ahn 2007: 200). Ahn (2007) kommt zu dem Schluss, dass die institutionalisierten Religionen im Netz eher auf Information setzen, während individuelle Angebot auf Interaktion setzen, wobei sich auch die etablierten Glaubensgemeinschaften nach und nach den Nutzungsbedingungen und Rezeptionserwartungen im Netz anpassen und gleichermaßen interaktive Elemente implementieren (Ahn 2007: 195). 1999 ergab eine Suche bei Altavista mit dem Stichwort Religion noch 1,8 Millionen Treffer, 2004 waren es bereits 105

Millionen Treffer. Im gleichen Zeitraum stieg die Zahl christlicher Websites um mehr als das Zehnfache von 610.000 auf 9,1 Millionen. Und auch die Seiten der Kirchen haben sich nahezu verzehnfacht (von 7 auf 65 Millionen) (Knoblauch 2008: 3). Diese Zahlen sind allerdings insofern mit Vorsicht zu betrachten, da sie relativ zum exponentiellen Wachstum des Internets insgesamt gesehen werden müssen. Als sicher dürfte trotzdem gelten, dass sich Religion im Internet nachhaltig bemerkbar macht. Das unterstreichen auch Ergebnisse des PEW Research Center, nach denen das Aufkommen an reiner Berichterstattung über Religion im Blogs 2009 größer war als in den traditionellen Medien im gleichen Zeitraum (PEW 2010). Dabei scheinen im Netz vornehmlich die Themen abgebildet zu werden, die es nicht in die traditionelle Berichterstattung schaffen (PEW 2011: 12f). Angesichts der Tatsache, dass die traditionellen Medien ihre Ressorts für Religion bzw. deren Personal immer weiter zusammenstreichen, während Onlineangebote wie die *Huffington-Post* die Ressorts im Gegenzug aufstocken (PEW 2010), wird sich dieser Trend weiterhin fortsetzen. Lediglich in den Entwicklungs- und Schwellenländern, in denen Religionsgemeinschaften aktuell einen hohen Zulauf verzeichnen, werden auch in naher Zukunft noch traditionelle Formen der Vermittlung dominieren (Radwan 2008: 4181).

5.3 Forschungsstand

Für den deutschen Raum existieren bislang nur Einzelfallstudien im Bereich Religionskommunikation. Dabei wird entweder nach Religion in den Medien gesucht – hier vor allem der Islam – aber auch nach Medienreligion (s.o.). Meist handelt es sich dabei um unsystematische Einzelfallstudien mit „relativ schmale[r] Materialbasis" (Friedrichs 1996: 35). So analysiert Daiber (1996) vier Titelbilder der Weihnachts- und Vorweihnachtszeit aus Spiegel, Tempo, Wiener und Stern. Aktuellere Studien beziehen sich ausschließlich auf große Medienevents wie Kirchentage oder Weltjugendtage (z. B. Hepp & Krönert 2010) oder fokussieren auf die Person des Papstes (z. B. Döveling 2007). Systematische Studien, die Religionskommunikation auch außerhalb von Großereignissen und unabhängig von der Person des Papstes analysieren, liegen bisher nur für den amerikanischen Raum und in Europa für die Schweiz vor. Das Problem der amerikanischen Studien als Referenz besteht darin, dass diese „aufgrund der unterschiedlichen religiösen und medialen Situation schwer in den europäischen Kontext zu transferieren" (Jecker 2011: 8) sind.

Für Journalisten ist das Thema Religion nach eigener Aussage durchaus relevant. Während Journalisten in den USA das Thema Religion Ende der 1980er

Jahre noch auf Platz 18 von 18 möglichen setzten, steigt das Thema über die Folgejahre in der Gunst (Buddenbaum 1988: 57). Bis in die 1970er Jahre hinein verblieb die Berichterstattung aber eher auf lokalem oder regionalem Level. Erst mit der Präsidentschaft des Evangelikalen Jimmy Carter und dem steigenden Einfluss der *Religiösen Rechten* in den USA verbreitete sich die Berichterstattung zunehmend (Buddenbaum 1998: 363). Ein Trend, der sich bis in die Mitte der 1990er Jahre fortsetzte (Vultee, Craft & Velker 2010: 151). Dahinden & Wyss (2009) stellen in einer qualitativen Befragung unter Journalisten in der Schweiz fest, dass heute alle Journalisten das Thema Religion als wichtig einstufen, allerdings auch der Ansicht sind, es hätte alleine wenig Nachrichtenwert. „Religiose Themen [gewinnen] dann an journalistischer Relevanz [...], wenn sie mit gegenseitig irritierenden politischen, wirtschaftlichen, rechtlichen oder wissenschaftlichen Perspektiven gekoppelt werden können. Pädophilie, verheiratete oder weibliche Priester, sexuelle Übergriffe, Zölibat, oder die Spannung zwischen Religion und Staat bzw. Religion und säkularer Gesellschaft sind Themen, die von den Journalisten als Dauerbrenner bezeichnet werden [...]." (Dahinden & Wyss 2009: 133). Es wird also nur dann berichtet, wenn neben der Religion auch noch eine andere Sphäre – vornehmlich Politik, Wirtschaft oder Gesellschaft – betroffen ist. Wyss & Keel (2009) sprechen dahingehend von einer *Mehrsystemrelevanz* der Religion. Beispiele hierfür aus dem deutschen Raum sind die Debatten um den Religionsunterricht an Schulen, bei denen Politik und Religion involviert sind oder die Diskussion um die Sonntagsöffnungszeiten, die Religion und Wirtschaft betreffen. Auch in den USA bekam Religion vor allem dann Raum in den Medien, wenn es um Konflikte zwischen Staat und Kirche ging. Nach dem zweiten Weltkrieg kamen allerdings auch Konflikte innerhalb oder zwischen Kirchen, Religionen oder einzelnen Konfessionen hinzu (Buddenbaum 1998: 362). In einer qualitativen Studie für die Schweiz finden Jecker & Schönhagen (2011) Religion in nahezu jedem möglichen Kontext: Politik, Recht, Wirtschaft, Kultur, Geschichte, Sport, Wellness etc. (Jecker & Schönhagen 2011: 49).

Dass sich Religion in allen möglichen Ressorts findet, mag aber auch damit zusammenhängen, dass mit wenigen Ausnahmen keine spezifischen Ressorts dafür vorgesehen sind. Dies gilt sowohl für die Schweiz (Dahinden & Wyss 2009: 131) als auch für Deutschland (Kranemann 2007: 183). Zudem erscheint „der Aufbau von themenspezifischen Redaktionsstrukturen (z. B. ein Ressort Religion) [...] sowohl aus ökonomischen wie auch organisatorischen Gründen (genereller Trend zur Auflösung von Ressortstrukturen in Redaktionen) als unrealistisch." (Dahinden & Koch 2011: 109). Insgesamt waren 1998 ein Prozent der befragten Schweizer Journalisten in einem Religionsressort engagiert, zehn Jahre später (2007) sind es nur noch 0,3 Prozent (Dahinden & Wyss 2009: 131). Auch in den USA

5.3 Forschungsstand

werden die entsprechenden Ressorts Ende der 2000er Jahre zusammengestrichen (Vultee, Craft & Velker 2010: 150), allerdings wächst im Gegenzug das Personal bei den neuen Medienangeboten (PEW 2010). Wenn es Fachjournalisten bei den traditionellen Angeboten gibt, dann meist deshalb, weil eine bestimmte Vorbildung oder ein bestimmtes Interesse da ist (Dahinden & Wyss 2009: 132). Für die USA stellt Buddenbaum Ende der 1980er Jahre fest, dass über die Hälfte der Religionsjournalisten (65 Prozent) in einer Kirchengemeinde aktiv sind und ebenfalls die Hälfte einen themenspezifischen Collegeabschluss oder zumindest entsprechende Kurse besucht haben (Buddenbaum 1988: 57f., vgl. auch Hynds 1999: 45). Umgekehrt scheuen Journalisten vor dem Themenbereich Religion zurück, weil sie sich hier nicht als kompetent ansehen. Sofern nicht selbst religiös, kennen sich die meisten nur mit der Katholischen Kirche aus (Dahinden & Wyss 2009: 132). Bosshart (1987) hat den Eindruck, dass Journalisten mit dem Thema Religion oft überfordert sind (Bosshart 1987: 14). Der subjektiv eingeschätzte Mangel an Kompetenz könnte aber insofern vorgeschoben sein, weil Religion als sensibler Bereich gilt, an den sich viele nicht heranwagen (Bähler 2011: 154).

Über das allgemeine Aufkommen von Religionsberichterstattung in den Medien liegen nur aus den USA und teilweise aus der Schweiz Daten vor. Das Pew Research Center (Project for Excellence in Journalism) führt jahresweise Analysen der Mainstream-Medien der USA durch. Eine Teilstudie, welche in Zusammenarbeit mit dem Forum on Religion & Public Life (ebenfalls am Pew Research Center angesiedelt) erstellt wird, befasst sich speziell mit Religion in den (amerikanischen) Medien (PEW 2009). Das Untersuchungsmaterial bilden dabei sowohl Fernsehen, Radio, Zeitungen und auch Websites (PEW 2011). Politik (29 Prozent) und Wirtschaft (13 Prozent) dominieren die allgemeine Berichterstattung in den USA. Religion rangiert weit dahinter, bekommt aber mit einem Prozent immer noch mehr Raum als z. B. Bildungsthemen oder Einwanderung (PEW 2009). Die Berichterstattung scheint dabei an bestimmte Events wie Papstbesuch oder spezifische Kontroversen gebunden zu sein und verschwindet relativ schnell wieder von der Bildfläche (PEW 2009). So entfallen 2008 37 Prozent der gesamten Religionsberichterstattung auf den Papstbesuch Benedikt XVI. (PEW 2009). Allerdings bleibt die Berichterstattung nicht auf das jeweilige Event beschränkt. Diese dienen häufig als Anlass, andere, mit Religion in Verbindung stehende Themen aufzugreifen. So lag ein Fokus der Berichterstattung rund um den Papstbesuch auf Missbrauchsskandalen oder der generellen Beziehung des Papstes, (bzw. des Vatikans), zu amerikanischen Katholiken (PEW 2009). Ein Jahr später (2009) waren es wieder spezifische Ereignisse, die Religion in die Berichterstattung brachten – so z. B. der Papstbesuch im Mittleren Osten oder die Begnadigung Bischof Williamsons durch den Papst (PEW 2010). Allerdings gab es im Vergleich mit den Vorjahren auch vermehrt Religion als Element allgemeiner Berichterstattung, losgelöst von spezifisch religiösen Events. Religion war so z. B. Element in der Berichterstattung über Abtreibung, Gesundheitsvorsorge oder Rezession (PEW 2010). Auch im Nachgang zur Präsidentschaftswahl 2009 fand sich Religion eher allgemein und anhaltend in der Berichterstattung. So z. B. zur Frage, welche Rolle Religion in der neuen Regierung spielen würde oder welcher Konfession der neue Präsident angehört (PEW 2010). Trotz der teilweisen Loslösung von spezifischen Events verblieb der Anteil von Religion in den untersuchten Medien bei 1 Prozent – also auf dem Wert des Vorjahres (PEW 2010). 2008 und 2009 dominierte die Katholische Kirche die Berichterstattung über entsprechende Ereignisse (Papstbesuch, Missbrauch etc.). 2010 nahm Berichterstattung in Verbindung mit dem Islam den ersten Platz ein (PEW 2011: 8f). Ein Grund hierfür war sicherlich, dass sich 9/11 zum zehnten Mal jährte. Insgesamt 40 Prozent der Religionsberichterstattung befasste sich damit und mit verwandten Themen, wie z. B. der Ankündigung öffentlicher Koranverbrennung in Florida sowie der Kontroverse um die Errichtung einer Moschee nahe Ground Zero (PEW 2011: 2). Ein weiterer treibender Faktor in diesem Jahr war die Tea-Party-Bewegung mit entsprechenden Themen (PEW 2011: 2). Insgesamt verdoppelte sich das Aufkommen der Religionsberichterstattung 2010 im Vergleich mit 2008 und 2009 und stieg auf 2 Prozent der Gesamtberichterstattung (PEW 2011: 2). Die aktuellen Zahlen weisen jedoch wieder in eine andere Richtung. 2011 entfielen auf die Religionsberichterstattung nur noch 0,7 Prozent der gesamten Berichterstattung (PEW 2012a). Die Daten aus den USA zeigen, dass keine reine Mehrthemenrelevanz vorliegen muss, damit Religion in der Berichterstattung Raum erhält. Ereignisse wie Papstbesuche generieren alleine genügend Nachrichtenwert.

In eine Schweizer Studie (Trebbe 2011), finden sich in 8 von 10 Sendeminuten der öffentlich-rechtlichen Sender religiöse Bezüge. Dieser erstaunlich hohe Wert kommt aber wohl durch die sehr weite Religionsdefinition zustande. Hier wurden neben dem Vorkommen religiöser Akteure auch Symbole, Gebäude und Begriffe als religiöse Bezüge gefasst. Filtert man die Beiträge heraus, die sich tatsächlich mit Religion befassen, so bleiben etwa 10 Prozent der ursprünglichen Fundstellen übrig (vgl. auch Jecker & Schönhagen 2011: 43). Der Anteil der Religionsberichterstattung in der Schweiz liegt damit weit über dem von PEW dokumentierten Werten für die USA. Die Vergleichbarkeit ist jedoch eingeschränkt, da für die USA sowohl Print als auch TV, Radio und Online-Angebote untersucht wurden, während in die Schweizer Studie nur TV einbezogen wurde. Eine weitere Inhaltsanalyse ausgewählter Programme des Schweizer Fernsehens (Favre 2011) belegt, dass Religion in der Schweiz auch abseits von Großereignissen in den Medien stattfindet. Sowohl im Unterhaltungs- als auch im Informationsprogramm fin-

5.3 Forschungsstand

den sich entsprechende Beiträge. Allerdings werden vornehmlich Ereignisse und Themen behandelt, „bei welchen Personen direkt betroffen sowie Einzelpersonen oder Prominente stark involviert sind." (Favre 2011: 92). Dahinden & Koch (2011) begründen die hohe Präsenz von Kirche und Religion in den Schweizer Medien bei gleichzeitig „konstanter Ausstiegsbewegung aus den Katholischen und reformierten Landeskirchen" (Dahinden & Koch 2011: 103) unter anderem mit der professionellen Medienarbeit der Kirchen. Befragungen von PR-Leuten und Journalisten ergaben, dass die Religionen bzw. Glaubensgemeinschaften, die intensiv und professionell Öffentlichkeitsarbeit betreiben, auch häufiger in den Medien dargestellt werden (Dahinden & Koch 2011: 107). Eine Ausnahme bildet hier nur der Islam, der ohne Öffentlichkeitsarbeit über Nachrichtenfaktoren wie Krise und Konflikt in den Medien erscheint (Dahinden & Koch 2011:107).

Die bisher dokumentierten Daten belegen, dass, sofern für Religion nicht spezifische Ressorts in den Medien vorgesehen sind, eine entsprechende Berichterstattung meist aufgrund üblicher Nachrichtenfaktoren zustande kommt (vgl. Hynds 1999: 47). Buddenbaum (1986) identifiziert als Nachrichtenwerte für Religion vor allem Nähe, Neuigkeit, Human Interest, Katastrophen und Konflikte (Buddenbaum 1986: 600, vgl. auch Vultee, Craft & Velker 2010: 152). Trebbe (2011) nennt als mögliche Nachrichtenfaktoren im Bereich der Religion Negativismus und Konflikt (hier vor allem in Bezug auf den Islam), Nähe, ökonomische Relevanz, Betroffenheit (Trebbe 2011: 24f). Favre (2011) benennt als religionsrelevante Nachrichtenfaktoren: Prominenz, Personalisierung, Reichweite, Visualität, Schaden und Konflikt (Favre 2011: 73). Rüpke (2007:26) ergänzt noch Exotik (im Sinne von Überraschung, Neuartigkeit), wobei dieser Faktor wohl kaum für die etablierten Religionen anwendbar ist.

Gerade für die Katholische Kirche gilt: „Die Einmaligkeit des Papstamtes sorgt bereits für das Starpotential und sichert der altehrwürdigen Institution des Papsttums die andauernde öffentliche Faszination. [...] So profitiert auch ein Papst ohne große persönliche Ausstrahlung von dem Charisma, das allein die Würde und Tradition seines Amtes garantiert." (Schlott 2008: 18). Hier kommt also eindeutig der Nachrichtenfaktor der Prominenz zum Tragen. Nach Aussage der Journalisten diente bei der Berichterstattung über den Papstbesuch in der Schweiz vor allem die Person des Papstes als Aufhänger für die Berichterstattung (Bosshart 1987: 18). Und angesichts des Papstbesuch in Österreich stellt Gottschlich (1987) fest: „Aber erst die personale Präsenz des Papstes, das was er sagte und wie er es sagte, vermochte einen [...] überproportional a-religiösen Journalismus zumindest kurzfristig ‚umzudrehen'" (Gottschlich 1987: 23). Die Figur des Papstes ist dabei so stark, dass er im Urteil der Medienschaffenden insgesamt besser wegkommt als die Katholische Kirche allgemein (Bosshart 1987: 18) oder deren „veraltete Ideologien" (Döveling 2007: 88). Unabhängig von der Person des Papstes ist gerade die Katholische Kirche sehr bildgewaltig und kommt zumindest den visuellen Medien entgegen. So verwundert es nicht, dass Favre (2011) im Fernsehen der Schweiz einen Überhang der Katholischen Kirche feststellte und diesen damit begründet, dass „der Katholizismus eine für das Fernsehen attraktivere Konfession ist als der Protestantismus.", denn er ist „dank seiner reich ausgestalteten Riten, seiner ausgeprägten Kirchenkunst und vielgestaltigen Bekleidungsarten optisch attraktiver als der schlichte Protestantismus." (Favre 2011: 78, vgl. auch Pfiffner 2001: 131, Bosshart 1987: 20). Die „Luthersche Bilderfeindschaft" (Meyer 2005: 72) wird den Protestanten in Zeiten der visuellen Medien anscheinend zum Verhängnis.

Neben der natürlichen Bildgewalt der Katholischen Kirche kommt hinsichtlich religiöser Großereignisse noch ein weiterer Faktor hinzu. Knoblauch (2008) bezeichnet das Phänomen als Popularisierung oder „Eventisierung" von Kirchentagen und Papstbesuchen (Knoblauch 2008: 4) und meint damit eine Durchdringung religiöser Kommunikation mit Formen populärer Kultur. Dies wiederum sieht er als Folge der Auflösung der Grenzen zwischen Religiösem und Profanem. Als Beispiele hierfür nennt Knoblauch (2008) den „Sakropop", kreationistische Themenparks, originär fürs Fernsehen produzierte und inszenierte Talkformate und Gottesdienstshows (Knoblauch 2008: 5f). In der Kommunikationswissenschaft wird dieses Phänomen des zunehmenden Einflusses der Medien auf gesellschaftliche Sphären und die Anpassung bestimmter Strukturen und Abläufe an die Medienroutinen unter dem Begriff *Mediatisierung* gefasst (Mazzoleni 2008: 3052, Petersen 2010: 230). Es handelt sich hier also keineswegs um ein neues und auch kein auf die religiöse Sphäre beschränktes Phänomen. Allerdings kann nach Hjarvard (2008, zitiert in Petersen 2010) die Mediatisierung von Religion so weit gehen, dass die Medien selbst ursprünglich religiöse Leistungen erbringen. So führen Medien beispielsweise im Falle großer Tragödien Menschen zu gemeinsamer Trauerarbeit zusammen (vgl. Pantti & Sumiala 2009)[19]. Diese Durchdringung funktioniert im Sinne einer Sakralisierung originär nicht-religiöser Bereiche auch in der Gegenrichtung. So macht Knoblauch (2008) den „Priester des Techno" (Knoblauch 2008: 5) aus, der auf einer DJ-*Kanzel* steht, verweist auf Hochzeiten im Fernsehen und darauf, dass kleinste Rituale wie z. B. Bekreuzigen u. a. in Sportkreisen plötzlich schick und normal werden (Knoblauch 2008: 5). Viel offensichtlicher ist das Phänomen der Sakralisierung allerdings anhand der so genannten *Media-Events* (vgl. Mazzoleni 2008), welche auch im Rückgriff

---

19 Diese Form der Funktionsübernahme ist Gegenstand der Diskussion um eine mögliche Medienreligion, deren Gedanke hier nicht weiter verfolgt wird.

auf Religion ritualisiert und zelebriert und einer großen Zuschauer-*Gemeinde* zugänglich gemacht werden (Mazzoleni 2008: 3054). Ebenfalls unter die Sakralisierung fällt die im dritten Kapitel (Religion und Politik) dokumentierte Verwendung religiösen Rhetorik im politischen Bereich (vgl. Maddux 2008, Coe & Domke 2006).

Neben der Mehrthemenrelevanz, der Prominenz des Papstes, der Bildgewalt der Katholischen Kirche und der allgemeinen Mediatisierung kommt Religion vor allem über Konflikte in die Medien (Gabriel 2008: 9, PEW 2009, Hungerford 2006: 1). Ein sehr spezifisches Beispiel dafür ist die Debatte um die Mohammed-Karikaturen im Jyllands-Posten im Jahre 2005 (Berkowitz & Eko 2007), welches entsprechende Berichterstattung und auch Forschung nach sich zog. Die Verbindung von Konflikt und Religion scheint dabei auch Effekte in der Wahrnehmung des Publikums zu zeitigen. 2005 sind über die Hälfte der Amerikaner (65 Prozent) der Ansicht, dass Religion für einen großen Teil der politischen Konflikte in den USA verantwortlich ist. Für Konflikte in anderen Teilen der Welt halten sogar 75 Prozent Religionen für verantwortlich (Hungerford 2006: 4).

5.4 Zwischenfazit

Gezeigt werden konnte, dass Religion schon immer eng mit Kommunikation verbunden war. Dabei ist Religionskommunikation heutzutage grundsätzlich als *Corporate Communication* im Non-Profit-Bereich zu fassen. Besonderheiten ergeben sich nur durch die Vielfalt und Größe der Zielgruppen und durch explizite gesetzliche Regelungen. Von einer professionellen Medienarbeit kann nur eingeschränkt die Rede sein, das beide Kirchen zwar über die üblichen Instrumente und Abteilungen verfügen, allerdings auch eine grundsätzliche Skepsis der Öffentlichkeitsarbeit und der Medien gegenüber besteht. Die Forschung fokussierte bisher in Einzelfallstudien auf die Person des Papstes und religiöse Großereignisse wie Kirchentage. Systematische Analysen zum Thema Religion in den Medien liegen bislang nur aus den USA und der Schweiz vor. Diese zeigen, dass Religion immer dann in den Medien erscheint, wenn andere Sphären mit betroffen sind (Mehrsystemrelevanz) und wenn bestimmte Nachrichtenfaktoren vorhanden sind. Eine Bestandsaufnahme der Religionsberichterstattung für den deutschen Raum ist Gegenstand der sich anschließenden empirischen Studie.

Untersuchungsdesign 6

Für eine umfassende Analyse der Entwicklungen innerhalb Europas wäre es notwendig, Staaten mit unterschiedlichem Verständnis der Staat-Kirche Beziehung in die Analyse aufzunehmen. Nur so lassen sich Einflüsse des normativen bzw. gelebten Verhältnisses von Staat und Kirche auf die Präsenz von Religion im öffentlichen Raum feststellen. Plausibel vermutet werden können zum Beispiel Unterschiede in der Sichtbarkeit zwischen laizistischen und staatskirchlichen Systemen. Gleiches gilt für unterschiedlich gelebte Verhältnisse wie beispielsweise in den beiden normativ laizistischen Systemen Frankreichs und der Türkei, die sich etwa in der Bewertung bzw. Evaluierung von Religion und Religionseinfluss auf Politik und Gesellschaft niederschlagen.

Aus forschungsökonomischen Gründen wird hier nur eine Bestandsaufnahme für den Raum der Bundesrepublik erfolgen, für den Kooperation das Staat-Kirche-Verhältnis beschreibt (siehe Kap. 3 Religion und Politik). Zu Lasten des Ländervergleichs wird die Analyse daher über einen vergleichsweise großen Zeitraum erfolgen. Um eine der forschungsleitenden Frage entsprechende Analyse zu gewährleisten, sollte der Untersuchungszeitraum die Jahre vor dem tiefgreifenden Wandel durch die friedliche Revolution und dem Ende des kalten Krieges 1989 umfassen und in der Gegenwart enden. Aus forschungsökonomischen Gründen kann allerdings keine kontinuierliche Analyse jedes Jahres durchgeführt werden. Ein Überblick über die bisherige Forschung (siehe Kap. 5 Religion und Medien) zeigt, dass vermutlich aus diesen Gründen häufig eine bewusste Auswahl des Materials anhand bestimmter Ereignisse (z. B. Weltjugendtag) oder Akteure (z. B. Papst) vorgenommen wurde. Die zwangsläufige Überrepräsentation von Religion kann allerdings zu dem falschen Schluss führen, dass Religion eine Bedeutung in der Öffentlichkeit erhält, die faktisch – über lange Zeiträume und unabhängig von medienrelevanten Ereignissen – gar nicht gegeben ist. Geeigneter für die hier im Zentrum stehende Fragestellung ist eine Zufallsauswahl von Jahren. Bevor hier eine Systematik der Auswahl entwickelt werden kann, muss jedoch das Untersuchungsmaterial definiert werden.

Wenn es das Ziel einer Studie ist, nach Möglichkeit alle Themen, Akteure etc. eines Diskursfeldes zu erfassen, bieten sich die so genannten Leitmedien als Untersuchungsmaterial an. Diese werden in der bisherigen Forschung nach höchst unterschiedlichen Kriterien bestimmt. Mal wird die Reichweite in der Gesamtbevölkerung herangezogen, mal der Impactfactor (der Einfluss dieser) bei den Journalisten, mal die journalistische Qualität und mal die Qualität des Publikums selbst (im Sinne von Meinungsführern, Entscheidern etc.) (Weischenberg, Malik & Scholl 2006: 133). Zudem lassen sich für unterschiedliche Themenfelder unterschiedliche Leitmedien definieren. Für einen allgemeinen öffentlichen Diskurs, wie er hier untersucht werden soll, bleiben Medien mit hoher Reichweite in der Bevölkerung und hohem Impactfactor bei Journalisten übrig. Was für Massenmedien generell gilt, dass sie „als Intermediäre vermögen durch ihr redaktionelles Auswahl- und Entscheidungsprogramm den gesellschaftlichen Entscheidungshaushalt fokussiert darzustellen [...]" (Jarren 2008: 330), das gilt umso mehr für Leitmedien. Hierbei handelt es sich dann üblicherweise um TV-Nachrichten, Nachrichtenmagazine und überregionale Tageszeitungen. Für die vorliegende Studie haben TV-Nachrichten wie die Tagesschau allerdings den Nachteil, dass sie aufgrund der begrenzten Sendezeit großer Selektion und Reduktion seitens der Redaktionen unterliegen. Hinzu kommt noch ein ganz forschungspragmatischer Grund: Für Langzeitanalysen ist es schlicht zu aufwändig an das Material zu gelangen. Gegen das Fernsehen generell spricht ebenso der Umstand, dass die Sender laut Rundfunkstaatsvertrag (siehe Kap. 5 Religion und Medien) verpflichtet sind, der Religion Platz in der Berichterstattung einzuräumen. Dies gilt zwar nicht explizit für das Format der TV-Nachrichten, könnte aber trotzdem davon beeinflusst werden.

Nachrichtenmagazine wie der Spiegel verfügen zwar über deutlich mehr Raum zur Darstellung eines Themas als z. B. die Tagesschau, allerdings beschränkt sich die Berichterstattung auf wenige, besonders prominente Themen. Diese müssen in ihrer Anzahl beschränkt werden, um im Gegenzug dem Magazincharakter entsprechend eine umfassende Hintergrundberichterstattung zum jeweiligen Thema zu bieten, sodass auch hier kein annähernd vollständiger Überblick über den Diskurs möglich ist.

Übrig bleiben die überregionalen Tageszeitungen. Aufgrund der Erscheinungsweise und des Umfanges ist hier Raum, um über nahezu alles – vom Papsturlaub bis zum Missbrauchsskandal in der Katholischen Kirche – zu berichten. Wenn überregionale Tageszeitungen das Untersuchungsmaterial stellen sollen, dann wird üblicherweise das politische Spektrum (Eilders 2004: 145), bestehend

5.4 Zwischenfazit

aus *Süddeutsche Zeitung* (SZ), *Frankfurter Allgemeine Zeitung* (FAZ), *Frankfurter Rundschau* (FR), *die tageszeitung* (taz) und *Welt* in entsprechende Untersuchungen einbezogen. Aus forschungsökonomischen Gründen können hier allerdings nicht alle fünf Medien über den langen Zeitraum analysiert werden. Zwei der Medien – nämlich *Süddeutsche Zeitung* und *Frankfurter Allgemeine Zeitung* – zeichnen sich durch eine hohe Reichweite in der Gesamtbevölkerung aus – hinter der *BILD-Zeitung* rangieren sie auf den Plätzen zwei und drei nach Auflagenhöhe (Schütz 2009: 474). Die Informationsgemeinschaft zur Feststellung der Verbreitung von Werbeträgern (IVW) weist für das vierte Quartal 2009 – also für den Endpunkt des hier analysierten Zeitraumes – für die *Süddeutsche Zeitung* eine verbreitete Auflage von 447.895 Exemplaren aus und für die *Frankfurter Allgemeine Zeitung* eine verbreitete Auflage von 399.546 Exemplaren (IVW 2012). Die anderen Zeitungen des politischen Spektrums liegen zum Teil weit hinter SZ und FAZ (siehe Tab. 1).

Tabelle 1 Auflagenentwicklung der deutschen Leitmedien Print

Medium	Verbreitete Auflage (IVW)		Impactfactor[b] %
	4. Quartal 2009	4. Quartal 2011	
Süddeutsche Zeitung (SZ)	447.895	427.748	35
Frankfurter Allgemeine (FAZ)	399.546	380.427	15
Bild	3.040.418	2.715.105	10
Frankfurter Rundschau (FR)	150.999	124.479	4
Die Tageszeitung (taz)	59.533	55.470	7
Die Welt[a] (Welt)	289.419	263.817	4

Note: Verbreitete Auflage nach IVW (2012), jeweils Gesamtausgabe, Mo-Sa (Die Welt: Mo-Fr), [a]Die Welt wird bei der IVW nicht separat ausgewiesen, sondern nur zusammen mit Welt Kompakt, [b]Impactfactor Journalisten: Anteil der Nennungen auf die Frage: „Welche journalistischen Medienangebote nutzen Sie beruflich häufig bzw. regelmäßig?" (Weischenberg, Malik & Scholl 2006: 134)

Zwar verzeichnet die BILD-Zeitung (Deutschland) im gleichen Zeitraum (4. Quartal 2009) mit ca. 3 Millionen Exemplaren eine weit höhere verbreitete Auflage als SZ und FAZ, allerdings ist der Impactfactor bei den Journalisten – welcher hier als zweites Auswahlkriterium herangezogen werden soll – wesentlich geringer, als der der SZ und FAZ. In der Studie von Weischenberg, Malik & Scholl (2006) nennen auf die Frage „Welche journalistischen Medienangebote nutzen Sie beruflich häufig bzw. regelmäßig?" ca. ein Drittel der Journalisten (35 Prozent) die *Süddeutsche Zeitung* auf Platz 1, dicht gefolgt vom Spiegel mit 34 Prozent. Mit einigem Abstand folgt auf dem dritten Platz die *Frankfurter Allgemeine Tageszeitung* mit 15 Prozent (Weischenberg, Malik & Scholl 2006: 134). Die *BILD-Zeitung* und die anderen Medien des politischen Spektrums liegen wiederum zum Teil weit dahinter. Der Impactfactor bei den Journalisten soll hier als Indikator für eine spezifische Themensetzung und Orientierung der Journalisten an den Leitmedien dienen, die letztlich zu einer Multiplikatorfunktion der Leitmedien führen.

Für die vorliegende Studie wurden also in Kombination der Kriterien Reichweite in der Bevölkerung und Impactfactor bei Journalisten die Süddeutsche Zeitung und die *Frankfurter Allgemeine Zeitung* als Untersuchungsmaterial ausgewählt.

Beide Zeitungen verfügen außerdem über ein weit zurückreichendes Onlinearchiv, welches nach Zugriffskriterien durchsucht werden kann. Da das Archiv der Süddeutschen Zeitung erst ab dem Jahr 1993 online verfügbar ist, muss eine Einschränkung des ursprünglich vorgesehenen Zeitraums vorgenommen werden. Verzichtet werden muss leider auf Material aus dem Jahr 1989 – also vor dem Zusammenbruch des Ostblocks und den damit einhergehenden gesellschaftlichen und politischen Umwälzungen. Das traditionelle ‚händische' Durchsuchen der SZ für das Jahr 1989 nach den (weiter unten) genannten Zugriffskriterien und mit dem (ebenfalls weiter unten) genannten Stichprobenverfahren wäre schlicht zu zeitintensiv gewesen. Weshalb die Einschränkung auf die Jahre 1993 bis 2009 vorgenommen wurde.

Als Zugriffskriterien für die Auswahl der Beiträge für die Inhaltsanalyse kommen verschiedene Begriffe in Frage. Naheliegend ist zunächst, nach allen Wörtern mit dem Wortstamm religi* zu suchen, was alle Beiträge auswerfen würde, welche Religion, Religionen, religiös etc. beinhalten. Das würde jedoch alle Beiträge ausschließen, in denen einfach nur ein Akteur aus dem religiösen Raum vorkommt, ohne dass ein größerer Kontext oder eine größere Diskussion die Verwendung des Begriffes Religion impliziert. So würden nur bedingt Artikel in die Analyse einfließen, in der z. B. der Papst einen Staatsbesuch macht, von der Ernennung neuer Kardinäle berichtet wird oder Äußerungen des Vorsitzenden der EKD Gegenstand der Berichterstattung sind. Da aber gerade auch diese einfache Präsenz religiöser Akteure außerhalb ihrer eigenen Sphäre dokumentiert werden soll, müssen die Zugriffskriterien anders formuliert werden.

Der Begriff Religion als alleiniges Zugriffskriterium scheidet auch deshalb aus, weil der Fokus der Analyse auf der christlichen Religion als kulturgebende Religion Deutschlands und Europas liegen soll (vgl. Brague 1996: 45, Diner 1996: 103). Zum Einen hat sowohl die amerikanische als auch die europäische Forschung gezeigt, dass das Christentum als Mehrheitsreligion den weitaus meisten Raum in

5.4 Zwischenfazit

der Berichterstattung – egal ob TV oder Tageszeitung – einnimmt (Trebbe 2011, Buddenbaum 1986, Vultee, Craft & Velker 2010, Favre 2011). Zum anderen sind die Kirchen als Institutionen immer noch die bedeutendsten Vermittler von Religion (Knoblauch 2008: 3). Und gerade diese Institutionalisierung und die Verflechtung mit so vielen gesellschaftlichen Bereichen stellen ein ernstzunehmendes Gefahrenpotenzial für eine säkulare Demokratie dar (siehe Kapitel Religion & Politik). Die neuen religiösen Bewegungen hingegen verfügen noch nicht über die Breite und den Einfluss, dass sie neben den etablierten Kirchen relevante Akteure in der Öffentlichkeit wären. Zudem bleibt u. a. für Casanova die aktuell zu beobachtende De-Privatisierung der Religion an die traditionellen religiösen Institutionen gebunden (Gabriel 2008: 14). Daher liegt der Fokus der Analyse hier auf dem Christentum und den beiden großen christlichen Kirchen in Deutschland.

Der Begriff Kirche als Zugriffskriterium ist allerdings – im Gegensatz zum zu engen Kriterium Religion – ein zu weites Kriterium. Eine Durchsicht der Archive zeigte, dass sich eine Vielzahl der Artikel historisch oder architektonisch mit Kirchen als Bauwerke auseinandersetzt. Hier würden etliche Artikel in die Analyse einfließen, die mit dem Untersuchungsgegenstand nichts zu tun haben.

Eine Verknüpfung der Wortstämme religi* und christ* grenzt die möglichen Beiträge auf die hier relevanten ein. Wie beschrieben, soll allerdings auch die einfache Präsenz religiöser Akteure, die sich außerhalb ihrer angestammten thematischen Sphäre befinden analysiert werden. Daher wurde eine Kombination von verschiedenen Wörtern als Zugriffskriterium gewählt, die sowohl das Thema als auch die Akteure umfassen. Neben den Wortstämmen religi* und christ* in einer Und-Verknüpfung wurden mit Oder-Verbindungen religiöse Akteure hinzugefügt. Dies entspricht auch dem Vorgehen der Schweizer Studie (vgl. Jecker 2011), die als Zugriffskriterien mindestens einen religiösen Akteur und/oder Religion als Thema (im weitesten Sinne) vorsahen (vgl. Kap. 5 Religion und Medien). Die Auswahl der Akteure kann selbstverständlich nicht vollständig sein, sondern muss sich eher an Kategorien von Akteuren bzw. Akteursrollen orientieren. Aufgrund des langen Analysezeitraumes kann nicht nach spezifischen Namen gesucht werden. Das Ergebnis wäre eine sehr lange und zwangsläufig unvollständige Liste. So fiel die Entscheidung schließlich auf die einflussreichsten Akteursrollen wie Papst, Bischof, Kardinal und EKD. Ein Vergleich der Trefferzahlen (siehe Tab. 2) zeigte, dass auf diese Weise weniger Artikel als mit dem Kriterium Kirche gefunden werden, aber auch wesentlich mehr als mit den Wortstämmen religi* und christ*. Es kann also davon ausgegangen werden, dass ein Großteil der relevanten Beiträge über die genannten Zugriffkriterien in die Analyse einfließen, auch wenn sicher keine Vollständigkeit erreicht werden kann.

Tabelle 2 Anzahl Beiträge nach unterschiedlichen Zugriffskriterien

	FAZ			SZ		
	1	2	3	1	2	3
1993	1.379	589	1.142	2.187	564	1.547
1997	2.867	953	2.010	2.052	545	1.457
2001	3.233	1.391	2.713	2.425	789	1.914
2005	2.840	1.164	2.898	2.307	785	2.617
2009	2.527	983	2.385	1.875	720	1.750
Gesamt	12.846	5.080	11.148	10.846	3.403	9.285

Note: 1 = Kirche, 2 = religi* + christ*, 3 = religi* + christ* / Papst / Bischof / Kardinal / EKD

Im Jahr 1993 (wie bereits erwähnt der Startpunkt der Analyse) erschienen in der FAZ 1.142 Beiträge, die den Zugriffskriterien entsprechen. In der SZ waren es 1.547. 2009 (dem Endpunkt des Analysezeitraumes) erschienen in der FAZ 2.385 und in der SZ 1.750 Beiträge, die den Zugriffskriterien entsprechen. Im Mittel kann man also von rund 1.700 Beiträgen pro Jahr und Titel ausgehen. Über die 16 Analysejahre wären das 27.200 Beiträge – eine Anzahl, die sich nicht im Rahmen eine Dissertation ohne Projektressourcen bewältigen lässt.

Zur Reduktion des Materials bietet sich die systematische Auswahl von Jahren bzw. Beiträgen an. Üblich ist das Verfahren der rollenden Woche. Dieses ist im Gegensatz zur systematischen Zufallsauswahl jedoch wesentlich ungenauer. Um die gleiche Stichprobengenauigkeit zu erhalten, muss im Verfahren der rollenden Woche wesentlich mehr Material analysiert werden, als mit einer systematischen Zufallsauswahl (Jandura, Jandura & Kuhlmann 2005). Da die elektronischen Archive der beiden Zeitungen eine systematische Zufallsauswahl ohne größeren Aufwand ermöglichen, wurde sich für dieses Verfahren entschieden. Die Auswahl erfolgt dann üblicherweise nach Jahren oder nach Beiträgen. Wählt man nur eine dieser Möglichkeiten, reißt es große zeitliche Lücken in das Material. Bezieht man beispielsweise nur jeden 100sten Beitrag in die Analyse ein – um auf ein überschaubareres Maß von ca. 2.500 Beiträgen zu kommen – so würde das bedeuten, dass von 1.700 möglichen Beiträgen eines Jahres und eines Titels nur 17 in die Analyse einfließen würden. Gleiches gilt für die systematische Auswahl von Jahren. Hier hätte für eine handhabbare Zahl von Beiträgen jeweils nur ein Jahr analysiert werden können. Daher fiel die Entscheidung auf eine Kombination von systematischer Auswahl von Jahren und Beiträgen. Nach mehreren Tests mit verschiedenen Kombinationen wurde ein Vierjahresrhythmus gewählt und innerhalb dessen dann jeder fünfte Beitrag in die Analyse einbezogen. Analysiert

5.4 Zwischenfazit

werden so die Jahre 1993, 1997, 2001, 2005 und 2009 und innerhalb dieser wiederum jeder fünfte Beitrag der genannten überregionalen Tageszeitungen. Bei der Auswahl auf Beitragsebene wurde nicht aus der Gesamtheit der Beiträge jeder fünfte Artikel ausgewählt, sondern jeder fünfte Artikel jedes Ressorts. Auf diese Weise wird die inhaltliche Struktur der Zeitungen, mit ihrer unterschiedlichen Gewichtung der Ressorts beibehalten und vollständig abgebildet.

Da es vor allem um den fortlaufenden, tagesaktuellen Diskurs rund um das Thema Religion geht, werden aus der Analyse Sonderbeilagen wie Themen- und Literaturbeilagen ausgeschlossen. Diese würden einen thematischen Bias verursachen – z. B. durch Sonderhefte zum Tod Papst Johannes Paul II. bzw. zur Wahl Papst Benedikt XVI. Ebenfalls ausgeschlossen wurden regionale Beilagen, da im Fokus der Untersuchung die überregionale bzw. eben nicht lokalspezifische Berichterstattung über Religion und ihre Akteure steht. Nicht in die Untersuchung fließen so für die FAZ die Berliner Seiten, das Magazin, die Literaturbeilage, die Redaktionsbeilage und die Rhein-Main-Zeitung ein. Bei der SZ handelt es sich bei den ausgeschlossenen Beilagen und Seiten um das *Süddeutsche Zeitung Magazin, Golf Spielen, Wohlfühlen, München erleben, jetzt.de, sz-magazin, SZ – Themen des Jahres, die Literaturbeilagen sowie die Lokalseiten Bayern, München und NRW*. Ebenfalls ausgeschlossen werden die im FAZ-Archiv enthaltenen Beiträge, die exklusiv auf den Webseiten der Zeitungen erschienen sind.

Über die Volltext-Archive der FAZ und der SZ, welche über die Sächsische Landes- und Universitätsbibliothek (SLUB) zugänglich sind, wurde schließlich jeder fünfte Artikel jedes Ressorts der Jahre 1993, 1997, 2001, 2005 und 2009, welcher Wörter mit dem Wortstamm religi* und christ* enthält, oder den Papst, einen Kardinal, einen Bischof oder die EKD als Akteur nennt, für die Inhaltsanalyse ausgewählt und als PDF gespeichert. Letztlich wurden so für die FAZ 1.494 Artikel und für die Süddeutsche Zeitung 1.163 Artikel ausgewählt.

Die Prüfung weiterer, eher inhaltlicher Zugriffskriterien oblag schließlich den Codierern. So sollten nur Beiträge einbezogen werden, die sich mit Themen rund um Religion, Kirche und Glauben befassen, bzw. in denen Religion, Glaube und/oder Kirche eine wie auch immer geartete Rolle spielen. Weiterhin sollten alle Beiträge analysiert werden, die kirchliche bzw. religiöse Akteure beinhalten. Mit dieser im Codebuch enthaltenen Beschreibung sollten Beiträge ausgeschlossen werden, die sich beispielsweise um einen „Gourmet-Papst" drehten, sich mit dem deutschen Judoka Ole Bischof oder der Firma EMB Papst befassten. Diese Beispiele bewegen sich thematisch selbstverständlich nicht in dem hier zur Diskussion stehenden Rahmen bzw. beinhalten keine tatsächlich religiösen Akteure.

Nachdem Untersuchungsmaterial, Zeitraum und Stichprobenverfahren definiert sind, fehlt nur noch die Festlegung der Analyseeinheit. Diese ist hier der einzelne Beitrag, wobei unter Beitrag ein thematisch einheitlicher, abgeschlossener Text vornehmlich redaktioneller Natur verstanden werden soll. Beiträge grenzen sich gewöhnlich durch Überschriften, Dachzeilen u.ä. gegeneinander ab. Beiträge, die ohne direkten inhaltlichen Bezug unter einer Überschrift zusammengefasst wurden – z. B. mehrere Leserbriefe, oder Nachrichtenartikel mit Kommentar und Lesermeinung – werden als einzelne Beiträge behandelt. Einbezogen wird sowohl objektive Berichterstattung – gewöhnlich in Form von Nachrichtenbeiträgen, Meldungen etc. – als auch subjektive redaktionelle Formen – wie Leitartikel, Glossen, Kolumnen etc. – sowie (nicht-redaktionelle) Leserbriefe. Beiträge, die auf einer Seite beginnen und auf einer anderen fortgeführt werden, werden als ein Beitrag behandelt. Das gilt auch für Verweise von der Titelseite auf Beiträge weiter hinten in der Zeitung. Diese werden auch in den Archiven zusammengefasst abgebildet, sodass sie nicht erst in der Analyse zusammengeführt werden müssen. Von der Untersuchung ausgenommen werden Serviceteile wie Inhaltsverzeichnisse, Kurzinformationen über Hotlines, Börsendaten, Wetter, Lottozahlen, Öffnungszeiten, Notdienste etc.; ebenso literarische und/oder fiktionale Texte wie Fortsetzungsromane, Sinnsprüche und Gedichte. Selbstverständlich geht auch Werbung nicht in die Analyse ein. Da die Online-Archive der Zeitungen Bilder und Grafiken zu den einzelnen Beiträgen nicht zuverlässig abbilden, werden auch diese aus der Untersuchung ausgenommen.

Nach dem Pretest (siehe Kap. 8 Pretest) wurde das Material auf die sieben Codierer (inklusive Verfasserin) verteilt. Jeder der sechs zusätzlichen, externen Codierer erklärte sich bereit, etwa 100 Beiträge zu codieren (also insgesamt etwa 600). Um mögliche Codierfehler über die Medien und die Zeit zu verteilen, wurde zunächst aus dem chronologisch sortierten Material (wobei die Medien schon vermischt sind) jeder vierte Beitrag ausgewählt (2527 : 600 = 4,21) und anschließend aus der so entstandenen Teilmenge noch einmal jeder sechste Beitrag (entsprechend der sechs Codierer). Letztlich hatte jeder Codierer 110 Beiträge aus allen Jahren und aus allen Medien zu codieren. Etwa ein Viertel der Beiträge wurden also von Codierern übernommen, der Rest der Codierung oblag der Verfasserin. Um auch hier sicher zu gehen, dass sich eventuelle Lerneffekte über Zeit und Medien gleichmäßig verteilen, wurde in der Codierung der restlichen Beiträge ebenfalls nicht chronologisch vorgegangen, sondern immer eine systematische Stichprobe (jeder n-te Beitrag) von jeweils 200 Beiträgen aus dem gesamten Material gezogen (bis zu einer Restgröße von 67 Beiträgen).

Codiert wurde in einer Excelmaske. Auf diese Weise konnten nach Abschluss der Codierung die Daten sicher (im Sinne von fehlerfrei) und einfach in SPSS übernommen werden, mit dessen Hilfe die Datenanalyse vorgenommen wurde.

Operationalisierung 7

Nachfolgend wird die Operationalisierung nach Pretest und entsprechenden Änderungen des Codebuches vorgestellt. So kann sofort nachvollzogen werden, was tatsächlich codiert wurde. Alle Änderungen nach dem Pretest sind im entsprechenden Kapitel (8: Pretest) ausführlich dokumentiert.

Eine grundsätzliche Schwierigkeit angesichts des langen Analysezeitraumes ist, dass Spezifizierungen einzelner Variablen schwierig sind. So können zwar generelle Argumente erfasst werden, jedoch keine themenspezifischen. Eine thematische Unterteilung über fast 20 Jahre würde zu einer unüberschaubaren Fülle zu prüfender Argumente führen. Das Gleiche Problem ergibt sich bei der Erfassung der Akteure. Hier wechselt z. B. das Personal der Deutschen Bischofskonferenz über die Jahrzehnte, sodass letztlich nur Funktionen und keine spezifischen Personen erfasst werden können. Wie im Einzelnen die Gradwanderung zwischen notwendiger Kategorisierung und möglicher Spezifizierung gelöst wurde, wird bei den einzelnen Variablen aufgezeigt.

Entsprechend der leitenden Forschungsfrage geht es in vorliegender Studie darum, festzustellen, ob sich die Rückkehr der Religion in den öffentlichen Raum, anhand der Medienberichterstattung über den definierten Zeitraum von 1993 bis 2009, nachweisen lässt. Die zentrale unabhängige Variable ist demnach das Datum, genauer gesagt das Jahr.

Die abhängigen Variablen beschreiben gemäß der Forschungsfrage die vermutete Rückkehr der Religion. Für diese lassen sich verschiedene Indikatoren benennen, die grob in drei Dimensionen unterteilt werden können. Die **Dimension Volumen** beinhaltet rein formale Kriterien, die den tatsächlichen Umfang der Berichterstattung wiedergeben. Die **Dimension Themen** analysiert, welche Themen im Zusammenhang mit Religion vorkommen und wie diese präsentiert werden. Die **Dimension Akteure** wird zunächst relativ breit gefasst und beschäftigt sich mit Vorkommen und Bewertung einzelner Religionen, erfasst aber auch einzelne kollektive oder individuelle Akteure in ihrem Vorkommen und ihrer Bewertung. Alle drei Dimensionen sollen im Folgenden mit den ihnen zugeordneten Variablen vorgestellt werden. Auch die Auswertung wird sich an diesen Dimensionen orientieren.

7.1 Dimension Volumen

Bei den der Dimension Volumen zuzuordnenden Variablen handelt es sich um formale Kriterien der Berichterstattung. Das Volumen der Berichterstattung wird hierbei über die Anzahl der Beiträge sowie deren Umfang – gemessen in Anzahl der Wörter – erhoben. Schon Mitte der 1980er Jahre kommt Buddenbaum (1986) zu dem Ergebnis, dass Beiträge über Religion häufiger in den Medien auftauchen und auch in sich länger werden (Buddenbaum 1986: 601). In der Dimension Volumen ist neben dem schieren Aufkommen entsprechender Beiträge auch die Kontinuität der Berichterstattung interessant. So findet Bosshart (1987), dass sich Berichterstattung vornehmlich an Ereignissen aufhängt, das Thema dann jedoch schnell wieder von der Bildfläche verschwindet (Bosshart 1987: 19). In der Auswertung wird nicht wie in vorangegangenen Studien das absolute Volumen der Berichterstattung über die Jahre analysiert, sondern immer in Relation zur Gesamtvolumenentwicklung der Berichterstattung in den Zeitungen, auch unabhängig vom Religionsthema. Hintergrund hierfür ist die Annahme, dass die Volumina der Medien über mehr als 20 Jahre nicht statisch sind, sondern variieren. Ein Mehr an Berichterstattung über Religion kann also nicht nur mit einem Bedeutungsgewinn erklärt werden, sondern könnte schlicht die Folge einer Vergrößerung des gesamten Volumens der Berichterstattung sein. Somit kann eine relationale Analyse hier klarer interpretierbare Daten liefern.

Während die Anzahl der Beiträge quasi für die Vielfalt und die Frequenz bzw. Kontinuität der Berichterstattung steht, repräsentiert die Anzahl der Wörter das inhaltliche Volumen. Die Anzahl der Wörter lässt sich problemlos aus den Archiven ablesen. Bei Ziehung der Stichprobe wurde diese im Dateinamen zusammen mit Datum, Ressort und Medium hinterlegt, sodass hier – bis auf falsche Übernahme des Dateinamen – keine Fehlerquelle in der Codierung liegen kann.

7.2 Dimension Themen

Diese zweite Dimension basiert zunächst auf der in der Literatur häufig ausgeführten These, dass Religion in der Moderne über spezifische Themen mehr und mehr Terrain in der Berichterstattung erobert. Was auch damit zusammenhängt,

7.2 Dimension Themen

dass die Einmischung in bestimmte Themen von christlichen Politikern seitens des Vatikans im Sinne der kirchlichen Lehre gefordert wird (Zollitsch 2009: 5). Aber auch unabhängig von aktiver Einmischung kann angenommen werden, dass Religion bei einer Rückkehr über die Zeit mehr Themenbereiche erobert bzw. in einzelnen Themenbereichen (z. B. Politik) mehr Gewicht gewinnt. In der Dimension Thema sollen aber nicht nur die einzelnen Themen erfasst werden – also nicht nur das, *was* berichtet wird – sondern auch *warum* berichtet wird (Anlass). Die Frage hier ist, ob Religion nur über religionsinterne Themen wie Papstwahl, Kirchentage und Ähnliches in die Berichterstattung gelangt, oder ob Religion und religiöse Akteure auch unabhängig von religionsspezifischen Anlässen in der Berichterstattung erscheinen, z. B. wenn der Anlass der Berichterstattung eine Bundestagsdebatte über Gentechnik ist. Diese Loslösung von originär religiösen Themen und Anlässen könnte als Indikator für einen Bedeutungsgewinn von Religion gewertet werden. Zusätzlich zu der Frage, *worüber* berichtet wird (Themen) und *warum* berichtet wird (Anlässe), soll auch analysiert werden, *wie* berichtet wird. Dies umfasst Reichweiten, Behandlung bestimmter Aspekte, Kontextualisierungen und Bewertungen.

Themenbereiche

Das Thema, bzw. die Themen des Beitrages werden über insgesamt sechs Variablen verschlüsselt. Es ist zunächst ein Hauptthema sowie ein Nebenthema für jeden Beitrag festzustellen. Zu diesen beiden ist – sofern möglich – noch eine thematische Spezifizierung vorzunehmen. Haupt- und Nebenthema werden hierarchisch codiert. Als Hauptthema gilt das in dem Beitrag zentrale Thema, welches den größten Raum einnimmt und/oder zentral für die Berichterstattung bzw. den Beitrag ist. Als Nebenthema wird das nächstgrößere Thema verschlüsselt, welches nach dem Hauptthema den meisten Raum einnimmt, nicht zentral, aber doch noch bedeutend für die Berichterstattung bzw. den Beitrag ist. Sollten mehrere Themen gleichberechtigt vorkommen, ist nach der Reihenfolge der Nennungen zu verschlüsseln. Bei zwei (oder mehr) gleichberechtigten Hauptthemen wird zunächst das erstgenannte Thema als Hauptthema, das zweitgenannte als Nebenthema verschlüsselt. Weitere gleichberechtigte Hauptthemen oder nachrangige Nebenthemen werden dann nicht codiert. Sind nach der Feststellung eines Hauptthemas zwei oder mehr gleichberechtigte Nebenthemen feststellbar, so ist auch hier das erstgenannte Nebenthema zu codieren. Alle weiteren gleichrangigen Nebenthemen werden nicht verschlüsselt. Für Haupt- und Nebenthema ist zunächst der Bereich zu verschlüsseln. Der thematische Bereich erfasst die Sphären, um die es in dem Beitrag geht, in welchen Bereichen, welchen Sphären bewegt sich der Beitrag, welche thematischen Bereiche werden angesprochen. Nach

Jecker & Schönhagen (2011) kann Religion potenziell in nahezu jedem Themenkontext vorkommen (Jecker & Schönhagen 2011: 49). Die hier zu codierenden Themenbereiche sind relativ grob und umfassen *Politik, Religion, Kunst&Kultur, Wirtschaft, Gesellschaft, Justiz, Sport, Bildung&Wissenschaft, Umwelt&Natur* und *Medien*. Wobei diese Einteilung den Ressorts der Zeitungen entsprechen kann, aber nicht muss. Zum Beispiel existiert kein Ressort Religion. Auch in den meisten im fünften Kapitel (Religion und Medien) beschrieben Studien, werden lediglich die üblichen, den Ressorts entsprechenden Themenbereiche verschlüsselt. Damit gibt es dann aber keine Möglichkeit, originäre Religionsberichterstattung, wie sie in einem eigenen Ressort erscheinen würde, zu identifizieren. Wie sich die Religionsberichterstattung bei Fehlen des Ressorts Religion über die anderen klassischen Ressorts aufteilt, kann über die Codierung der Ressorts immer noch ermittelt werden. Im Bereich *Religion* soll dann, wenn möglich, noch nach den einzelnen Glaubensrichtungen spezifiziert werden. Unterschieden werden zunächst die drei monotheistischen Religionen Christentum, Islam und Judentum. Andere Religionen (Buddhismus, Hinduismus) werden allgemein unter Religion gefasst, da davon auszugehen ist, dass sie im Vergleich zu den anderen Religionen keine große Rolle in der Berichterstattung spielen werden. Die Spezifizierung nach *katholisch, protestantisch, orthodox, christlich allgemein* bzw. *sonstige christlich, muslimisch, jüdisch* ist hierarchisch aufgebaut, sodass für den Fall, dass die jeweilige Konfession nicht klar erkennbar ist, Auffangkategorien bereitstehen. Die Unterteilung von *(römisch-)katholisch, protestantisch* und *orthodox* innerhalb des Christentums erfolgt in Anlehnung an Brague (1996) und Rendtorff (1996), die damit unterschiedliche religiöse Traditionsräume in Europa unterscheiden. Christen ohne erkennbare oder genannte Konfession können somit unter *christlich allgemein* erfasst werden, allgemeine Diskussionen über Religion, ohne Fokus auf eine spezifische Glaubensrichtung, fallen unter die Auffangkategorie *Religion* (20).

7.2 Dimension Themen

Schlüsselplan Themenbereich (für Haupt- und Nebenthema):
```
Politik                           10
Religion                          20
    christlich (allgemein)            21
        katholisch                        22
        protestantisch                    23
        orthodox                          24
        sonstige christlich               25
    muslimisch                        26
    jüdisch                           27
Kunst&Kultur                      30
Wirtschaft                        40
Gesellschaft                      50
Justiz                            60
Sport                             70
Bildung&Wissenschaft              80
Umwelt&Natur                      90
Medien                           100
```

Nachdem der *thematische Bereich* des Haupt- bzw. Nebenthemas festgestellt wurde, wird in einer weiteren Variablen das *spezifische* Haupt- bzw. Nebenthema des Beitrages verschlüsselt.

Die Trennung von Themenbereichen und spezifischen Themen wird vorgenommen, da – wie in den ersten Kapiteln ausgeführt – aktuell eine Reihe von Themen existieren, die nicht mehr nur innerhalb ihrer eigenen Sphäre diskutiert werden können. Dazu zählen zum Beispiel die Konfrontation mit dem islamistischen Terrorismus, Gentechnik oder gesellschaftlicher Werteverfall.

Spezifische Themen

Aus der Literatur lässt sich eine Reihe von Themen ablesen, über die Religion vermehrt in die Medienberichterstattung bzw. in den öffentlichen Raum treten könnte. Wie im vierten Kapitel (Religion und Gesellschaft) ausgeführt, zwingt die Konfrontation mit dem *islamistischen Terror* (17) das Individuum und auch ganze Gesellschaften zur Auseinandersetzung mit der eigenen Religiosität (Minkenberg & Willems 2002), was sich entsprechend in der Themensetzung niederschlagen sollte. In Zeiten von Unsicherheit und gefühlter Krise bietet Religion darüber hinaus Sicherheit, ein Gefühl von Kontinuität und Möglichkeiten der Identifikation (Riesebrodt 2007, Leggewie 2005), sodass sämtliche Krisen und Konflikte quasi ein Einfallstor für Religion in die Medien bedeuten können. Dementsprechend wurden der *Nahost-Konflikt* (18) und der *Irakkrieg* (19) in die Liste der spezifischen Themen aufgenommen. Betrachtet man die Fortschritte in der modernen

Wissenschaft, so berühren diese mittlerweile Grenzen, bei denen es nicht mehr um Machbarkeit, also praktische Erwägungen geht, sondern ganz existenzielle, rechtliche und moralische Entscheidungen gefragt sind (Meyer 2007, Minkenberg & Willems 2002). Auf diese Weise wird z. B. die gesamte *Gentechnik*debatte (2 und 3) mit Embryonenforschung etc. als spezifisches Thema für Religion relevant (vgl. Kap. 3,4). Neben den bereits genannten, aus der Literatur destillierten Themen, wurden für die entsprechende Variable noch ‚traditionelle' Themen benannt, zu denen sich Religion üblicherweise und schon immer äußert. Hierzu zählen unter anderem *Abtreibung* (4), *Sterbehilfe* (9), künstliche Verhütung bzw. *Aidsprävention* (24). Nicht vergessen werden dürfen natürlich Themen, bei denen Religion bzw. deren Repräsentanten selbst Gegenstand der Berichterstattung sind. Zu nennen sind hier etwa *Religionsunterricht* (7), *Missbrauchsskandale* (11) in der Katholischen Kirche, *Kirchentage* (21) bzw. Weltjugendtage (22), die *Papstwahl* (13) Benedikt XVI. bzw. der *Tod Johannes Paul II* (23). Auf der Basis dieser Überlegungen lassen sich insgesamt 24 spezifische Themen definieren, die in der Berichterstattung von 1993 bis 2009 in Verbindung mit Religion relevant sein könnten. Codiert wird für Haupt- und Nebenthema, ob diese sich einem der spezifischen Themen zuordnen lassen. Um auch spezifische Themen zu erfassen, die nicht vordefiniert werden konnten, wurde eine offene Kategorie hinzugefügt. Hier sollen die Codierer in Stichworten das Thema der Berichterstattung eintragen, sofern es nicht in der Liste der Themen auffindbar ist. Diese offene Kategorie wird im Anschluss an die Hauptcodierung nachcodiert (für das genaue Vorgehen vgl. Kap. 9 Auswertung), sodass auch hier letztlich eine Quantifizierung möglich ist. Mithilfe der spezifischen Themen kann so festgestellt werden, ob die Berichterstattung über Religion tatsächlich an „hot buttons" (Fisher 2007: 37) gebunden ist, oder sich über die Zeit von diesen löst bzw. neue hinzukommen.

Anlass
Nachdem mit den genannten Themenvariablen eine Identifikation und Auswertung dessen möglich ist, womit Religion in den Medien auftaucht, muss konsequenterweise zusätzlich erfasst werden, warum diese Themen in die Berichterstattung gelangen. Die Erfassung des Warum beschränkt sich hier auf eine Codierung des Anlasses. Andere relevante Faktoren wie Prominenz, Konflikt und Ähnliches können mit Hilfe anderer Variablen operationalisiert werden und müssen nicht noch einmal separat erfasst werden. Der Anlass wurde deshalb gewählt, weil sich ein Bedeutungsgewinn von Religion, neben der Eroberung neuer thematischer Bereiche und der Loslösung von angestammten spezifischen Themen, auch darüber messen lässt, ob Religion auch unabhängig von konkreten Ereignissen thematisiert wird. Ereignisbezogene Berichterstattung orientiert sich vor allem

7.2 Dimension Themen

an Nachrichtenfaktoren wie Aktualität, Prominenz, Negativismus etc. Werden mehr Ereignisse aus dem religiösen Bereich berichtet, muss dies nicht auf einen Bedeutungsgewinn hinweisen, sondern kann auch über Professionalisierung der religiösen Akteure erklärt werden oder lediglich dadurch zustande kommen, dass bestimmte Nachrichtenfaktoren in größerem Maße erfüllt werden. Eine eher thematische Berichterstattung, die sich von konkreten Ereignissen löst, deutet dagegen auf einen Bedeutungsgewinn des Diskurses hin. Dementsprechend wird für jeden Beitrag codiert, was genau der Anlass der Berichterstattung ist. Dies können zum Einen *Ereignisse* wie Unfälle, Konferenzen oder Feierlichkeiten sein. Ereignisse sind zeitlich und räumlich klar abgrenzbar. Sie finden zu einer bestimmten Zeit in einem bestimmten (geografischen) Raum statt, haben ein eindeutigen Beginn und ein ebensolches Ende. Zum Zweiten können *Stellungnahmen* z. B. von Politikern oder Wissenschaftlern zur Berichterstattung führen. Stellungnahmen sind mündliche oder schriftliche Äußerungen, welche sowohl von Privatpersonen als auch von jeglichen öffentlichen Personen und auch Organisationen vorgebracht werden können. Ein vermehrtes Auftreten von Stellungnahmen von religiösen Akteuren kann auch als Indiz für den Bedeutungsgewinn von Religion im öffentlichen Diskurs gewertet werden, worauf in der Dimension Akteure noch näher eingegangen wird. Schließlich kann eine Berichterstattung ganz ohne ein aktuelles Ereignis oder eine Stellungnahme entstanden sein und nur die Behandlung eines Sachverhalts bzw. ein *Thema* zum Anlass haben. Hierbei handelt es sich meist um Themen, die die Gesellschaft, die Politik, die Wirtschaft etc. langfristig beschäftigen. Themen in diesem Zusammenhang sind zum Beispiel Gentechnik, Abtreibung oder Religionsunterricht. Wird jedoch das Thema aufgegriffen, weil es Bestandteil einer Ausschusssitzung im Bundestag war, so ist *Ereignis* (1) zu codieren. Wenn es durch die Äußerung eines Prominenten (wieder) aufs Tapet gekommen ist, so ist *Stellungnahme* (1) und nicht *Thema* (3) zu verschlüsseln. Der jeweilige Anlass muss explizit aus dem Beitrag zu entnehmen sein. Aufgrund des langen Analysezeitraumes dürfen Mutmaßungen des Codierers, welches Ereignis oder welche Äußerung den Stein ins Rollen gebracht hat, nicht relevant für die Codierung sein, da sie zu sehr vom zeitgeschichtlichen Wissen des Codierers abhängen würden.

Schlüsselplan Anlass:
Ereignis   1
Stellungnahme   2
Thema   3

Ist die Art des Anlasses codiert, wird zusätzlich festgehalten, in welchem Bereich das Ereignis, die Stellungnahme oder das Thema seinen Ursprung hat. Wie schon bei den Themenvariablen wäre hier ein Indikator für die Rückkehr der Religion in den öffentlichen Raum, dass die Anlässe nicht mehr originär religiös sind. Also nicht mehr nur die Kirchentage, Papstreden oder der Missbrauchsskandal in der Katholischen Kirche Anlass zur Berichterstattung geben, sondern andere Anlässe von religiösen Akteuren zu Kommentierungen genutzt werden.

Unterschieden werden hier wie in den Themenvariablen (s.o.) die Bereiche *Politik, Religion, Kunst&Kultur, Wirtschaft, Gesellschaft, Justiz, Sport, Bildung& Wissenschaft, Umwelt&Natur, Medien*. So ist eine Ausschusssitzung des Bundestages als Ereignis (Anlass: 1) und anschließend als aus dem Bereich *Politik* (10) stammend zu verschlüsseln. In den Bereich Politik fallen auch Ereignisse, Stellungnahmen und Themen rund um Krieg, Terror und größere Konflikte wie Bürgerkriege. Ein Kirchentag wird als Ereignis (Anlass: 1) und dann aus dem Bereich *Religion protestantisch* (23) verschlüsselt. Entsprechend ist die Aussage eines Sportlers, dass es großflächiges Doping in der DDR gegeben hätte, unter Stellungnahme (Anlass: 2) aus dem Bereich *Sport* (70) zu verschlüsseln. Der Bereich *Religion* (20) wird – sofern möglich – wie bei den Themenbereichen (s.o.) noch einmal nach einzelnen Glaubensgemeinschaften untergliedert.

Nachdem festgestellt wurde, worüber berichtet wird (Themen) und warum berichtet wird (Anlass), soll mit den folgenden Variablen/Kategorien erfasst werden, *wie* berichtet wird. Zu unterscheiden sind hierbei Kategorien, die an das Thema selbst gebunden sind (Konflikt, geografische Reichweite etc.) und Kategorien, die die Darstellung im Sinne einer journalistischen Aufbereitung repräsentieren, wie zum Beispiel Kontextualisierung, Tenor und Darstellungsform.

Konflikt

Wie die obige Beschreibung der Themen nahelegt – und wie Studien aus anderen Ländern nachweisen (vgl. Kap. 5 Religion und Medien) – tritt Religion hauptsächlich in Konfliktkontexten auf. Dies hängt auch mit der Bindung der allgemeinen Berichterstattung an den Nachrichtenfaktor Negativismus bzw. Schaden/Konflikt zusammen. Gewinnt Religion an Bedeutung im öffentlichen Diskurs, sollte allerdings erwartet werden können, dass der Anteil der Konflikte in der Berichterstattung über religiöse Themen im Zeitverlauf abnimmt, weil nach und nach auch andere, weniger konflikthaltige Themen, publiziert werden. Zusätzlich kann vermutet werden, dass wenn Religion im Zusammenhang mit Konflikten auftaucht, sich in größere Konflikte involviert, die die eigenen thematischen Grenzen eigentlich sprengen. Dies wäre zum Beispiel der Fall, wenn sich religiöse Akteure zum Irakkrieg oder zur Finanzkrise zu Wort melden. Somit muss nicht

7.2 Dimension Themen

nur erfasst werden, ob ein Konflikt im Beitrag vorkommt, sondern auch, welche Reichweite und welche Intensität der Konflikt hat, um innerhalb der Konflikte abstufen zu können. Die Notwendigkeit einer Spezifizierung der Konflikte u. a. nach Konfliktkonstellationen ist auch eine Schlussfolgerung von Jecker & Schönhagen (2011: 55).

Dementsprechend werden Konflikte hier über vier Variablen erfasst. Zunächst wird festgestellt, ob ein Konflikt im Beitrag thematisiert wird oder nicht. Konflikte sind dabei entweder dadurch gekennzeichnet, dass zwei oder mehr Parteien sich hinsichtlich von Entscheidungen, Interessen, Wertvorstellungen und Ähnlichem uneinig sind, oder dadurch, dass sich die Parteien zwar hinsichtlich des Ziels einig, aber hinsichtlich des Weges dorthin uneinig sind (vgl. Bonacker & Imbusch 2006). Entscheidend für die Codierung ist, ob ein Konflikt im Beitrag explizit angesprochen wird. Interpretationen, ob aus dem Beschriebenen ein Konflikt erwachsen könnte, sind selbstverständlich nicht zur Codierung heranzuziehen.

Sofern ein Konflikt im Beitrag angesprochen wird, soll dieser anhand von drei weiteren Variablen klassifiziert werden. Zunächst werden die Konfliktkonstellationen erfasst. Buddenbaum (1986) stellt für die USA fest, dass in den 1980er Jahren eine Verschiebung der Konfliktlinien im Bereich Religion stattfand. Dominieren zunächst noch die Konflikte zwischen Religion und Gesellschaft, verlagern sie sich in den Folgejahren in Richtung religionsinterner Konflikte. Unterschieden werden daher zunächst *Konflikte unter Beteiligung von Religion* (100), Glaube, Gläubigen, Kirche etc. und Konflikte ohne deren Beteiligung.

Zur ersten Kategorie (*Konflikte unter Beteiligung von Religion*) zählen alle Konfliktdarstellungen in denen religiöse Akteure an dem Konflikt beteiligt sind oder ganze Kirchen bzw. der Glaube an sich ein Teil des Konfliktes ist. Beispiele hierfür wäre der Streit um den Religionsunterricht in der Schule oder der Missbrauchsskandal in der Katholischen Kirche. Sollte es sich um Konflikte in diesem Bereich handeln, wird noch einmal nach *intrareligiösen Konflikten* (110), *interreligiösen Konflikten* (120), *Konflikten zwischen Religion und Staat* (130) sowie *Konflikten zwischen Religion und Gesellschaft* (140) unterschieden.

Intrareligiöse Konflikte (110) sind Konflikte innerhalb einer Kirche bzw. Glaubensrichtung. Diese nehmen nach Buddenbaum (1998) nach dem zweiten Weltkrieg (in den USA) verstärkt zu. Hier wird noch einmal unterschieden, ob sich der Konflikt auf eine Konfession beschränkt (*intrakonfessioneller Konflikt*, 111), oder ob es sich um einen Konflikt zwischen zwei Konfessionen innerhalb einer Religion handelt (*interkonfessioneller Konflikt*, 112). Ein Streit innerhalb der katholischen Bischofskonferenz um den Zölibat ist hier als *intrakonfessioneller Konflikt* (111) zu codieren. Berichtet ein Beitrag über den Streit zwischen Katholiken und

Protestanten hinsichtlich des gemeinsamen Abendmahls ist *interkonfessioneller Konflikt* (112) zu codieren.

Im Gegensatz zu den intrareligiösen Konflikten, die sich auf eine Glaubensrichtung (hier Christentum) beziehen, beschreiben *interreligiöse Konflikte* (120) Konflikte zwischen verschiedenen Glaubensrichtungen. Thematisiert ein Beitrag beispielsweise einen Kreuzzug der Christen gegen die Moslems ist *interreligiöser Konflikt* (120) zu codieren. Für die Codierung *intrareligiöser* und *interreligiöser Konflikte* muss dabei die Zugehörigkeit der Konfliktparteien zu den jeweiligen Glaubensrichtungen explizit sein. Auch wenn der Einmarsch von US-Truppen im Irak als ‚Kreuzzug' bezeichnet wird, ist nicht *interreligiöser Konflikt* zu codieren, solange dieser nicht explizit gemacht wird, indem z. B. eine religiöse Motivation unterstellt oder auf einen schwelenden Konflikt zwischen Christentum und Islam abgehoben wird.

Säkularisierungsdebatten, der Streit um den Religionsunterricht, Kirchensteuer und Ähnliches fallen unter *Konflikte zwischen Religion und Staat* (130). In all diesen Fällen ist der (politische) Staat involviert. Wird Religion als Streitstifter in der Gesellschaft angesehen und für gesellschaftlichen Unfrieden verantwortlich gemacht, so ist *Konflikt zwischen Religion und Gesellschaft* (140) zu codieren. Auch hier müssen jeweils Gesellschaft bzw. gesellschaftliche Akteure und explizit Religion oder religiöse Akteure am Konflikt beteiligt sein.

Beiträge, die über Konflikte berichten, an denen aber Religion, religiöse Vertreter oder Gläubige keine der Konfliktparteien stellen oder – in welcher Form auch immer – beteiligt sind, werden als *Konflikte ohne Beteiligung von Religion* (200) verschlüsselt. Dies ist beispielsweise auch dann der Fall, wenn sich der Papst zum globalen Terror äußert. Sofern er nicht explizit auf den Beitrag der Religion zum Konflikt eingeht, Religion und Glaube also keine Konfliktpartei stellen, ist *Konflikte ohne Beteiligung von Religion* (200) zu codieren. Sollten mehrere Konflikte angesprochen werden, so ist derjenige zu codieren, der den Hauptteil des Beitrages einnimmt und so den ‚Hauptkriegsschauplatz' bildet. Auch hier sind die Ausprägungen hierarchisch angelegt, sodass bei Nichtentscheidbarkeit jeweils die höhere Auffangkategorie gewählt werden kann.

7.2 Dimension Themen

Schlüsselplan Konfliktart:
Konflikte unter Beteiligung von Religion	100	
Intrareligiöser Konflikt		110
Intrakonfessioneller Konflikt		111
Interkonfessioneller Konflikt		112
Interreligiöser Konflikt	120	
Konflikt zwischen Religion und Staat	130	
Konflikt zwischen Religion und Gesellschaft	140	
Konflikte ohne Beteiligung von Religion	200	

Nachdem ein Konflikt im Beitrag festgestellt und die Art des Konfliktes festgehalten wurde, wird der Konflikt hinsichtlich seines Ausmaßes anhand der Konfliktparteien klassifiziert. Dabei ist grundsätzlich auf einer Skala von 1 bis 5 von *einzelnen Individuen* (1) über Gruppen, Staaten und Staatenverbände bis hin zu transnationalen Lagern (5) abzustufen. Stehen sich zwei Personen im Konflikt gegenüber, wird 1 codiert, sind es Personengruppen wird 2 codiert, größere Gruppen wie z. B. Gegner und Befürworter eines Bauprojektes werden mit 3 codiert. Staaten, Staatskirchen oder kleinere Staatenverbände mit 4, größere transnationale politische Lager, Hemisphären oder (transnationale) Religionen werden mit 5 codiert.

Ein Problem bei der Codierung stellen asymmetrische Konflikte dar. Wenn sich beispielsweise eine Person einer größeren gegnerischen Gruppe gegenübersieht, muss eine Entscheidung dahingehend getroffen werden, welche Kreise – im Sinne der Skala von 1 bis 5 – der Konflikt mit einbezieht. Also, ob der geschilderte asymmetrische Konflikt z. B. eher einem Konflikt zwischen Individuen gleichzusetzen ist, oder ob letztlich größere Kreise mitgedacht werden müssen, somit also 2 oder 3 zu codieren ist. Nationale Milizen, die sich UN-Blauhelmen gegenübersehen, sind so etwa mit 3 oder 4 zu codieren. Eine einzelne Person, die mit einer religiösen Minderheit im Konflikt steht, ist mit 2 oder 3 zu codieren, je nachdem, wie groß die religiöse Minderheit ist. Die Konfliktkonstellationen im Falle Sarrazin (Sarrazin gegen…) könnte man in bestimmten Fällen so interpretieren, dass sich unabhängig vom Individuum Sarrazin letztlich größere Gruppen gegenüberstehen – diejenigen, die die Integration gescheitert sehen und diejenigen, die ihm Rechtspopulismus vorwerfen. Dementsprechend wäre hier eher 3 zu codieren. Ein anderer Fall wäre, wenn jemand (oder eine Gruppe) Sarrazin als Person angreift – hier wäre dann 1 oder 2 zu codieren.

Schlüsselplan Konfliktbeteiligung:
(transnationale) Lager   5   4   3   2   1   Individuen

Abschließend soll für den Bereich Konflikte festgehalten werden, welche Intensität der Konflikt hat. Entscheidend bei der Einschätzung der Intensität ist die Wahl der eingesetzten Mittel, nicht aber die Gruppenstärke der Parteien (diese war Gegenstand der Variable Konfliktbeteiligung s.o.). Stehen sich zwei Lager, Personen, Staaten gegenüber und sind sich lediglich uneinig über eine Sache oder eine Entscheidung, wird eine schwache Intensität (1) codiert. Auf der entgegengesetzten Seite des Kontinuums rangieren gewaltsame Konflikte, die mit massivem Waffeneinsatz ausgetragen werden und (viele) Opfer fordern (5). Marschiert die USA mit all ihrem militärischen Potenzial in Kuweit ein, so ist 5 zu codieren. Regional begrenzte Bürgerkriege, Anschläge mit vielen Toten sind mit 4 zu verschlüsseln. Ausschreitungen bei Demonstrationen oder Rangeleien unter Fußballfans werden mit 3 verschlüsselt, lautstarke (aber gewaltfreie) Auseinandersetzungen zwischen politischen Lagern in Parlamenten bspw. werden mit 2 verschlüsselt. Konflikte schließlich, die zwar vorhanden sind, aber (wenn überhaupt) eher sachlich in Diskussionen oder auch über die Medien ausgetragen werden, sind mit 1 zu verschlüsseln. Im Falle Sarrazins wäre hier also 2 zu codieren, da Proteste und Kritik zum Teil heftig, aber gewaltfrei waren.

Schlüsselplan Konflitkintensität:
starke Intensität 5   4   3   2   1   schwache Intensität

Geografische Reichweite
Als weiterer Indikator für einen Bedeutungsgewinn von Religion wird die geografische Reichweite der dargestellten Entscheidungen, Stellungnahmen etc. festgehalten. Analysiert werden soll auf diese Weise, ob Religion in einem bestimmten (z. B. nationalen) Rahmen verbleibt oder mit der Zeit über die ursprünglichen Grenzen hinausweist, sich in größere internationale und transnationale Themen einmischt und größere Reichweiten für die eigenen Entscheidungen beansprucht. Angelehnt ist dieser Gedanke an die Ergebnisse von Buddenbaum, die für den amerikanischen Raum festhält, dass eine Zunahme der Religionsberichterstattung auch mit einer Lösung vom lokalen Kontext einhergeht (Buddenbaum 1986: 601; Buddenbaum 1998: 363). Darüber hinausgehend soll hier nicht nur die Regionalität oder Überregionalität der Themen an sich festgehalten werden, sondern die ganz konkrete Reichweite. Codiert wird dies über zwei Variablen, die in der Auswertung miteinander in Beziehung gesetzt werden – Ereignisort und Bezugsort (vgl. Schenk 2009: 140). Für den Ereignisort wird codiert, auf welchem Kontinent, in welchem Land das Geschehen des Beitrages stattfindet, bzw. seinen Ursprung hat. Der zugeordnete Schlüsselplan umfasst alle Kontinente sowie hierarchisch

7.2 Dimension Themen

untergeordnet einzelne spezifische Länder, für die eine signifikante Häufigkeit in der Berichterstattung angenommen werden kann. So findet sich unter *Europa/ Westeuropa* als spezifisches Land selbstverständlich *Deutschland*, unter *Europa/ Südeuropa* natürlich der *Vatikan* und *Italien*. Neben Europa können der *Nahe Osten, Asien, Afrika, Amerika* als Oberkategorien verschlüsselt werden. In jeder Oberkategorie können weitere Spezifizierungen vorgenommen werden – so findet sich unter dem Nahen Osten *Israel, Iran* und *Irak* als spezifische Nennungen, in *Amerika/Nordamerika* die *USA* usw.. Der hierarchische Aufbau der Kategorie erlaubt es, auch bei geringem Vorkommen spezifischer Nennungen auf den nächst höheren Kategorien auswerten zu können. Entscheidend ist immer der Ereignisort des Themas, der Stellungnahme oder des Ereignisses, welches im Zentrum des Artikels steht, z. B. dessen Auslöser ist. *Ohne konkreten Ereignisort* ist ein Beitrag, der sich beispielsweise prinzipiell mit Moral auseinandersetzt, ein Kunstwerk beschreibt (ohne sich auf ein bestimmtes Museum oder Theater zu beziehen) oder die historischen Wurzeln des Weihnachtsfestes zum Gegenstand hat. Geht es hingegen um die spezielle Art und Weise, wie in *Südamerika* oder speziell Brasilien das Weihnachtsfest begangen wird, ist *Südamerika* (600) bzw. *Brasilien* (601) zu codieren. Sollte es sich um Ereignisse, Themen etc. handeln, die sich keinem einzelnen Land oder Kontinent zurechnen lassen, sondern mehrere Länder oder Kontinente in die Berichterstattung einbeziehen, so ist *transnational/global* (900) zu codieren. Ein Beispiel für transnational wäre ein Internetkunstprojekt, an dem zeitgleich Israel und Deutschland beteiligt sind. Da nicht alle Länder einzeln im Schlüsselplan den Kontinenten bzw. Hemisphären zugeordnet werden konnten, es aber z. B. in Afrika schwierig sein kann, einzelne Länder Nord- Süd- Ost- oder Westafrika zuzuordnen, wurde den Codierern die Zuordnung nach der *United Nations Statistic Devision* der UN zur Einordnung an die Hand gegeben.

Nachdem der Ort codiert wurde, an dem das Ereignis stattfand oder die Stellungnahme getätigt wurde, wird anschließend der Ort codiert, auf den das Ereignis Auswirkungen haben wird, auf den sich die Stellungnahme oder das Thema bezieht oder auf den in der Berichterstattung generell verwiesen wird. So wird ein Zusammentreffen der EU-Kommission in Brüssel hinsichtlich des Einsatzes von Blauhelmtruppen im Kosovo für den Ereignisort mit 124 (*Benelux*) verschlüsselt, für den Bezugsort jedoch mit 133 (*Jugoslawien*) codiert. Ein Treffen des UN-Sicherheitsrates in New York (*USA*, 501), in dem es um den Umgang mit dem weltweiten Terror geht, wird mit *transnational/global* (900) codiert. Ein in Deutschland verfasster Leserbrief (*Deutschland*, 121), der sich ganz allgemein mit sakralen Bauten befasst, wird *ohne konkreten Bezugsort* (999) codiert. Der Schlüsselplan entspricht vollständig dem der Variable Ereignisort. In der Auswertung werden diese beiden Variablen zusammengeführt, sodass eine Analyse der Reichweite über die geografischen Räume (z. B. Deutschland, Europa, global) vorgenommen werden kann. Wie eingangs beschrieben, sind das Vorkommen eines Konfliktes und die geografische Reichweite Faktoren, die stark am Thema hängen, auch wenn sicherlich Selektionsentscheidungen seitens der Journalisten mit darüber entscheiden, ob ein vorhandener Konflikt präsentiert wird oder die eigentliche Reichweite des Ereignisses, der Entscheidung, des Themas in der Präsentation ausgeweitet oder reduziert wird. Etwas quer zu der systematisierenden Unterscheidung von an das Thema gebundenen Variablen und Variablen auf Darstellungsebene liegt die Erfassung der in der Berichterstattung verwendeten Aspekte. Diese können einmal über das Thema an sich gegeben sein, können aber auch als Argumente von Journalisten oder ausgewählten Experten eingebracht werden. Aspekte können also sowohl Themenvariablen sein als auch Darstellungsvariablen. Daher werden sie hier auch zwischen den eingangs genannten Subdimensionen vorgestellt.

Aspekte

Die im Folgenden beschriebenen Aspekte basieren ausschließlich auf der (theoretischen) Literatur, wie sie in den ersten Kapiteln ausgeführt wurde. Im Prinzip sind dies Argumente, die häufig für oder gegen die Rückkehr der Religion ins Feld geführt werden. Sie werden hier allerdings nicht als Argumente gefasst, da sie selbst auch Gegenstand der Berichterstattung sein können. Daher wurde der umfassendere Begriff Aspekte gewählt. Sie sind relativ abstrakt, also eher genereller Natur. Dies liegt daran, dass aufgrund des langen Analysezeitraumes keine themenspezifischen Argumente/Aspekte definiert werden können, bzw. die Liste entsprechend lang wäre, weswegen auf Argumente/Aspekte zurückgegriffen werden muss, die abstrakt genug sind, über die gesamte Zeit aktuell sein zu können – quasi mehrere Argumente zu unterschiedlichen Themengebieten auf sich vereinen können.

Codiert wird für jeden Aspekt, ob er in dem Beitrag *angesprochen* (1) oder *nicht angesprochen* (0) wird. Als angesprochen codiert wird jeder Aspekt, der implizit oder explizit in dem Beitrag Erwähnung findet. Dabei ist es zunächst unerheblich, ob der Aspekt Anlass oder Gegenstand des Beitrages ist oder lediglich ein Argument in einer Debatte darstellt. Bei dieser Codierung ist zunächst auch völlig egal, wie der Aspekt im Beitrag bewertet wird. Im Folgenden werden die möglichen Aspekte kurz beschrieben.

Der erste mögliche Aspekt – *christliche Werte gut für die Gesellschaft* – stellt speziell christliche Werte, wie z. B. Nächstenliebe als gut, richtig oder gar notwendig für die Gesellschaft heraus. Er betont diese z. B. als wünschenswerte moralische Grundlage für politische Entscheidungen gerade in Zeiten des Werteverfalls oder als generell wünschenswerte Grundlage für eine bessere, z. B. solidarischere Gesellschaft. Dieser Aspekt wird auch codiert, wenn auf die Vorbildwirkung von Religion oder religiösen Akteuren abgehoben wird.

Der Aspekt *christliche Religion essenziell für die europäische Kultur* wird codiert, wenn festgestellt wird, dass das Christentum kulturbildend in Europa wirkte, so z. B. die europäische Kultur und Tradition im Christentum wurzelt und dieser Einfluss nicht einfach negiert werden kann. Dieser Aspekt sollte vor allem im Zuge der Leitkulturdebatte in Deutschland, die Ende 2000 losgetreten wurde und knapp ein Jahrzehnt die Bundespolitik beschäftigte, relevant sein.

Für die ersten beiden Aspekte ist der Bezug zum Christentum wesentlich. Sie spiegeln tatsächlich im Diskurs genannte Gründe für Notwendigkeit von Religion in Gesellschaft (und Politik) wider (vgl. Kap. 3 Religion und Politik). Für alle weiteren Aspekte ist die spezifische Religion, auf die sich der Aspekt bezieht, unwesentlich, da es sich um generelle Funktionen und Eigenschaften von Religion handelt (vgl. Kap. 4 Religion und Gesellschaft).

Mit dem Aspekt *Religion als Identifikationsgrundlage* wird betont, dass Religion zur Identifikation des Individuums beiträgt, indem es eine Konstante, eine Grundlage der Gesellschaft darstellt und Orientierung für jeden Einzelnen bietet. Dies kann z. B. in einem Beitrag der Fall sein, in dem vermutet wird, dass Religion im Aufwind ist, weil Menschen in Zeiten der Globalisierung nach einem Halt suchen, einer Gruppe, mit der sie sich identifizieren können und die die eigene Person (oder Gruppe) gegen andere (positiv oder negativ) abgrenzt.

Selbstverständlich wird auch die *Rückkehr der Religion* als Aspekt separat codiert. Dazu gehören Verweise auf das Wiedererstarken religiöser Vorstellungen, Zunahme individueller Religiosität oder generell eine Zunahme von Spiritualität. Der Aspekt wird auch codiert, wenn es um den starken Zulauf zu neuen religiösen Strömungen (wie z. B. Pfingstler und Evangelikale) zum Beispiel im ehemaligen Ostblock geht, oder darauf verwiesen wird, dass sich immer mehr Politiker religiöser Metaphern oder Verweisen auf religiöse Werte bedienen.

Als Gegenpol zur Rückkehr der Religion wird *Säkularisierung* als Aspekt erfasst, wenn speziell dieses Konzept im Beitrag Erwähnung findet. Dies ist z. B. dann der Fall, wenn auf die säkulare Verfassung von Staaten Bezug genommen oder generell die Trennung von Staat und Kirche erwähnt wird. Dabei ist es erst einmal unwesentlich, ob die Trennung von Staat und Kirche angemahnt, einfach festgestellt oder in Gefahr gesehen wird. Ausgewählt wurde dieser Aspekt, weil viele religiöse Konflikte dazu genutzt werden ganz grundlegend über die Säkularität von Staaten zu diskutieren (vgl. Berkowitz & Eko 2007: 784).

Gerade angesichts der unterstellten Konfliktanfälligkeit und Konflikträchtigkeit von Religion (s.o.) soll *Religion als Gefahr* codiert werden, wenn Religion als gefährlich dargestellt wird, da sie beispielsweise Konflikte produziert oder verstärken kann. Dies ist z. B. dann der Fall sein, wenn Religion aktuell oder perspektivisch als Ursache für einen Konflikt festgestellt wird. Der Aspekt wird auch codiert, wenn für Individuen festgestellt wird, dass Religion sie von der Ausbildung eigener, rationaler Wertvorstellungen abhält, dass man sich hinter Religion verstecken kann, dass Religion Menschen unselbstständig in Handeln und Denken macht.

Die rein quantitative Erfassung der Aspekte reicht jedoch noch nicht aus – es muss noch eine Bewertung der Aspekte im Sinne von Annahme oder Ablehnung erfasst werden. Das reine Vorkommen zeigt nur an, welcher Aspekt im öffentlichen Diskurs steht. Die Bewertung zeigt quasi an, in welche Richtung die Diskussion verläuft. So weist die reine Nennung des Säkularisierungsaspektes auf die Wichtigkeit des Aspektes im Zusammenhang mit dem Religionsdiskurs hin, während die Bewertung Auskunft darüber gibt, ob Säkularisierung noch als tatsächlich gegeben oder als gefährdet angesehen wird. Für jeden genannten Aspekt wird daher zusätzlich festgehalten, ob er *bestätigt* (1) oder *widerlegt* (2) wird. Wird die Aussage, dass christliche Werte wünschenswert für die Gesellschaft sind, explizit bejaht, so wird für den ersten Aspekt *bestätigt* (1) codiert. Wird die Rückkehr der Religion als Gefahr gesehen, so wird zunächst für die beiden Aspekte (4 und 6) vorhanden codiert, anschließend für beide Aspekte *bestätigt* (1) verschlüsselt. Als bestätigt ist auch jeder Aspekt zu codieren, der nicht explizit bestätigt oder bejaht wird. Zur Bestätigung reicht das Fehlen einer Widerlegung aus. Wird also bspw. die säkulare Verfasstheit der meisten europäischen Staaten festgestellt und erfährt keinerlei weitere Diskussion, also auch keine Widerlegung, so ist auch hier *bestätigt* (1) für den Aspekt 5 zu codieren. Für jeden Aspekt, der explizit verneint oder widerlegt wird, wird *Aspekt widerlegt* (2) codiert. Wird etwa die These vertreten und ausgeführt, dass von einer Rückkehr der Religion in Deutschland nicht die Rede sein kann, so wird für diesen *Aspekt widerlegt* (2) codiert. Als widerlegt würde auch codiert werden, wenn ausgeführt wird, dass die Religion nie aus der Gesellschaft verschwunden ist. *Aspekt ambivalent* (3) wird codiert, wenn sowohl eine Bejahung als auch eine Verneinung stattfindet. Dies kann zum Beispiel der Fall sein, wenn ein Beitrag die steigende Anzahl von Kirchenaustritten dem Zulauf bei Freikirchen (z. B. Evangelikale) gegenüberstellt. In diesem Fall wird der zweite Aspekt Rückkehr der Religion sowohl bejaht, als auch verneint – also insgesamt *ambivalent* behandelt.

7.2 Dimension Themen

Schlüsselplan Diskussion Aspekt:
Aspekt bestätigt   1
Aspekt widerlegt   2
Aspekt ambivalent   3

Dem oben dargestellten Problem geschuldet, dass die Aspekte entweder Gegenstand der Berichterstattung sind oder als Argumente innerhalb einer Diskussion verwendet werden können, wird als zweites Merkmal für jeden genannten Aspekt festgehalten, welche Stellung er in der Berichterstattung einnimmt. Befasst sich ein Beitrag ausführlich mit einem Aspekt, dann ist *Gegenstand der Berichterstattung* (2) zu codieren. Wird der Aspekt als *Argument* oder schlichter *Fakt* (1) in einer Diskussion angeführt, so wird entsprechend codiert. Diskutiert ein Beitrag die Frage, ob das Christentum das kulturelle Fundament Europas darstellt, so ist für den zweiten Aspekt (Christentum als Grundlage Europas) *Gegenstand der Berichterstattung* (2) zu codieren. Ein Beitrag, der sich mit dem Streit um das Anbringen von Kruzifixen in öffentlichen Gebäuden befasst und in dem der Verfasser dies befürwortet, weil er das Kruzifix als Ausdruck einer Kulturtradition Europas und nicht als Ausdruck eines Glaubensbekenntnisses wertet, so ist in diesem Fall der zweite Aspekt lediglich als *Argument in einer Debatte* (1) zu fassen.

Schlüsselplan Stellung Aspekt:
Argument/Fakt   1
Gegenstand   2

Ressort
Zur journalistischen Darstellungsweise – der zweiten Subdimension der Dimension Themen (s.o.) – gehört die Einordnung in bestimmte Ressorts. Da es in Deutschland keine festen Ressorts für Religion und Kirche gibt, soll mit der Erfassung der Ressortverteilung innerhalb der Berichterstattung über Religion und Kirche festgestellt werden, ob sich Religion und Kirche im Sinne einer zunehmenden thematischen Vielfalt und einer größeren Relevanz für immer mehr Lebensbereiche über die Jahre mehr Ressorts erobert, bzw. in spezifischen Ressorts (z. B. Politik) immer stärker vertreten ist. Die grundlegende Fragestellung bzw. Argumentation entspricht der des Themas, wobei hier die Aufbereitung durch die Journalisten eine Rolle spielt und nicht das originäre Thema der Berichterstattung. Die Ressorts der einzelnen Beiträge wurden beim Archivieren des Untersuchungsmaterials – zusammen mit Datum, Wortzahl und Medium – direkt aus den Archiven der Tageszeitungen übernommen und müssen somit vom Codierer nur aus dem Dateinamen abgelesen werden. Aufgrund der unter-

schiedlich detaillierten Aufteilung der Ressorts bei den beiden Tageszeitungen werden die Ressorts zunächst offen verschlüsselt (mit Kürzeln) und anschließend in der Auswertung nachcodiert (siehe Kap. 9 Auswertung). Auf diese Weise ist ein direkter Vergleich der beiden Tageszeitungen, wenn auch auf einem allgemeineren Niveau, möglich. Zusätzlich kann – sofern notwendig – auf die originale Ressortaufteilung der Tageszeitungen zurückgegriffen werden. Auf diese Weise gehen keine Informationen verloren.

Kontextualisierung und Religionsdiskurs
Angelehnt an die Argumentation der Verschiebung von ereignisbezogener zu thematischer Berichterstattung (s.o.) soll mit der Kontextualisierung die Tiefe der Berichterstattung erfasst werden. Buddenbaum stellt Mitte der 1980er Jahre fest, dass in den 1950er und 1960er Jahren noch kurze Artikel dominieren, ab den 1970er Jahren aber der Anteil der „in-depth-stories" – also der Hintergrundberichterstattung – zunimmt (Buddenbaum 1986: 600f). Mit dem Grad der Kontextualisierung wird festgehalten, ob ein Beitrag lediglich eine Verlautbarung ist – also nur aktuelle Fakten zu einem Thema präsentiert oder den Verlauf eines Ereignisses darstellt – oder ob darüber hinaus eine Einordnung des Ereignisses in einen größeren thematischen Kontext stattfindet. Das kann über Verweise auf und Vergleiche mit ähnlichen Ereignissen oder über die Darstellung von Hintergründen bis hin zu ausführlicheren Diskussionen mit Gegenüberstellung von Argumenten stattfinden. So ist eine Meldung über einen Bombenanschlag in der Londoner U-Bahn solange eine Verlautbarung ohne Kontextualisierung, bis der Anschlag in eine Reihe ähnlicher Anschläge gestellt wird, Verbindungen mit 9/11 hergestellt werden, Terror generell thematisiert wird etc. Finden solche Erläuterungen, Erklärungen, Einordnungen statt, liegt eine Kontextualisierung der Berichterstattung vor. Je nach Umfang der Kontextualisierung ist zwischen einer *einfachen Kontextualisierung* (1), die nur wenige weitere Fakten zur Einordnung bietet, oder einer *umfassenden Kontextualisierung* (2), die viele weitere Hintergrundinformationen liefert, das Ereignis diskutiert, reflektiert etc. zu unterscheiden. Bei einem Bedeutungsgewinn der Religion sollte sich ein Trend zur Kontextualisierung zeigen, da immer mehr Ereignisse relevant werden und auch in Kontexten zu verstehen sind.

Schlüsselplan Kontextualisierung:
einfache Kontextualisierung   1
umfassende Kontextualisierung   2
keine Kontextualisierung   0

7.2 Dimension Themen

Sofern eine Kontextualisierung in der Berichterstattung insgesamt stattfindet, soll separat erhoben werden, ob und wie in der Kontextualisierung über Religion gesprochen wird. In der Variable Religionsdiskurs wird dementsprechend festgehalten, ob in dem Beitrag über Religion, Kirche, Glauben etc. diskutiert wird, ob mit Religion, Glauben etc. argumentiert wird oder Religion gar nicht in der Kontextualisierung vorkommt. Über Religion etc. wird diskutiert, wenn Religion, Glaube, Gläubige, Kirche usw. quasi Gegenstand der Diskussion sind. Dokumentiert ein Beitrag beispielsweise eine innerkirchliche Debatte über das gemeinsame Abendmahl von Protestanten und Katholiken, ist *Diskussion über Religion* (2) zu codieren. Fordert hingegen in einem Beitrag, in dem Gentechnik zentrales Thema ist, der EKD-Vorsitzende ein Verbot entsprechender Forschung, da dies ein unzulässiger Eingriff in die Schöpfung sei, so wird hier Religion als Argument verwendet – dementsprechend wäre *Argumentation mit Religion* (1) zu codieren. Gleiches gilt für einen Beitrag, der sich mit verschiedenen Dimensionen des gesellschaftlichen Wandels auseinandersetzt und in dem ein Akteur eine Besinnung auf die christlichen Grundwerte Europas fordert, um zu einer harmonischeren Gesellschaft zu gelangen. Eine Diskussion über Religion beinhaltet selbstverständlich auch Argumentation mit Religion – in diesem Fall ist die höhere Kategorie *Diskussion über Religion* (2) zu codieren. Findet zwar eine Kontextualisierung statt, diese hat aber nichts mit Religion zu tun, so ist *weder/noch* (0) zu verschlüsseln. Dies ist zum Beispiel dann der Fall, wenn sich ein Kardinal, in einem Bericht über einen Parteitag der CDU, über die aktuellen und vorhergehenden Standpunkte der Partei zur Laufzeit von Atomkraftwerken äußert. Sofern nicht bspw. auf die Bewahrung der Schöpfung hingewiesen wird, ist hier *weder/noch* (0) zu verschlüsseln, da weder über Religion diskutiert noch mit Religion argumentiert wird, sondern lediglich ein religiöser Vertreter seine Meinung zu einem gänzlich anderen Thema kundtut.

Eine isolierte Analyse dieser Variable bringt zunächst keine Argumente für oder gegen die Rückkehr der Religion. Finden sich vermehrt Beiträge, die über Religion diskutieren oder mit Religion argumentieren, spräche dieses sicher für einen Bedeutungsgewinn. Allerdings spricht ein Mehr an Beiträgen ohne zentralen Religionsdiskurs noch nicht gegen einen solchen. Finden sich nämlich in solchen Beiträgen vermehrt religiöse Akteure, die sich quasi außerhalb ihrer Sphäre zu Themen und Diskussionen äußern, ist dies wiederum ein Argument für die Rückkehr der Religion. Diese Variable kann also nur in Kombination mit anderen Variablen wie Thema oder Akteur wichtige Daten liefern.

Schlüsselplan Religionsdiskurs:
Argumentation mit Religion   1
Diskussion über Religion   2
weder/noch   0

Darstellungsform

Bei der Feststellung der Darstellungsform geht es hauptsächlich darum, ob Religion und Kirche Gegenstand der üblichen Berichterstattung sind, oder ob und in welchem Maße es zu Diskussionen innerhalb des Mediums – gemessen am Anteil meinungshaltiger Berichterstattung – kommt. Relevant ist hier vor allem das eventuell zunehmende Aufkommen von redaktionellen Meinungsformen (wie z. B. Glossen) und Leserbriefen. Bei einem Bedeutungsgewinn von Religion sind hier verschiedene Muster möglich. Zum einen würde eine kontinuierlich zunehmende Berichterstattung, die darüber hinaus objektiver Natur und lediglich Verlautbarung (vgl. Kontextualisierung) ist, für eine Normalisierung der Berichterstattung sprechen. Und zwar in dem Sinne, dass Religion und Kirche zu einem selbstverständlichen Gegenstand der tagesaktuellen Berichterstattung geworden sind. Im Gegensatz dazu würde eine sporadische Berichterstattung, die sich an den ‚hot buttons' der Religion entzündet und ebenso sporadisch hauptsächlich subjektive – also meinungshaltige Beiträge nach sich zieht – für eine bleibende Bindung an bestimmte Ereignisse und Themen sprechen. Eine kontinuierlich zunehmende Berichterstattung, bei steigendem Aufkommen der subjektiven Beiträge, würde wiederum für einen Bedeutungsgewinn und einen hohen Diskussionsbedarf sprechen. Bosshart (1987: 12) folgend könnte auch angenommen werden, dass sich der Tenor von Leserbriefen und redaktionellen Beiträgen unterscheidet.

Grundsätzlich unterscheidet man journalistische Darstellungsformen nach der vorrangigen Präsentation von Fakten (objektiv) bzw. deren Vermischung mit Meinungen (subjektiv). Unterschieden wird hier zunächst generell zwischen *klassischen Informationsformaten* (10) wie Nachricht, Bericht und Meldung, die sich auf Fakten konzentrieren. Bei der Mehrheit der Beiträge einer Zeitung handelt es sich um Nachrichtenbeiträge, also solche, in denen mehr oder weniger umfangreich Fakten berichtet werden. So werden Abläufe von Ereignissen geschildet oder Daten präsentiert. Im Kern handelt es sich bei Nachrichtenbeiträgen um objektive Darstellungen des Geschehens, ohne dass die eigene Meinung des Verfassers in die Berichterstattung mit einfließt. Auch Beiträge, in denen der Verfasser Meinungen anderer dokumentiert, letztlich aber nicht selbst seine Meinung explizit äußert, sind als *klassische Informationsformate* (10) zu codieren. Davon zu unterscheiden ist die *meinungshaltige Berichterstattung* (20), in der der Verfasser (meist eine Einzelperson, ein Journalist, ein Leser oder ein Experte) seine persönliche Meinung zu einem Thema oder einem Ereignis wiedergibt. Diese Darstellungsform ist also rein subjektiv, auch wenn einzelne Fakten für die Argumentation des Verfassers herangezogen werden. Die Meinungsformen werden noch einmal unterschieden nach *Leserbriefen* (21) (welche von Nicht-Journalisten verfasst und meist als „Leserbriefe", „Briefe an die Redaktion" oder Ähnliches gekennzeichnet sind), *Feuilletonbeiträgen* (22) (sofern diese Meinungen und Wertungen enthalten und nicht einfach nur über eine Preisverleihung berichten; sie befinden sich im entsprechenden Ressort) und allen sonstigen *redaktionellen Meinungsformen* (23) wie Kommentar, Leitartikel, Glosse, Kolumne (die als solche ausgewiesen werden). Handelt es sich eindeutig um eine Meinungsform, die jedoch nicht weiter spezifiziert werden kann, so wird allgemein *meinungshaltige Berichterstattung* (20) codiert.

Eine dritte Kategorie bilden *Mischformen* (30), die sowohl Fakten präsentieren, als auch Meinungsäußerungen beinhalten und bei denen nicht entschieden werden kann, welcher Anteil überwiegt. Hierzu gehören vor allem Reportagen, wie bspw. Reisereportagen, die sowohl Fakten über das Land aber auch persönliche Eindrücke des Verfassers wiedergeben.

Gesondert werden ebenfalls *Interviews* (40) codiert, bei denen per se nicht feststellbar ist, ob sie objektiv oder subjektiv sind. Als Interview zählen nur solche Beiträge, die durchweg eine Abfolge von Fragen und Antworten wiedergeben. Einzelne Interviewaussagen in einem Beitrag eingestreut, qualifizieren diesen noch nicht als Interview.

Schlüsselplan Darstellungsform:
klassische Informationsform	10	
Meinungshaltige Berichterstattung	20	
Leserbrief		21
Feuilletonbeiträge		22
Redaktionelle Meinungsform		23
Mischform	30	
Interview	40	

Tenor

Eindeutig zum Bereich der journalistischen Aufbereitung – also dem *Wie* der Berichterstattung – zählt der Tenor der Beiträge. Bei dem Tenor eines Beitrages handelt es sich um den Gesamteindruck, den ein Leser nach einmaliger Rezeption erhalten kann. Der Tenor ist dabei weder an bestimmte Themen, Akteure oder explizite Bewertungen seitens des Journalisten gebunden. Erfasst werden global sowohl Evaluationen als auch Prognosen. Der Grundtenor wird auf einem Kontinuum zwischen *optimistisch/positiv* (+2) und *pessimistisch/negativ* (-2) angegeben.

Ist in dem Beitrag hauptsächlich von positiven Entwicklungen die Rede (Arbeitslosigkeit wirksam bekämpft, Konfliktparteien setzen sich an einen Tisch, Wirtschaftskrise überwunden) wird *optimistisch/positiv* (+2) verschlüsselt. Positiv (+2) sind alle Beiträge, die nahezu ausschließlich Lösungen dokumentieren oder durchweg positive Ereignisse und Entwicklungen schildern. Ist hingegen hauptsächlich von Krisen und Konflikten die Rede (Überschwemmungen, Streiks, Anschläge), ohne dass Lösungen in Sicht sind bzw. die Krisen und Konflikte immer wieder auftreten werden, wird *pessimistisch/negativ* (-2) verschlüsselt. Mit den Werten zwischen den Polen kann man die Bewertung abstufen. So beschreibt +1 einen eher, aber nicht durchweg optimistischen/positiven Grundtenor. Dies ist zum Beispiel der Fall, wenn der Beitrag überwiegend weitreichende positive Entwicklungen aufzeigt und nur am Rande noch nicht gelöste Teilprobleme dokumentiert werden. Entsprechend wird -1 verschlüsselt, wenn es sich um einen eher, aber nicht durchweg pessimistischen/negativen Grundtenor handelt – es zwar um Probleme geht, aber ein Licht am Ende des Tunnels zu erkennen ist. Die Mittelkategorie (0) beschreibt einen ambivalenten Grundtenor. Dieser liegt vor, wenn positive wie auch negative Aspekte und/oder Entwicklungen im Gleichgewicht scheinen, gleich viele oder gleich starke positive und negative Aspekte/Entwicklungen geschildert werden. *Kein Tenor* (999) ist vorhanden, wenn der Beitrag lediglich etwas berichtet, ohne dass positive oder negative Aspekte erkennbar wären. Dies ist zum Beispiel der Fall, wenn berichtet wird, dass die Arbeitslosenquote 13 Prozent beträgt. Aufgrund des langen Analysezeitraumes ist hier nicht ohne Weiteres feststellbar, ob dies eine gute oder eine schlechte Nachricht ist. Wird hingegen berichtet, dass die Arbeitslosenquote auf 13 Prozent gefallen ist, wäre *optimistisch/positiv* (+1 oder +2) zu codieren. Im Gegensatz dazu wird *pessimistisch/negativ* (-1 oder -2) verschlüsselt, wenn berichtet wird, dass die Arbeitslosenquote auf 13 Prozent gestiegen ist.

Schlüsselplan Tenor:
optimistisch/positiv +2   +1   0   -1   -2 pessimistisch/negativ
nicht genannt (kein Tenor/neutral)   999

7.3 Dimension Akteure

Nach der Erfassung des Volumens der Berichterstattung, der behandelten Themen und der (journalistischen) Aufbereitung werden in einer dritten Dimension die Akteure erfasst, die die Religionsberichterstattung aktiv oder passiv mit gestalten. Akteure werden hier sowohl weit als auch spezifisch gefasst. So werden

7.3 Dimension Akteure

Vorkommen und Valenz einzelner Religionen erfasst, darüber hinaus aber auch Quellen von ganzen Beiträgen oder einzelnen Aussagen. Akteure, deren Handeln zentral für die Berichterstattung ist, werden ebenso erfasst wie Personen, auf die innerhalb der Berichterstattung lediglich verwiesen wird.

Zunächst wird erfasst, welche Religionen und Konfessionen in der Berichterstattung überhaupt vorkommen und wie diese bewertet werden. Vorkommen und Bewertung können mit einer Variablen erfasst werden. Wird eine Religion innerhalb eines Beitrages evaluiert, setzt dies ihr Vorhandensein in der Berichterstattung voraus, sodass hier keine getrennten Variablen notwendig sind. Die Religionen werden getrennt nach den großen christlichen Konfessionen, sowie den zwei weiteren großen monotheistischen Religionen (*Islam* und *Judentum*) verschlüsselt. Zu den großen christlichen Konfessionen zählen die drei für Europa kulturbildenden Konfessionen römisch-katholisch (katholisch), evangelisch-lutherisch (protestantisch) sowie griechisch bzw. russisch orthodox (orthodox). Sie werden separat codiert, da sie jeweils über eine sehr große Basis in der Gesellschaft und eine lange Tradition verfügen. Sie werden auch als Volkskirchen bezeichnet und sind in ihrem Bereich mit den großen Volksparteien im politischen Bereich vergleichbar. Zum protestantischen Bereich wird hier neben den Evangelisch-lutherischen (Landes-) Kirchen auch die Anglikanische Kirche gezählt. Freikirchen, wie Baptisten, Pfingstkirchen, Pietisten etc. sind unter sonstigen christlichen Glaubens-gemeinschaften zu verschlüsseln. Sie haben nicht die gleiche Bedeutung wie die großen Volkskirchen, sind zum großen Teil erst viel später entstanden und konnten aufgrund ihrer Größe und/oder Entstehungsgeschichte nicht so kulturbildend für Europa wirken wie die Volkskirchen. Normalerweise werden die Freikirchen in der Berichterstattung explizit genannt. Sollte keine Spezifizierung der jeweiligen christlichen Konfession (Katholizismus, Protestantismus, Orthodoxie, sonstige) aus dem Beitrag heraus möglich sein, wird allgemein Christentum verschlüsselt. Die neben dem Christentum existierenden monotheistischen Religionen Islam und Judentum werden verschlüsselt, ohne dass hier noch eine Spezifizierung nach Konfessionen oder Glaubensrichtungen vorgenommen wird.

Für alle Religionen bzw. Glaubensgemeinschaften wird erfasst, wie Religion, Glaube, Kirche im Beitrag bewertet werden. Wie beim Tenor ist nicht eine explizite Bewertung der jeweiligen Religion im Beitrag (z. B. durch den Autor) von Belang, sondern wie die Religion selbst oder ihre Anhänger im Beitrag aus der Perspektive eines durchschnittlichen Lesers ‚wegkommen'. Für jede der Glaubensgemeinschaften bzw. Konfessionen wird deren Valenz auf einer Likert-Skala von *sehr positiv* (+2) bis *sehr negativ* (-2) festgehalten. *Sehr positiv* (+2) ist eine Darstellung, wenn die Religion, ihre Gläubigen, die Gemeinschaft der Gläubigen als gut, wichtig oder wesentlich für Andere, die Gesellschaft oder die Kultur dargestellt wird oder/und wenn positive Ereignisse und Entwicklungen geschildert werden, die von der jeweiligen Religion oder ihren Gläubigen ausgehen oder mit diesen in Zusammenhang stehen. *Sehr negativ* (-2) hingegen wird codiert, wenn die Religion, ihre Gläubigen oder die Glaubensgemeinschaft ein Hemmschuh für gesellschaftliche Entwicklungen sind, negative Entwicklungen verursachen, Unfriede und Konflikte durch sie gezeitigt werden. Mit den Werten dazwischen wird die Valenz wiederum abgestuft. So wäre -1 zu codieren, wenn die Religion, ihre Gläubigen, die Glaubensgemeinschaft zwar grundsätzlich keine Probleme verursachen aber zumindest zeitweilig zu Verstimmungen und Konflikten führen bzw. die jeweilige Religion auch kritisch gesehen wird. Entsprechend ist +1 zu codieren, wenn Religion, Gläubige oder Glaube zwar nicht als wesentlich aber zumindest hilfreich, gut oder unterstützend für Einzelne, die Gesellschaft, den Staat, die Kultur dargestellt wird aber auch einzelne Probleme angesprochen werden. Wie in der Kategorie Tenor beschreibt die Mittelkategorie (0) eine ambivalente Valenz von Religion, Gläubigen und Glauben. Diese liegt vor, wenn sowohl positive als auch negative Aspekte gleichermaßen angesprochen, gleich viele oder gleich starke positive und negative Aspekte geschildert werden. Wenn der Beitrag lediglich eine Religion oder religiöse Akteure nennt, ohne dass auf ihre Funktionalität eingegangen oder in irgendeiner Form eine Bewertung vorgenommen werden kann, wird *nicht genannt* (999) codiert. Wenn eine Religion gar nicht im Beitrag vorkommt (oder im Falle des Christentums keine Spezifizierung vorgenommen werden kann), ist für diese *nicht zutreffend* (777) zu codieren. Über die letztgenannten Codierungen 999 und 777 kann – wie oben angedeutet – in der Auswertung eine neue Variable gebildet werden, die unabhängig von der Bewertung das reine Vorkommen der einzelnen Religionen, Glaubensgemeinschaften bzw. Konfessionen widergibt.

Schlüsselplan Valenz Religionen/Konfessionen:
Christentum sehr positiv +2 +1 0 -1 -2 sehr negativ
Katholisch sehr positiv +2 +1 0 -1 -2 sehr negativ
Protestantisch sehr positiv +2 +1 0 -1 -2 sehr negativ
Orthodox sehr positiv +2 +1 0 -1 -2 sehr negativ
Sonstige Christliche Glaubensrichtungen
 sehr positiv +2 +1 0 -1 -2 sehr negativ
Islam sehr positiv +2 +1 0 -1 -2 sehr negativ
Judentum sehr positiv +2 +1 0 -1 -2 sehr negativ
nicht zutreffend (Glaubensrichtung kommt im Beitrag nicht vor) 777
nicht genannt (keine Valenz vorhanden) 999

7.3 Dimension Akteure

Wie im fünften Kapitel (Religion und Medien) beschrieben, verfügen die großen christlichen Kirchen in Deutschland über spezialisierte Agenturen. Bei einem Bedeutungsgewinn, bzw. einer Professionalisierung (dies kann erst in der Auswertung festgestellt werden), sollten diese Agenturen vermehrt alleinige oder zusätzliche Quelle der Beiträge sein. Angesichts der Tatsache, dass auch evangelikale Bewegungen an Bedeutung gewinnen (vgl. Riesebrodt 2007: 252), wird der Vollständigkeit halber auch die Agentur *idea* (12) als Subkategorie aufgenommen. Es können bis zu drei Quellen erfasst werden. Getrennt von den *Agenturen* (10) werden *Redaktionen* (20) und *einzelne Personen* (30) erfasst. Ein klassisches Beispiel für den Redaktionsbeitrag wäre das „Streiflicht" der SZ, welches explizit als Redaktionsbeitrag, also quasi als Gemeinschaftsarbeit einer Redaktion ausgewiesen wird. Einzelne Personen als Quelle können Leserbriefschreiber, Expertenbeiträge oder klassische redaktionelle Beiträge, verfasst von namentlich ausgewiesenen Journalisten, sein. Die Kategorie Personen wird offen als Stringvariable erfasst. Hier soll das Kürzel (vor allem) der Journalisten eingetragen werden. Hintergrund ist die Feststellung, dass es zwar eigentlich keine offiziellen Religionsjournalisten gibt – da kein solches Ressort existiert (siehe Kap. 5 Religion und Medien) – es allerdings immer wieder im Zusammenhang mit religiösen Themen auftauchende Journalisten gibt, die bei näherer Betrachtung vor allem durch die Ausbildung auf das Thema Religion, Kirche und Glauben abonniert zu sein scheinen. Auch wurde bei der Bearbeitung des Materials festgestellt, dass sich häufig Beschwerden über zu einseitige oder parteiische Berichterstattung innerhalb der Zeitung (z. B. in Form von Leserbriefen) finden, die sich auf einzelne Journalisten beziehen. Um festzustellen, wie groß deren Einfluss auf die Gesamtberichterstattung über Religion, Kirche und Glauben ist, wurde die ursprünglich als numerisch geplante Personenvariable als Stringvariable erfasst und in der Auswertung nachcodiert, um die wiederkehrenden Journalisten(kürzel) identifizieren zu können.

Schlüsselplan Quellen:
Agentur   10
   epd   11
   idea   12
   kap   13
   KNA   14
Redaktion   20
Person   30 → *zusätzlich Kürzel eintragen*

Nach der Erfassung des Vorkommens der Religionen und Konfessionen sowie der Quellen des Beitrages, geht es im Folgenden um die Erfassung der Akteure, die entweder Gegenstand oder Element der Berichterstattung sind, zum Beispiel, indem ihre Handlungen beschrieben bzw. bewertet werden oder weil sie selbst mit Stellungnahmen zur Berichterstattung beitragen. Das Hauptproblem der Kategorienbildung hier ist, wie eingangs erwähnt, der lange Analysezeitraum. Während die bisher genannten Variablen für Religion und Quelle relativ statisch sind, sich über die Jahre kaum verändern (Ausnahme sind selbstverständlich Journalisten, die über die Zeit aus dem Medium ausscheiden oder dieses wechseln können), sieht es bei den eigentlichen Akteuren der Berichterstattung anders aus. So wird der Vorsitzende der deutschen Bischofskonferenz ein über die Zeit für die Erfassung relevanter Akteur sein. Und dies unabhängig davon, welche Person aktuell dieses Amt ausübt. Daher werden für die nachfolgenden Variablen zur Erfassung eigentlich spezifischer Akteure Generalisierungen verwendet, die - vereinfacht gesagt - Amt und Position erfassen, nicht aber die spezifische Person. Eine solche Personenliste über fast 20 Jahre wäre schlicht zu lang für die Codierung. Zumal - anders als in anderen Studien - nicht nur religiöse Akteure erfasst werden sollen, sondern alle Akteure der Berichterstattung (also auch Politiker etc.), um die Sphären miteinander ins Verhältnis setzen zu können. So ist nicht nur von Interesse, ob religiöse Akteure über die Zeit vermehrt oder/und außerhalb ihrer angestammten Sphären in der Berichterstattung vorkommen, sondern darüber hinaus, ob sich so genannte Koalitionen (vgl. Adam 2008: 192f) von Vertretern verschiedener Bereiche finden, die immer wieder in der Berichterstattung auftauchen, aufeinander verweisen oder wiederholt Bezug aufeinander nehmen. Erfasst werden neben Urhebern von Stellungnahmen und Aspekten aktive und passive Akteure in der Berichterstattung.

Als Anlass der Berichterstattung wurde festgehalten, ob ein Ereignis, eine Stellungnahme oder ein aktuelles Thema ursächlich für den Beitrag ist. Für Stellungnahmen soll zusätzlich erfasst werden, wer der Urheber ist - also wer die entsprechende Äußerung getätigt hat. Dies geschieht über die Definition des Bereiches, aus der der Urheber kommt. Verwendung findet hier die Skala, die schon bei anderen thematischen Variablen verwendet wurde. Unterschieden wird also nach *Politik, Religion, Kunst&Kultur, Wirtschaft, Gesellschaft, Justiz, Sport, Bildung&Wissenschaft, Umwelt&Natur* sowie *Medien*. Im Bereich Religion wird noch einmal die bereits beschriebene Differenzierung der einzelnen Religionen bzw. Konfessionen vorgenommen.

Zum Bereich *Politik* (10) gehören somit alle Politiker und Parteien bzw. Parteimitglieder, wenn sie als solche ausgewiesen werden. Zum Bereich *Religion* (20) werden alle geistlichen Ämter jedweder Religionsgemeinschaft sowie deren Ge-

7.3 Dimension Akteure

meindemitglieder, also Gläubige gerechnet. Organisationen, die zwar religiös konnotiert sind, sich aber vorrangig allgemein im sozialen Bereich engagieren, wie das Deutsche Rote Kreuz, werden nicht unter dem Bereich *Religion* (20) gefasst, sondern unter *Gesellschaft* (50). Anders verhält es sich mit Organisationen und Institutionen, die direkt einer Glaubensrichtung ,angeschlossen' sind, wie z. B. dem Zentralrat der Muslime. Dieser wäre als vornehmlich religiöser Akteur unter der jeweiligen Religion zu codieren. Schauspieler, Schriftsteller, Künstler generell zählen zum Bereich *Kunst&Kultur* (30). Zur *Wirtschaft* (40) gehören alle Unternehmer aber auch Arbeitnehmer sowie deren Interessensverbände. Der einfache Bürger gehört in den Bereich *Gesellschaft* (50) ebenso wie alle gesellschaftlichen und sozialen Organisationen. Einfache Bürger, die in einer anderen Rolle, z. B. als Muslim sprechen, werden nicht zu *Gesellschaft* (50) gerechnet, sondern wiederum zum Bereich *Religion* (20), hier speziell *muslimisch* (26). Unter dem Bereich *Justiz* (60) werden alle Angehörigen der Judikative und Exekutive subsummiert. Dazu gehören Richter, Anwälte, aber auch Polizisten und sonstige Ordnungskräfte. Auch Armeeangehörige werden hier codiert. In den Bereich *Sport* (70) fallen alle Sportler, Trainer und Agenten, aber auch Verbandsvorsitzende oder die Verbände an sich, wie z. B. der DFB. Zum Bereich *Bildung&Wissenschaft* (80) zählen Lehrer, Professoren aber auch Wissenschaftler freier Forschungsinstitute (wie z. B. auch Markt- und Meinungsforscher), sowie alle Experten, sofern sie der Wissenschaft grundsätzlich zuzuordnen sind. Der Bereich *Umwelt&Natur* (90) erfasst einzelne Umweltaktivisten ebenso wie Organisationen, die in diesem Bereich aktiv sind – z. B. Greenpeace, PETA. Zum Bereich *Medien* (100) gehören auch hier sowohl Einzelpersonen, wie z. B. einzelne Journalisten, wie auch Interessensverbände aus dem Bereich der Medien, etwa der DJV.

Zur weiteren Klassifizierung des Urhebers der Stellungnahme wird festgehalten, ob es sich bei dem Urheber um eine einzelne Person oder einen sogenannten kollektiven Akteur handelt. Kollektive Akteure sind vornehmlich Organisationen. Diese sind wie einzelne Personen auch in der Lage, gemeinsam, d.h. kollektiv Stellung zu beziehen. So kann sich die katholische Bischofskonferenz zu Fragen des Afghanistaneinsatzes in einer Stellungnahme äußern. Hier ist also im ersten Schritt *Religion / katholisch* (22) als Bereich und anschließend *kollektiver Akteur* (2) zu verschlüsseln. Handelt es sich bei dem Urheber der Stellungnahme beispielsweise um Bischof Mixa, so wird zunächst auch *Religion / katholisch* (22) dann aber *einzelne Person* (1) codiert.

Schlüsselplan Urheber Stellungnahme:
einzelne Person   1
kollektiver Akteur   2

Auch für die oben beschriebenen zu codierenden genannten Aspekte wird der Urheber erfasst. Wieder wird der bereits vorgestellt Bereichsplan zur Erfassung verwendet. Wenn der Papst die Wirtschaft aufruft, sich auf die christlichen Werte zu besinnen, um zu einer gerechteren Gesellschaft zu gelangen, dann ist für den Aspekt 1 der Bereich *Religion, katholisch* (22) zu codieren. Kritisiert jemand in einem Leserbrief die mangelnde Trennung von Kirche und Staat in Deutschland, so ist für den Aspekt 5 hier der Bereich *Gesellschaft* (50) zu codieren. Warnt ein Journalist in einem Kommentar vor dem Erstarken des Islam in Europa, ist für den Aspekt 6 der Bereich *Medien* (100) zu codieren. Wird die gleiche Warnung von einem Soziologen mit Verweis auf diverse Studien vorgebracht, so ist der Bereich *Bildung& Wissenschaft* (80) zu codieren.

Aktive und passive Akteure
Eine zentrale Variable für nahezu jede Inhaltsanalyse ist die Erfassung der in der Berichterstattung vorkommenden Akteure. Akteure können dabei einzelne Personen aber auch Organisationen, Parteien oder Unternehmen sein. Üblicherweise wird zwischen Haupt- und Nebenakteuren unterschieden, die sich über ihre Bedeutung im Beitrag oder ihren Anteil in der Berichterstattung definieren. Wie auch zeitgleich in der Studie von Favre (2011) geschehen, soll davon abweichend erfasst werden, wer aktiv im Beitrag ist und wer passiv. Als aktiver Akteur wird codiert, wer mit Wort oder Tat etwas Wesentliches zur Berichterstattung beiträgt, indem er zu Themen Stellung bezieht und/oder auf Probleme verweist. Als aktiv werden auch Akteure verschlüsselt, deren Handeln zentral für die Berichterstattung oder deren Gegenstand ist. Verursacher von Ereignissen werden nur dann als aktive Akteure codiert, wenn sie über die Verursachung des Ereignisses hinaus etwas Wesentliches zur Berichterstattung beitragen, indem sie zum Beispiel in ihrer Motivation näher beschrieben werden, zusätzlich Äußerungen zitiert werden oder Ähnliches. Eröffnet also der Bundestagspräsident eine Sitzung, und ist die Handlung oder das, was er sagt, für den Kern des Beitrages unerheblich, so ist dieser nicht als aktiver Akteur zu codieren. Einfach ausgedrückt: Aktive Akteure tun etwas oder sagen etwas Zentrales, weisen anderen Verantwortung zu, ziehen Aussagen anderer als ‚Zeugen' für die eigene Darstellung heran. Davon zu unterscheiden sind die passiven Akteure. Unter dieser Kategorie sind Akteure zu verschlüsseln, auf die ein anderer (aktiver) Akteur, oder der Verfasser des Beitrages direkt verweist, indem er zu einer Äußerung von ihnen ausführlicher Stellung nimmt, sie (bzw. etwas von ihnen Gesagtes) als Argument heranzieht, sie um Unterstützung ersucht, sie gleichsam als Zeugen für die eigene Darstellung anführt oder/und ihnen Verantwortung zuweist.

7.3 Dimension Akteure

Hinter der Trennung von aktiven und passiven Akteuren steht die Frage, ob im Beitrag jemand redet oder ob über jemanden geredet wird. Aktive Akteure können sich als Autoritäten im Diskurs etablieren (sofern sie auch häufig genug in der Berichterstattung vorkommen). Passive Akteure hingegen legitimieren zumeist aktive Akteure. Diese wiederum profilieren sich über den Verweis auf die passiven Akteure – entweder in Konsonanz oder in Ablehnung – und etablieren sich damit über das reine Vorkommen hinaus im Diskurs. Ein Bedeutungsgewinn der Religion oder der Kirchen kann sich also zunächst über eine Zunahme des Vorkommens entsprechender aktiver Akteure zeigen, die sich im Diskurs etablieren. Aber auch ein vermehrtes Vorkommen von religiösen Akteuren als passive Akteure kann ein Indikator für einen Bedeutungsgewinn sein. In dem Sinne, dass sie kontinuierlich als Legitimation der eigenen Position durch aktive Akteure oder durch die Verfasser der Beiträge herangezogen werden. Auch wenn mit der hier vorgestellten Codierung keine direkten, individuellen Verbindungen im Sinne einer Netzwerkanalyse aufgedeckt werden können, können aber Diskurskoalitionen identifiziert werden, die entweder durch tatsächliche Interaktion der Akteure zustande kommt oder aber durch das Zusammenführen der Akteure bzw. deren Positionen durch den Verfasser des Beitrages. So können zwar nicht wie bei Adam (2008: 192ff) einzelne Kritik- und Unterstützungsbeziehungen zwischen Akteuren identifiziert werden. Aber es können wiederkehrende Muster aus aktiven und passiven Akteuren, die in klar definierbaren Konstellationen zusammen auftreten über dimensionsreduzierende statistische Verfahren wie Clusteranalysen aufgedeckt werden.

Sowohl die passiven als auch die aktiven Akteure werden zunächst den bereits beschriebenen Bereichen *Politik, Religion, Kunst&Kultur, Wirtschaft, Gesellschaft, Justiz, Sport, Bildung&Wissenschaft, Umwelt&Natur* sowie *Medien* bzw. deren Untergruppen zugeordnet. Es können bis zu drei aktive und drei passive Akteure verschlüsselt werden. Relevant für die Auswahl ist das Erscheinen, bzw. die Bedeutung im Beitrag. Über die Bereichsdefinition hinaus soll noch eine weitere Qualifizierung der Akteure vorgenommen werden. Über eine Zuordnung zu Führungsebenen wird der mögliche Einfluss der Akteure erfasst. Ähnlich ging eine Schweizer Studie vor, in der bei allen Akteuren der Status im Sinne von Position und geographischem Kompetenzraum erfasst wurde (vgl. Jecker & Schönhagen 2011: 51). Problematisch ist hierbei die Heterogenität im Aufbau der einzelnen Bereiche. Betrachtet man sich einen Bereich – z. B. Politik – separat, so ist es relativ einfach, Führungsebenen im Sinne von Einfluss zu definieren. An der Spitze stehen hier Staatsoberhäupter und Regierungsmitglieder wie zum Beispiel Bundesminister. Nachgeordnet sind Mitglieder des Bundestages bzw. der Bundesrates (also Ministerpräsidenten). Auf der untersten Ebene finden sich Politiker auf Landes- und Gemeindeebene sowie einfache Parteimitglieder. Ebenso ist es relativ einfach, für die Katholische Kirche entlang der Hierarchien die Führungsebenen mit ihren Protagonisten festzumachen. Auf der obersten Ebene wäre hier der Papst und die (Kurien-)Kardinäle anzusiedeln, gefolgt von den Bischöfen hinunter bis zu Priestern, Vikaren und Laien. Schwierig wird es, die dezentral organisierte Evangelisch-lutherische Kirche Deutschlands mit den Hierarchien der Katholischen Kirche vergleichbar zu machen. Ein Landesbischof würde entsprechend der katholischen Hierarchie auf der zweiten Führungsebene landen, was jedoch nicht seiner Position bzw. seinem Einfluss innerhalb der Kirche oder seiner Außenwirkung entspräche. Da die Einteilung der Akteure in Führungsebenen jedoch als wesentliche und wichtige Erweiterung der Erfassung der Akteure angesehen wird, soll zumindest versucht werden, eine hinreichend vergleichbare Hierarchisierung der Akteure nach Führungsebenen – zumindest für die hier wesentlichen Bereiche der Politik und der Religion (vgl. Kapitel Politik, Religion) – vorzunehmen. Wie bereits beschrieben, geht es bei der Verschlüsselung der Führungsebenen darum, einen möglichen allgemeinen Einfluss, eine mögliche Reichweite der Entscheidungen und eine allgemeine Beachtung insgesamt zu erheben. Akteure ohne großen Einfluss bzw. (fast) ohne Entscheidungsgewalt werden in der *untersten Ebene* (3) codiert. Wichtig ist dabei, dass nicht der Einfluss innerhalb seiner eigenen Sphäre entscheidend ist, sondern gesamtgesellschaftlich gesehen. So hat ein Parteivorsitzender innerhalb seiner eigenen Partei vielleicht einen großen Einfluss, aber nicht auf staatlicher Ebene: Hier haben Staatsoberhäupter, Regierungen, Minister die *oberste Führungsebene* (1) inne. Gleiches gilt für den Priester einer Gemeinde – dort mag er großen Einfluss haben, jedoch nicht generell in der Sphäre der Religion. Politische Akteure können so in Staatsoberhäupter, Mitglieder der Bundesregierung auf der *obersten Führungsebene* (1) und Ministerpräsidenten, Fraktionsvorsitzende auf der *mittleren Führungsebene* (2) unterschieden werden, alle anderen politischen Akteure wie schlichte Parteimitglieder, Bürgermeister kleiner Gemeinden etc. werden auf der *untersten Ebene* (3) codiert. Im Bereich der Religionen landen alle Laien – also der Gläubige, das Gemeindemitglied ohne Funktion – auf der *untersten Führungsebene* (3). Dort finden sich auch Priester bzw. Pfarrer sowie Diakone, Vikare und andere Gemeindemitglieder mit (kleineren) Funktionen innerhalb einer Gemeinde. Auf der *obersten Führungsebne* (1) finden sich bei den Religionen die jeweiligen Religionsführer wie der katholische Papst, der orthodoxe Metropolit bzw. Patriarch und Ayatollahs. Für die dezentral organisierten protestantischen Kirchen (also die deutsche Evangelisch-lutherischer Kirche, die anglikanische Kirche), in denen es keine Religionsführer in dem Sinne gibt, werden die höchsten Ämter auf der *obersten Führungsebene* (1) verschlüsselt. So kann man den Einfluss des

7.3 Dimension Akteure

EKD-Vorsitzenden oder des Erzbischofs von Canterbury sowohl auf gesamtgesellschaftlicher Ebene als auch innerhalb der Konfession als den Religionsführern der anderen Religionen als (nahezu) gleichwertig erachten. Beim Judentum zählen zur *obersten Führungsebene* (1) die Groß- bzw. Oberrabbiner. Auf der *mittleren Ebene* (2) werden bei den Religionen und Konfessionen alle Ämter codiert, die zwar mehr Einfluss als Priester und Laien auf Gemeindeebene haben, aber auch nicht die Autorität oder Entscheidungsgewalt wie die EKD oder der Papst. Dies betrifft bei den christlichen Konfessionen hauptsächlich einfache Bischöfe. Zumindest die Vergleichbarkeit zwischen den hier besonders relevanten christlichen Konfessionen und dem politischen Bereich kann auf diese Weise näherungsweise hergestellt werden. Die genaue Zuordnung der Ämter und Funktionen zu den einzelnen Führungsebenen, getrennt nach Politik und den einzelnen Religionen, wurde für die Codierer im Codebuch einzeln aufgeführt.

Schlüsselplan Führungsebene (für aktive und passive Akteure)
obere Führungsebene 1
mittlere Führungsebene 2
untere Führungsebene 3

Für Akteure aus dem politischen Bereich wird zusätzlich zur Führungsebene noch die Partei erfasst. Dabei können alle deutschen Politiker den entsprechenden Parteien zugeordnet werden. Für ausländische Politiker ist keine Kategorisierung vorgesehen. Dies verbietet sich schon aufgrund der möglichen Vielzahl der Parteien. Auch eine einfache rechts-links Zuordnung setzt zu viel Wissen beim Codierer voraus, weshalb bei ausländischen Politikern auf eine Parteizuordnung völlig verzichtet wird. Dies ist insofern unproblematisch, da es hier ja vor allem um den spezifischen deutschen Diskurs um Religion geht.

Schlüsselplan Partei (für aktive und passive politische Akteure):
CDU 1
CSU 2
FDP 3
Bündnis90/ Die Grünen 4
SPD 5
Die Linke 6
Rechte Parteien (NPD, DSU etc.) 7
Linke Parteien (DKP, MLPD etc.) 8
parteilos 9
sonstige Parteien 10

Für Akteure aus dem Bereich *Religion* (20) und aus dem Bereich *Gesellschaft* (50) wird zusätzlich verschlüsselt, ob es sich um Mitglieder einer religiösen oder einer überkonfessionelle Organisation handelt. Zu den *religiösen Organisationen* (1) zählen zunächst alle Gremien, die sich um die interne Organisation der Kirche oder Glaubensrichtung kümmern. Beispiele sind die Deutsche Bischofskonferenz oder die EKD sowie Organisationen, die eine starke Anbindung an eine Glaubensgemeinschaft haben. Weiterhin zählen zu den religiösen Organisationen solche, die sich nicht nur um religiöse Belange, sondern auch um organisatorische, repräsentative oder allgemein soziale Dinge kümmern, bei denen aber ein deutlicher Bezug zu einer Religion gegeben ist. Ein Beispiel hier wäre die Heilsarmee. Kirchen selbst werden allerdings nicht als religiöse Organisationen codiert. Der Papst wird hier also nicht als Mitglied einer religiösen Organisation codiert. Ein Bischof als Mitglied der Deutschen Bischofskonferenz wird hingegen als Mitglied einer *religiösen Organisation* (1) – nämlich der Deutschen Bischofskonferenz – codiert.

Zu überkonfessionellen bzw. *religionsneutralen Organisationen* (2) zählen Organisationen, die sich vorrangig im sozialen und humanitären Bereich engagieren und dabei nicht auf einer bestimmten Glaubensrichtung basieren oder deren religiöse Basis nicht explizit ist. Das Deutsche Rote Kreuz ist ein Grenzfall, wird hier jedoch als religionsneutrale Organisation gefasst. Handelt es sich um Personen, die weder religiösen noch überkonfessionellen Organisationen zuzuordnen sind (z. B. der einfache Bürger), wird *nicht zutreffend* (777) codiert.

Schlüsselplan Organisation (für aktive und passive religiöse und gesellschaftliche Akteure):
im weitesten Sinne religiöse Organisationen (z. B. Zentralrat der Juden, Zentralrat der
    Muslime, Diakonie, Heilsarmee, Malteser, Johanniter etc.)   1
im weitesten Sinne überkonfessionelle bzw. religionsneutrale Organisationen
    (z. B. Ärzte ohne Grenzen, DRK etc.)   2
nicht zutreffend   777

Pretest 8

An der Codierung im Rahmen dieser Arbeit waren insgesamt sieben Codierer beteiligt. Dabei handelte es sich um erfahrene Codierer in Person von Studenten und Mitarbeitern des Instituts für Kommunikationswissenschaft an der TU Dresden. Zur besseren Lesbarkeit werden alle Änderungen, die bis zum Abschluss des Pretest getätigt wurden, im Folgenden geschlossen dokumentiert und nicht chronologisch nach Zeitpunkt der Änderungen.

Für den Pretest waren zwei Sitzungen angesetzt. Bestandteil der ersten Sitzung war selbstverständlich die Erklärung des Codebuches. Dabei fiel schnell auf, dass das Hintergrundwissen zum Thema Religion unter den Codierern höchst unterschiedlich verteilt war. Die Spanne reichte dabei von Personen mit wenig Hintergrundwissen zum Thema bis zur Religionswissenschaftlerin. Dementsprechend waren Grundlagen und Details zu diskutieren. Deutlich wurde, dass im Codebuch einige erklärende Ergänzungen notwendig waren. Diese wurden im Nachhinein über jeweils ein bis zwei konkrete Beispiele bei den Kategorien realisiert. Vor allem bei der Codierung der Führungsebenen gab es bei den Religionen Probleme, welches Amt in welche Führungsebene einzuordnen sei. Dementsprechend konkret wurden die Ämter und Positionen schließlich im Codebuch genannt. Wo zunächst nur allgemein mit ein paar Beispielen die Zuordnung zu den einzelnen Führungsebenen erläutert wurde, gab es nun eine nahezu vollständige Liste der Ämter und Positionen pro Führungsebene.

Auch für andere Kategorien mussten eindeutig mehr Hilfsmittel für die konkrete Codierung an die Hand gegeben werden. Aus diesem Grund wurde dem Codebuch z. B. eine Länderliste zur Zuordnung von Ereignis- und Bezugsort beigefügt, sowie eine Aufstellung darüber, welche Religion, Konfession und Glaubensgemeinschaft unter welcher Ausprägung zu erfassen ist.

Die bisher genannten Schwierigkeiten sind übliche Hürden bei Inhaltsanalysen. Der Wissensvorsprung des Forschungsleiters führt meist zu einer gewissen

Betriebsblindheit, die aber immer in der ersten Diskussion des Codebuches angeglichen werden kann.

Ein ganz anderes Problem stellte die Codierung der Akteure dar. Üblicherweise werden in Inhaltsanalysen entweder konkrete Akteure codiert oder nach Haupt- und Nebenakteuren getrennt. Diese Vorgehensweise scheint bei erfahrenen Codierern derart habitualisiert zu sein, dass viel Zeit darauf verwendet werden musste, anhand von Beispielen den Unterschied von aktiven/passiven Akteuren zu Haupt-/Nebenakteuren deutlich zu machen.

Ein eindeutig der Materie geschuldetes Problem waren die Bewertungskategorien. Gerade beim Thema Religion hatten die meisten Codierer eine sehr konkrete Einstellung, die zum Teil mit Affekten aufgeladen war. Die Schwierigkeit bestand nun darin, eine von der eigenen Einstellung unabhängig Codierung sicherzustellen. Auch hier halfen weitere Ausführungen im Codebuch, die die Codierung sehr konkret festschrieben. So wurde bei der Valenz der Religion zusätzlich zu den eher abstrakten Erläuterungen, was eine wie geartete Bewertung darstellt, hinzugefügt, dass letztlich schlicht zu codieren sei, wie die jeweilige Religion bzw. Glaubensgemeinschaft in dem Beitrag ‚wegkommt'.

Eine weitere Neuerung im Codebuch war die Codierung der Konflikte über mehrere Variablen. Das Feststellen, ob ein Konflikt vorliegt oder nicht, war dabei natürlich nicht das Problem, sondern die Einteilung der Konflikte nach Konfliktbeteiligung und Konfliktintensität. Entgegen dem Gedanken einer Likert-Skala wurden schließlich für jeden Skalenpunkt konkrete Beispiele in die Erklärung der Kategorie eingefügt. Im Falle der Konfliktbeteiligung gab Schwierigkeiten bei asymmetrischen Konflikten – also bei Konflikten, bei denen sich unterschiedlich große Konfliktparteien gegenüber stehen. Auch hier konnte letztlich über die Diskussion etlicher Beispiele eine weitgehend übereinstimmende Codierung erreicht werden. Bei der Art des Konfliktes wurden noch zwei Ausprägungen ergänzt. Unter interreligiösen Konflikten wurde weiterhin zwischen inter- und intrakonfessionellen Konflikten unterschieden.

Im Anschluss an die Diskussion des Codebuches wurden zunächst zwei Beiträge offen in ihrer Codierung diskutiert, anschließend verschlüsselten die Codierer weitere Beiträge für sich, welche anschließend wieder im Ergebnis diskutiert wurden. Letztlich mussten keine gravierenden Änderungen am Codebuch vorgenommen werden. Die Änderungen beschränkten sich auf erweiterte Erläuterungen der Kategorien sowie das Hinzufügen von konkreten Beispielen zu diesen.

Nach Abschluss der ersten Codiererschulung wurden jedem Codierer sechs Beiträge zur Codierung für den eigentlichen Pretest übergeben. Dabei handelte es sich um ausgewählte Beiträge aus der *Frankfurter Allgemeinen Zeitung* und der *Süddeutschen Zeitung* aus den Jahren 1999, 2003 und 2007. Es wurde somit zwar am tatsächlichen Untersuchungsmaterial codiert, aber kein Material aus dem Untersuchungszeitraum. Der Intercoderreliabilitätstest wurde nicht mit dem Holsti-Koeffizienten durchgeführt, bei dem jeder Codierer mit jeweils einem anderen verglichen wird. Abweichend davon wurde jeder Codierer mit dem Modus aller Codierungen im Pretest verglichen. Für die Prüfung der Validität wurde der Modus der Codiererwerte durch die Codierung der Projektleitung ersetzt. Die Erfassung und Auswertung der Werte wurde über eine extra erstellte Excel-Matrix realisiert, die – nachdem einmal erstellt – den Aufwand und die Fehlerquote bei der Berechnung der ICR (Intercoderreliabilität) reduzieren kann.

Die Übereinstimmung der Codierer untereinander rangierte nach dem Pretest zwischen .83 und .92. Schwierigkeiten zeigten sich bei der Codierung der passiven Akteure (.69) und der thematischen Bereiche für Haupt- und Nebenthema (.69). Ersteres Problem wurde oben bereits angesprochen. Wobei im konkreten Pretest nicht mehr die Zuordnung der Akteure das Problem zu sein schien, sondern eher, ob neben dem (weitgehend übereinstimmend codierten) aktiven Akteur überhaupt noch ein passiver Akteur im Beitrag auftaucht. Hier war also eher die Identifikation und nicht die konkrete Codierung schwierig. Die Probleme bei der Zuordnung der Themen zu den Bereichen waren etwas überraschend, da Haupt- und Nebenthema zu den Standardkategorien einer Inhaltsanalyse gehören. Das Problem schien hier darin zu bestehen, unabhängig vom ‚Prime' der Religion den eigentlichen Themenbereich zu bestimmen. Grundsätzlich schienen vor allem die gröberen, abstrakteren Kategorien Schwierigkeiten zu bereiten, wohingegen alle eher konkreten Codierungen, wie Aspekte, spezifische Themen scheinbar überhaupt keine Probleme verursachten.

Für die formalen Kategorien wurde ein ICR von .97 erreicht. Die eigentlich für formale Kategorien erstrebenswerte 1.0 wurde nur durch Fehler bei der Quelle verursacht, die sich jedoch nicht als schwerwiegend herausstellten. Für die inhaltlichen Kategorien ergab der ICR einen Wert von .79, was – wie bereits ausgeführt – durch Fehler bei den passiven Akteuren und den Themenbereichen zustande kam. Die Bewertungskategorien erbrachten eine Übereinstimmung zwischen den Codierern von .77. Die Prüfung der Validität – also die Übereinstimmung mit der Projektleitung – ergab für alle Kategoriengruppen ähnliche Werte: formal .97, inhaltlich .78, wertend .78. Die gemessenen ICR-Werte sind mit denen einer Studie aus der Schweiz vergleichbar. Dort rangierten sie zwischen .74 und .99 (Favre 2011: 73).

Nachdem in der Diskussion der Ergebnisse deutlich wurde, dass es sich bei den Fehlern entweder um Missverständnisse handelte oder lediglich weiterführende Erklärungen gegeben werden mussten (die auch Eingang in die Überarbeitung des Codebuches fanden (s.o.)) und darüber hinaus die Werte sowohl der Reliabilität als auch der Validität durchaus zufriedenstellend und mit anderen Studien vergleichbar waren, wurde auf einen weiteren Pretest verzichtet. Die verbleibenden Unstimmigkeiten in der Codierung verteilen sich durch die Rotation des Materials über die Codierer (siehe Untersuchungsdesigns) gleichmäßig bzw. zufällig über die Zeit und die Medien.

Auswertung 9

Ausgehend vom Säkularisierungsparadigma wurde in den ersten Kapiteln die Ausdifferenzierung der gesellschaftlichen Bereiche (Religion & Politik) sowie die Aktivität der Bevölkerung in Sachen Religion (Religion & Gesellschaft) dokumentiert. Der empirische Teil widmete sich der Frage, ob – wie vom Säkularisierungsparadigma angenommen – Religion aus dem öffentlichen Raum verschwindet, oder wie in den letzten Jahren verstärkt angenommen, Religion in den öffentlichen Raum zurückkehrt. Der öffentliche Diskurs wird exemplarisch anhand von deutschen Leitmedien analysiert. Als Indikatoren für die Rückkehr von Religion in den öffentlichen Raum wurden verschiedene Variablen auf drei Dimensionen definiert (siehe Kap. 7 Operationalisierung). Zunächst soll geprüft werden, ob Religion über den Zeitraum von 1993 bis 2009 mehr Raum in der Berichterstattung einnimmt (Dimension Volumen). Anschließend wird die Verteilung von Themenbereichen und spezifischen Themen und deren Präsentation (Dimension Themen), sowie die Präsenz und Beziehung bestimmter Akteure (Dimension Akteure) in Bezug zum genannten Zeitraum analysiert.

9.1 Dimension Volumen

Ein einfacher Indikator für einen Bedeutungsgewinn von Religion ist die Zunahme der Beitragsanzahl über die Zeit und/oder eine Volumenvergrößerung der Beiträge in Form von mehr Worten bzw. mehr Zeichen. Unabhängig von der Codierung der Beiträge wie im sechsten Kapitel (Untersuchungsdesign) dargestellt, wurde für die Analyse der Beitragsanzahl ein separater Datensatz gebildet. Dieser umfasst nicht nur die in die Codierung eingeschlossenen Jahre 1993, 1997, 2001, 2005 und 2009, sondern jedes Jahr zwischen 1993 und 2009. Über die elektronischen Archive der Süddeutschen Zeitung (SZ) und der Frankfurter Allgemeinen

Tageszeitung (FAZ) konnten sowohl die Gesamtanzahl der Beiträge pro Ressort als auch die Anzahl der den Zugriffskriterien entsprechenden Beiträge pro Ressort erfasst werden.

Insgesamt erschienen zwischen 1993 und 2009 48.334 den Zugriffskriterien entsprechende Beiträge. Bei einem Gesamtvolumen von 2.637.013 Beiträgen über beide Tageszeitungen entfallen also 1,84 Prozent der Gesamtberichterstattung auf Religion (den Zugriffskriterien entsprechend). Der Anteil schwankt dabei zwischen 1,46 Prozent (1993) über eine Spitze von 2,55 Prozent im Jahr 2006 und 1,94 Prozent im Jahr 2009. Dies entspricht im Schnitt etwa dem Aufkommen der Berichterstattung über Religion in den USA, welche sich von 2007, 2008 und 2009 mit durchschnittlich 1 Prozent auf 2 Prozent im Jahr 2010 steigerte (PEW 2009, PEW 2010, PEW 2011). Aktuell sinkt der Anteil in den USA deutlich auf 0,7 Prozent im Jahr 2011 (PEW 2012a). Die zumindest in den Vorjahren ähnlichen Anteile in beiden Ländern sind insofern erstaunlich, da in den USA das Thema Religion nachweislich eine weitaus größere Bedeutung besitzt als in Deutschland und im Bereich des Journalismus auch weitaus professionalisierter und fester verankert ist (vgl. Kap. Religion und Medien). Die einzelnen Ressorts (Politik, Wirtschaft, Sport, Feuilleton, Wissen, Sonstiges) unterscheiden sich relativ stark. So macht die Religion im Bereich Politik im Schnitt 3 Prozent der Gesamtberichterstattung aus, im Feuilleton sind es gar 4 Prozent, während Wirtschaft (1,38%) und Sport (0,22%) doch deutlich unter dem Gesamtschnitt von rund 2 Prozent liegen.

Ein näherer Blick auf die Entwicklung der absoluten Beitragsanzahl zeigt über die Jahre einen relativ kontinuierlichen Anstieg der den Zugriffskriterien entsprechenden Beiträge (vgl. Abb. 2), wobei der Verlauf bei beiden Tageszeitungen recht ähnlich ist.

9.1 Dimension Volumen

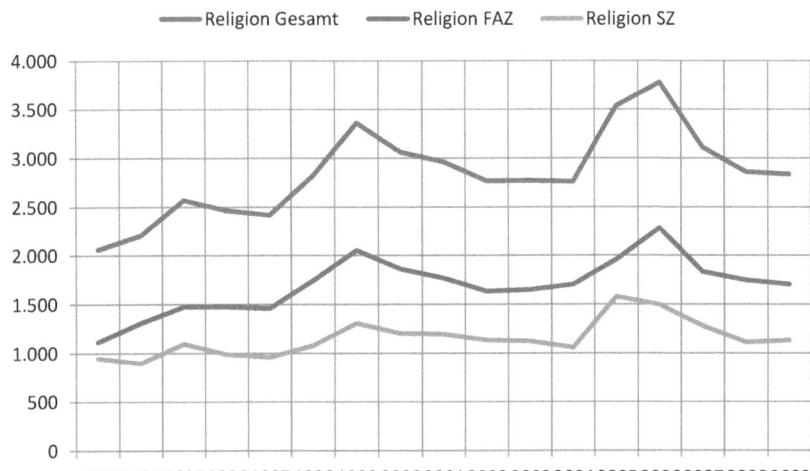

Abb. 2 Entwicklung der Religionsberichterstattung
Note: Anzahl der den Zugriffskriterien entsprechenden Beiträge (Religionsberichterstattung) absolut

Eine Korrelation zwischen dem Jahr und der Anzahl der Beiträge über Religion zeigt einen relativ starken positiven Zusammenhang zwischen diesen beiden Variablen (Spearman Rho[20]: r = .679, p = .003). Betrachtet man die einzelnen Ressorts in ihrer Entwicklung, so findet sich ein Mehr an Berichterstattung vor allem im Feuilleton (Spearman Rho: r = .549, p = .022) – was noch erwartbar ist – aber auch im Bereich Wirtschaft (Spearman Rho: r = .919, p = .000) und Sport (Spearman Rho: r = .544, p = .024). Zwischen der Anzahl der Religionsbeiträge im Ressort Politik und der Jahresvariablen hingegen findet sich kein signifikanter Zusammenhang (Spearman Rho: r = .444, p = .074). Es scheint also, als ob sich Religion über die Zeit neue thematische Bereiche erobert – außer im Ressort Politik steigen in allen Bereichen die Beitragszahlen signifikant an.

Vorangegangene Studien haben das Volumen der Berichterstattung immer isoliert von der Entwicklung der Gesamtberichterstattung analysiert und inter-

---

20 Aufgrund der Diskussion, ob das Jahr als metrische Variable zu behandeln ist (was nach Ansicht der Verfasserin der Fall ist) wird hier Spearman Rho statt Pearson ausgewiesen. Die Pearson-Korrelationen weichen im Ergebnis nicht von den hier dokumentierten Spearman-Rho ab. Tabelle A3 im Anhang weist beide Koeffizienten zur Gegenüberstellung aus.

pretiert. Da Tageszeitungen über einen so langen Zeitraum in ihrem Inhalt und Umfang jedoch nicht statisch sind, kann nicht ausgeschlossen werden, dass eine Volumenänderung für ein spezifisches Thema nicht durch eine Volumenveränderung der Gesamtberichterstattung zustande kommt: Einige Ressorts werden gestrichen, andere ausgebaut, wieder andere verkleinert, oder der Gesamtumfang der Zeitung, gemessen an der Seitenzahl, ändert sich. Entsprechend muss eine Volumenveränderung für ein spezifisches Thema eigentlich in Relation zur Entwicklung der Gesamtberichterstattung gesehen werden. Aus diesem Grund wurde ein Korrelationskoeffizient für die Beitragsanzahl der Gesamtberichterstattung und die Beitragsanzahl der Religionsberichterstattung gebildet. Hier zeigt sich kein Zusammenhang (Pearson: $r = .313$, $p = .222$). Gesamtberichterstattung und Religionsberichterstattung entwickeln sich nicht in Abhängigkeit voneinander. Darüber hinaus besteht auch kein Zusammenhang zwischen der Beitragsanzahl der Gesamtberichterstattung und dem Jahr (Spearman Rho: $r = .081$, $p = .758$). Die Heftumfänge entwickeln sich insgesamt unabhängig vom Jahr. Die Religionsberichterstattung wiederum entwickelt sich in Abhängigkeit von der Zeit (in Jahren) positiv. Eine Ausnahme bilden lediglich Beiträge im Feuilleton. Hier findet sich sowohl für die Gesamtberichterstattung als auch für die Religionsberichterstattung ein positiver Zusammenhang mit den Jahren (Spearman Rho Gesamtberichterstattung/Jahr: $r = .561$, $p = .019$; Spearman Rho Religionsberichterstattung/Jahr: $r = .549$, $p = .022$). Auch untereinander korrelieren die beiden Variablen positiv miteinander (Pearson: $r = .889$, $p = .000$). Für dieses Ressort kann ein Mehr an Religionsbeiträgen zum Teil mit einem generellen Mehr an Beiträgen erklärt werden. Für alle anderen Ressorts finden sich keine entsprechenden Zusammenhänge.

Als erstes kann festgehalten werden, dass es tatsächlich einen signifikanten Anstieg der Berichterstattung über Religion von 1993 bis 2009 – sowohl insgesamt als auch in den meisten Ressorts (außer Politik) – gibt, welcher nicht mit der Heftentwicklung insgesamt erklärbar ist – somit ist hier ein erstes Indiz für einen Bedeutungsgewinn von Religion auszumachen. Ob das Mehr an Berichterstattung über ein Mehr an Ereignissen, die einen entsprechenden Nachrichtenwert haben (Negativismus, Prominenz u.Ä.), ein Mehr an Themen über die Religion traditionell in die Berichterstattung kommen kann (z. B. Pastoralreisen) oder über eine gewisse Professionalisierung der Medienarbeit der Kirchen zustande kommt, werden die weiteren Auswertungen zeigen.

Als zweiter Indikator in der Dimension Volumen wurde der Umfang der Beiträge, gemessen an der Wortzahl, definiert. Hierfür wird der Datensatz der eigentlichen Codierung herangezogen. Es werden die Anzahl der Wörter, der den Zugriffskriterien entsprechenden Beiträge, der Jahre 1993, 1997, 2001, 2005 und

2009 miteinander verglichen. Die durchschnittliche Wortzahl der Artikel beträgt 604 Worte. Obwohl die Variable Umfang in den Jahren nicht normalverteilt ist, wird eine einfaktorielle Varianzanalyse (ANOVA) für die einzelnen Jahre in Bezug auf den Umfang gerechnet. Da es sich um große Stichproben handelt, erweist sich die ANOVA hier als relativ robust gegen die Verletzung der Voraussetzungen, sodass auch ohne Vorliegen einer Normalverteilung dieses Verfahren angewendet werden kann (Bortz 1993: 263)[21]. Die Varianzanalyse zeigt, dass sich die Jahre bezüglich des Umfanges (gemessen in Worten) signifikant unterscheiden (F (4,2012) = 5.87, p = .000)[22]. Der Scheffé-Test allerdings zeigt, dass sich Unterschiede auf das Jahr 2001 beschränken. In diesem Jahr erschienen mit durchschnittlich 712 Worten überdurchschnittlich lange den Zugriffskriterien entsprechende Artikel.

Für die Dimension Volumen bleibt festzuhalten, dass es einen signifikanten Zusammenhang zwischen dem Aufkommen von Religionsberichterstattung (gemäß den Zugriffskriterien) und dem Erscheinungsjahr gibt. Von 1993 bis 2009 steigt die Anzahl der Beiträge an, wobei es zwei Peaks in der Berichterstattung für die Jahre 1999 und 2005/06 gibt. Letzteres könnte mit der Papstwahl Benedikt XVI. in Verbindung stehen. Der allgemein positive Zusammenhang zeigt sich in verschiedener Stärke auch auf der Ebene der einzelnen Ressorts (außer Politik). Es scheint also, als ob sich Religion tatsächlich neue Ressorts über die Zeit erschließt. Bezüglich der Länge der Beiträge ist keine kontinuierliche Entwicklung über die Jahre auszumachen. Für den Peak im Jahr 2001 könnte die Berichterstattung rund um 9/11 mit entsprechender ausführlicher Hintergrundberichterstattung verantwortlich sein. Weitere Analysen – vor allem in der Dimension Thema werden Aufschluss über die Hintergründe geben.

9.2 Dimension Themen

In der Codierung wurde zwischen einem Haupt- und einem Nebenthema unterschieden, wobei das Nebenthema auch ein nachrangiges Hauptthema sein kann. Für diese Themen wurde zunächst festgehalten, welchem Themenbereich sie zuzuordnen sind. Nimmt man an, dass Religion nur über religionsinterne Ereignisse in die Berichterstattung kommt, sollte man einen relativ hohen Anteil des Bereiches Religion vorfinden. Mit 41 Prozent ist der Bereich Religion zwar relativ

---

21 Dieses Argument gilt auch für alle weiteren zu rechnenden Varianzanalysen im Auswertungsteil.
22 Auch Spearman-Rho und Pearson zeigen keinen signifikanten Zusammenhang (Spearman-Rho: r = .29, p = .199; Pearson: r = 0.27, p = .230)

zu den anderen Bereichen am größten, allerdings findet sich Religionsberichterstattung auch zu 19 Prozent im Bereich Politik wieder. Die Bereichsverteilung für das Nebenthema ist der Verteilung beim Hauptthema ziemlich ähnlich (Tab. 3), sodass an dieser Stelle nicht weiter darauf eingegangen wird.

Favre (2011) findet für die Schweiz eine ähnliche Verteilung der Bereiche. Auch wenn die Ergebnisse nur bedingt vergleichbar sind (z. B. wurde bei Favre Religion nicht als separater Bereich erhoben), ähneln sich jedoch die Rankings der Themenbereiche. Bei Favre (2011) kommt das Christentum vor allem im Bereich Lebenswelt vor (welches sich vor allem auf den privaten Bereich bezieht), gefolgt von Politik & Recht, Gesellschaft, Kultur und Geschichte (Favre 2011: 82).

Tabelle 3 Anteil der Themenbereiche an Religionsberichterstattung gesamt

Themenbereich	Anteile (%) im Hauptthema	Anteile (%) im Nebenthema
Religion	41	49
Politik	19	23
Gesellschaft	12	13
Bildung&Wissenschaft	9	4
Kunst&Kultur	8	2
Justiz	5	4
Wirtschaft	2	4
Medien	2	1
Sport	1	0
Umwelt&Natur	0	0

Basis: alle Beiträge der Religionsberichterstattung entsprechend Zugriffskriterien, N = 2.017

Der Themenbereich Religion wurde noch einmal nach Religionen und Konfessionen unterteilt. Angesichts des Fokus' auf dem Christentum ist es wenig überraschend, dass dieses mit 85 Prozent beim Hauptthema bzw. 86 Prozent beim Nebenthema den größten Anteil im Themenbereich Religion ausmacht. Erwähnenswert ist allerdings, dass der Katholizismus mit über der Hälfte der Beiträge im Themenbereich Religion überproportional vertreten ist. Betrachtet man sich die Religionszugehörigkeit in der Bevölkerung sind Katholiken und Protestanten

9.2 Dimension Themen

2009 mit 30 Prozent bzw. 29 Prozent etwa gleich verteilt (Statistisches Bundesamt 2012). In der Berichterstattung ergeben sich für den Katholizismus Anteile von 58 Prozent im Hauptthema und 55 Prozent im Nebenthema. Der Protestantismus macht nur einen Anteil von 12 Prozent im Hauptthema und 7 Prozent im Nebenthema aus. Diese Ergebnisse decken sich mit den wenigen bislang vorliegenden Studien über das Christentum in der Medienberichterstattung, die ebenfalls die römisch-katholische Kirche als größten Bereich identifizieren (Favre 2011: 66). Favre (2011) vermutet, dass die klaren Hierarchien innerhalb der Katholischen Kirche den Journalisten den Zugang erleichtern. Sie können potenzielle Gesprächspartner dort sehr viel einfacher identifizieren, als z. B. in der Evangelisch-lutherischen Kirche (Favre 2011: 78). Umgekehrt vermutet Bühler (2011), dass die reformierten Kirchen weniger in den Medien präsent sind, weil „ihre föderale und demokratische Struktur [...] weitgehend medienwirksame Stories [verhindert]" (Bühler 2011: 209f). Erwartungsgemäß dominiert das Christentum im Themenbereich Religion, wobei die Verteilung der einzelnen Religionen/Konfessionen zugunsten des Katholizismus verzerrt ist.

Im Sinne der Forschungsfrage ist nun interessant, wie sich die Verteilung auf die Themenbereiche über die Jahre entwickelt. Zur Übersichtlichkeit wurden die fünf wichtigsten Themenbereiche (nach Anteilen) definiert und alle anderen unter *sonstige Themenbereiche* zusammengefasst. Die fünf Themenbereiche, die zusammen 88 Prozent der Religionsberichterstattung ausmachen sind Religion selbst (41 Prozent), Politik (19 Prozent), Gesellschaft (12 Prozent), Bildung&Wissenschaft (9 Prozent) sowie Kunst&Kultur (8 Prozent). Während Gesellschaft, Kunst&Kultur und die sonstigen Themenbereiche sich relativ unspektakulär entwickeln, zeigt Abbildung 3, dass Religion einerseits und Politik sowie Bildung&Wissenschaft andererseits sich genau gegenläufig entwickeln. 2001 verlagert sich die Religionsberichterstattung eindeutig aus dem Religionsbereich in den Politikbereich und den Bereich Bildung&Wissenschaft. Dies kann sicher zum Teil mit 9/11 erklärt werden. 2005 geschieht genau das Gegenteil: Der Anteil der Religionsberichterstattung im angestammten Themenbereich (Religion) wächst zu Lasten der anderen Bereiche. Dieses Ergebnis lässt sich wiederum gut mit der Berichterstattung um den Tod Johannes' Paul II. sowie der Papstwahl Benedikt XVI. begründen.

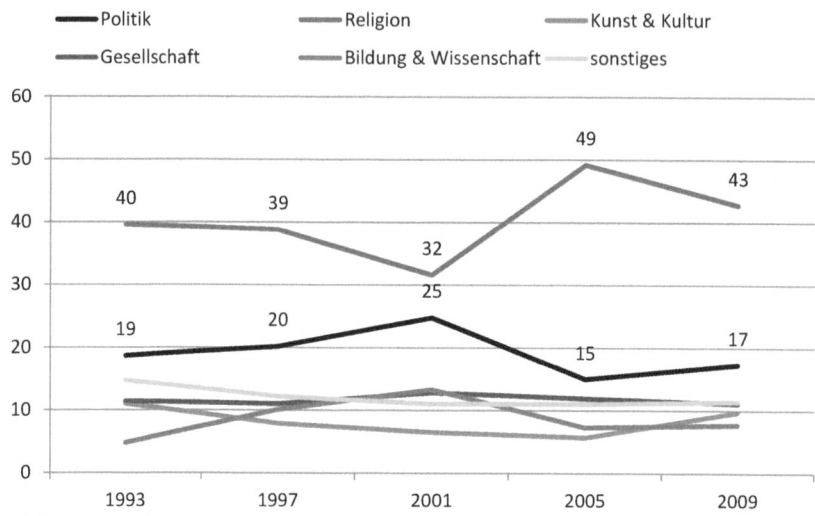

Abb. 3 Entwicklung der Themenbereiche über die Zeit
Basis: alle Beiträge der Religionsberichterstattung entsprechend Zugriffskriterien, N = 2.017, Angaben in Prozent

Zusätzlich zu den übergeordneten Themenbereichen wurden spezifische Themen definiert, von denen angenommen wird, dass sie der Religion den Weg in die Berichterstattung bahnen (vgl. Kap. 5 Religion und Medien). Betrachtet man sich diese spezifischen Themen, so stellt man fest, dass die vordefinierten Themen (Gentechnik, Abtreibung, Religionsunterricht etc., siehe 7.2.) nur ein Fünftel (20 Prozent) der Themen in der Berichterstattung ausmachen. Vor der Auswertung der spezifischen Themensetzung mussten zunächst die offenen Themennennungen nachcodiert werden. Schon in der Codierung stellte sich heraus, dass Pastoralbesuche und Audienzen sowie Personalien wie Geburtstage und Jubiläen einen Gutteil der Berichterstattung ausmachen. Auch Kunst- und Buchkritiken sowie Historisches/Geschichte fand sich relativ häufig. Zusammen mit Ökumene – einem weiteren häufigen Thema – wurden zunächst fünf weitere Themen nachcodiert. Auf diese Weise erhielten nun etwa die Hälfte (53 Prozent) eine eindeutige Codierung. Auf diese Weise wurde fortgefahren, bis etwa 81 Prozent der Artikel eine (möglichst) spezifische Codierung erhalten hatten. Die verbleibenden 19 Prozent der Artikel ließen sich nicht mehr schlüssig in einer Codierung zusammenfassen bzw. waren so kleinteilig, dass separate Codierungen nicht sinnvoll gewesen wären. Sie wurden unter sonstige Themen zusammengefasst.

9.2 Dimension Themen

In einem zweiten Schritt wurden die ursprünglichen 24 vordefinierten Themen noch einmal in sich zusammengefasst (so z. B. Gentechnik human und nichthuman). 14 der 24 spezifischen Themen waren so gering im Aufkommen (unter 1 Prozent), dass sie mit den anderen nicht nachcodierten Themen unter *Sonstiges* gefasst wurden. Letztlich ergab sich eine Liste mit (erneut) 24 spezifischen Themen plus einer Auffangkategorie *Sonstige Themen* (vgl. Tab. A4 im Anhang). Deutlich wird schon hier, dass die spezifischen Themen äußerst vielfältig sind. Etwa 14 Prozent entfallen auf Personalia. Dabei handelt es sich um Geburtstage, Jubiläen, Ämterübernahmen und Ähnliches. 10 Prozent nehmen Kunst- und Buchkritiken in Anspruch – wozu hauptsächlich Ausstellungseröffnungen und Buchkritiken zählen. Weitere 5 Prozent entfallen auf historische Darstellungen, z. B. zur Rolle Pius XII zur Zeit des Nationalsozialismus, die Geschichte der Grabeskirche in Jerusalem oder über die Katharer im Languedoc. Pastoralreisen und Audienzen des Papstes sowie Enzykliken, Weihnachts- und Osterbotschaften sowie Aufrufe machen jeweils 4 Prozent der Berichterstattung aus. Ebenfalls 4 Prozent entfallen auf Gesetzgebungen in Bezug auf Religion (Konkordate, Religionsgesetze, Kirchensteuer, Minarettverbot etc.). Erkennbar ist, dass aufgrund der Zusammenfassungen von spezifischen Themen häufig nicht mehr die Rede sein kann. Tatsächlich spezifische Themen, die alleine einen vergleichsweise großen Anteil der Berichterstattung ausmachen, sind Kirchen- bzw. Weltjugendtage als große medienrelevante Events, der Tod Papst Johannes Paul II, der Streit um die Aufhebung der Exkommunikation der Bischöfe der Piusbruderschaft, die Diskussion um den Religionsunterricht, sowie die Wahl Papst Benedikt XVI. Hier scheinen Nachrichtenfaktoren wie Prominenz, Konflikt und Nähe ausschlaggebend zu sein. Die Ergebnisse von Favre für das Schweizer Fernsehprogramm, dass Religion vorwiegend über Veranstaltungen wie den Weltjugendtag oder im Zusammenhang mit politischen Themen in der Berichterstattung vorkommt (Favre 2011: 66), treffen für die deutsche Printberichterstattung nur bedingt zu. Personalia, Kunst- und Buchkritiken, Historische Darstellungen und Pastoralbesuche machen fast ein Drittel (32 Prozent) der Religionsberichterstattung aus und sind in ihrer Stetigkeit über die Jahre quasi das ‚Grundrauschen' der Religionsberichterstattung. Sie befinden sich in allen Jahren in etwa gleicher Stärke unter den Top Five der Themen (siehe Tab. A5 im Anhang).

Interessant ist ein Blick auf die tatsächlich noch spezifischen Themen. 1993 besteht eigentlich nur aus dem ‚Grundrauschen' der Religionsberichterstattung. 1997 schafft es zusätzlich die Berichterstattung über Gesetze im Zusammenhang mit Religion unter die Top Five der Themen, wobei es sich hier auch eher um eine Sammelkategorie (hier u. a. Neuordnung der Militärseelsorge und Gesetzesentwürfe zur Religionsfreiheit in Russland und Polen) handelt. Das einzige spezifische Thema (hier Religionsunterricht) landet in diesem Jahr auf Platz 10. Erst 2001 gelangen spezifische Themen wie der islamistische Terror (9/11) und Gentechnik unter die Top Five, der Nahost-Konflikt rangiert als weiteres spezifisches Thema auf Platz 7. Wie bereits in der Auswertung der Dimension Volumen vermutet, kann der größere Umfang der Beiträge in 2001 (s.o.) mit den erklärungsbedürftigen Themen 9/11 und Gentechnik zusammenhängen. 2005 sind es ebenfalls drei spezifische Themen, die relevante Anteile der Religionsberichterstattung ausmachen. Dazu gehört die Berichterstattung um den Tod Johannes' Paul II. und die Wahl Benedikt XVI. sowie der Weltjugendtag in Köln. Dass 2005, im Gegensatz zum Vorjahr, zwar signifikant mehr, aber nicht unbedingt längere Artikel erschienen, kann auch wieder plausibel mit den genannten spezifischen Themen zusammenhängen. 2009 besteht – mit Ausnahme der Berichterstattung um die Pius-Bruderschaft – wieder hauptsächlich aus dem ‚Grundrauschen' von Personalien, Kunst- und Buchkritiken und Pastoralbesuchen.

Zusammenfassend lässt sich sagen, dass Religion mit sehr unterschiedlichen Themen in der Berichterstattung erscheint. Es lassen sich nur bedingt ‚hot buttons' definieren, über die Religion zuverlässig publiziert wird. Dazu zählen von Nachrichtenfaktoren wie Prominenz und Nähe zehrende Themen wie Tod des Papstes, Papstwahl Benedikt XVI. und der Weltjugendtag in Köln, sowie Konfliktthemen wie Gentechnik, islamistischer Terror und die Pius-Bruderschaft. Allerdings lässt sich auch ein gewisses ‚Grundrauschen' in der Religionsberichterstattung ausmachen, welches aus Geburtstagen, Jubiläen, Ausstellungseröffnungen, Buchkritiken und historischen Betrachtungen besteht und kontinuierlicher sowie wesentlicher Bestandteil der Religionsberichterstattung ist. Ein darüber hinausgehendes Mehr an Beiträgen (wie 2005) oder größere Umfänge (wie 2001) scheinen allerdings tatsächlich an spezifische Themen geknüpft zu sein. Diese wiederum können aber nicht von den Kirchen bewusst gesetzt worden sein. Es deutet also zunächst nichts darauf hin, dass eine Professionalisierung seitens der Kirchen stattgefunden hat, bzw. Wirkung zeigt. Wäre dem so, müsste das ‚Grundrauschen' der Religionsberichterstattung über die Zeit zunehmen oder aber Themen erkennbar sein, die gesetzt werden können. 9/11, Tod des Papstes und Pius-Bruderschaft sind keine bewusst gesetzten Themen, sondern Ereignisse, auf die man höchstens reagieren kann.

Religion drängt also nicht intentional in den öffentlichen Raum, sondern ihr wird von der allgemeinen Themenagenda quasi die Tür geöffnet. Wie professionell bzw. wirkungsvoll der Auftritt dann ist, wird u. a. bei der Auswertung der Akteurskonstellationen geklärt. Angesichts des Vorkommens religionsoriginärer Ereignisse wie Kirchentage, Weltjugendtag und der Berichterstattung um den Papst, kann zudem nicht von einer reinen Mehrthemenrelevanz von Religion die

9.2 Dimension Themen

Rede sein, wie sie Wyss & Keel (2009) vermuten. Über Bildmacht und Prominenz schafft es Religion, durchaus mit originär religiösen Themen, ausreichend Nachrichtenwert aufzubringen, ohne dass sie von der gesellschaftlichen Relevanz anderer Bereiche zehren muss. Der Frage, *warum* Religion in der Berichterstattung erscheint, wird mit der Analyse des Anlasses der Berichterstattung nachgegangen.

Anlass

Bei 60 Prozent der Beiträge ist ein konkretes Ereignis Anlass der Berichterstattung. Etwa ein Fünftel (22 Prozent) entfallen auf Stellungnahmen und ein weiteres Fünftel (19 Prozent) auf Themen – also Berichterstattung ohne konkretes, aktuelles Ereignis oder Stellungnahme. Diese Verteilung dürfte der üblichen Anlassverteilung einer tagesaktuellen Berichterstattung entsprechen. Trotzdem die Variable Anlass nominal skaliert ist, lassen sich mit einer Dichotomisierung von Ereignis, Stellungnahme und Thema und der damit einhergehenden Bildung dreier neuer Variablen ANOVAs für die einzelnen Anlässe rechnen. Diese zeigen, dass es einen signifikanten Unterschied über die Jahre hinsichtlich Ereignis ($F(4,2012) = 8.49$, $p = .000$) und Thema ($F(4,2012) = 10.68$, $p = .000$) gibt, nicht aber für Stellungnahmen ($F(4,2012) = 0.29$, $p = .887$). Für Letzteres ist keine Zu- oder Abnahme über die Jahre insgesamt oder zwischen einzelnen Jahren erkennbar. Der Scheffé-Test für Ereignis und Thema zeigt, dass lediglich das Jahr 2001 sich von allen anderen unterscheidet. Und zwar verschieben sich hier die Anlässe weg vom Ereignis hin zum Thema. Werden durchschnittlich 60 Prozent der Berichterstattung durch Ereignisse verursacht, sind es im Jahr 2001 nur 48 Prozent. Umgekehrt zeigen sich 2001 überdurchschnittlich viele Themen als Anlass der Berichterstattung (2001: 29 Prozent, Durchschnitt: 19 Prozent). Betrachtet man die Themen als Anlass der Berichterstattung, die 2001 den sonst dominierenden Ereignissen den Rang ablaufen, dann sieht man, dass die Gentechnikdebatte, der islamistische Terror und der Nahostkonflikt dieses Muster erzeugen. In den anderen Jahren dominieren durchweg die sonst auch dominierenden Themen Kunst&Buchkritik, Historisches&Geschichte sowie Personalia. Dass 2001 die Gentechnikdebatte und der islamistische Terror die Verschiebung vom Ereignis zum Thema beim Anlass verursachen, ist insofern bedeutsam, da in der Analyse des Berichterstattungsvolumens in Verbindung mit den dominierenden spezifischen Themen für 2001 schon vermutet wurde, dass der höhere Umfang der Beiträge durch den mit den Themen Gentechnik und Terror in Verbindung stehenden Erklärungsbedarf (im Sinne von Hintergrundberichterstattung) in Zusammenhang stehen dürfte, wozu sich hier ein weiterer Indikator findet. Offensichtlich gibt es 2001 viel mehr Beiträge, die sich unabhängig von konkreten Ereignissen oder Stellungnahmen mit den oben genannten Themen befassen.

Thematischer Bereich des Anlasses

Analysiert man die Themenbereiche des Anlasses fällt auf, dass diese in ihrer Verteilung nahezu identisch mit der Verteilung der Hauptthemenbereiche (vgl. Tab. 4) sind.

Tabelle 4 Vergleich der Themenbereichsverteilung für Anlass und Hauptthema

Bereich	Anlass	Hauptthema
Religion	40	41
Politik	19	19
Gesellschaft	11	12
Bildung&Wissenschaft	10	9
Kunst&Kultur	8	8
Justiz	7	5
Medien	3	2
Wirtschaft	2	2
Sport	1	1
Umwelt&Natur	1	0

Basis: alle Beiträge der Religionsberichterstattung entsprechend Zugriffskriterien, N = 2.017 (Angaben in Prozent)

Dass dies nicht nur zufällig zustande kommt, konnte mit einer Subtraktion von Themenbereich des Anlasses und Themenbereich des Hauptthemas[23] festgestellt werden. Da beide Variablen identisch codiert wurden (10=Politik, 20=Religion usw.), stehen alle Nullen in der Subtraktion für eine Übereinstimmung von thematischem Bereich des Anlasses mit dem thematischen Bereich des Hauptthemas eines Beitrages. Lediglich in 158 Fällen (8 Prozent der Gesamtberichterstattung) unterscheiden sich Anlass und Hauptthema in ihrem thematischen Bereich. Es ist also in den seltensten Fällen so, dass ein Anlass aus einem Themenbereich zu einer Berichterstattung in einem ganz anderen Themenbereich führt. Wenn dies geschieht, dann mündet in fast der Hälfte der Fälle (45 Prozent) ein nichtreligiöser Anlass (hier vor allem Anlässe aus dem Bereich Gesellschaft und Bildung&Wissenschaft) im Themenbereich Religion. Umgekehrt führt ein Anlass aus dem Bereich Religion nur in 16 Prozent der Fälle zu einer Berichterstattung in

---

23 Da für alle Beiträge ein Hauptthema aber nur für gut ein Viertel (n=451) ein Nebenthema festgestellt wurde, lohnt hier nur die Auswertung des Hauptthemas.

9.2 Dimension Themen

einem anderen Bereich, wobei es sich hier interessanterweise ausschließlich um den Bereich Politik handelt. Es handelt sich aber hier – wie erwähnt – nur um 8 Prozent der Berichterstattung. Meistens fallen thematischer Bereich des Anlasses und Themenbereich des Hauptthemas zusammen. Wenn es aber ‚Springer' zwischen Anlass und Thema gibt, dann schafft das hauptsächlich die Religion. Dies kann auch als Indiz für die erwähnte Mehrthemenrelevanz von Religion gelten.

Nachdem geklärt wurde, wie häufig Religion in der Berichterstattung erscheint und warum diese Berichterstattung vermutlich zustande kommt, soll im Folgenden die Aufbereitung und Präsentation der Religionsberichterstattung Gegenstand der Auswertung sein.

Ressort
Die Ressortaufteilung in den elektronischen Archiven sind für die FAZ und die SZ höchst unterschiedlich – sehr detailliert für die SZ, gröber für die FAZ. Um Vergleichbarkeit herzustellen, wurden die Ressorts nachträglich nach Politik, Wissen, Wirtschaft, Feuilleton, Sport und Sonstiges zusammengefasst. So finden sich das Ressort Nachrichten, Themen des Tages, Themen aus Deutschland, Themen aus dem Ausland der SZ im allgemeinen Politikressort wieder, Geld bei Wirtschaft usw. (vgl. Tab. A6 im Anhang). Die allgemeine Entwicklung der Ressorts zwischen 1993 und 2009 wurde bereits unter der Dimension Volumen dokumentiert. In der Stichprobe zeigen sich nur für die Ressorts Politik und Feuilleton signifikante Unterschiede zwischen den Jahren. Prozentual sinkt der Anteil der Beiträge im Ressort Politik, während er im Feuilleton ansteigt. Dass die anderen Ressorts in der Stichprobe keine signifikanten Ergebnisse zeigen, kann aber an den sehr geringen Fallzahlen dieser Ressorts liegen. Betrachtet man sich die absoluten Zahlen über die Jahre in den einzelnen Ressorts, so findet man fast überall steigende Beitragszahlen, wenn auch auf sehr geringem Niveau (z. B. Wirtschaft) (vgl. Tab. 5). Das Minus im Ressort Politik kommt nicht durch weniger Beiträge dort zustande (auch hier steigt die absolute Anzahl der Beiträge tendenziell an), sondern durch ein allgemeines Mehr an Beiträgen in den anderen Ressorts, sodass sich nur die Anteile verschieben. Das in der Dimension Volumen (s.o.) nachgewiesene Mehr an Beiträgen über die Jahre zeigt sich in unterschiedlich starkem Ausmaß auch in der Stichprobe in allen Ressorts. In Ermangelung eines eigenen Ressorts für Religion spielt sich die entsprechende Berichterstattung vornehmlich in den Bereichen Politik und Feuilleton ab, wobei die Entwicklungen der beiden Ressorts eng aufeinander bezogen sind – steigt die Berichterstattung (prozentual) in dem einen, sinkt sie zeitgleich im anderen Ressort (vgl. Abb. A2 im Anhang).

Tabelle 5 Entwicklung der Religionsberichterstattung nach Ressort

		1993	1997	2001	2005	2009	Gesamt
Politik**		212	283	272	398	276	1.441
	%	78	79	66	70	68	71
Wissen		0	0	3	3	4	10
	%	0	0	1	1	1	1
Wirtschaft		3	4	8	12	11	38
	%	1	1	2	2	3	2
Feuilleton**		55	65	125	148	104	497
	%	20	18	30	26	26	25
Sport		1	4	5	4	2	16
	%	0	1	1	1	1	1
Sonstiges		1	0	0	1	0	2
	%	0	0	0	0	0	0
Gesamt		273	357	415	568	404	2.017
	%	100	100	100	100	100	100

Basis: alle Beiträge der Religionsberichterstattung entsprechend Zugriffskriterien, N = 2.017, **p≤0.001

Kontextualisierung und Religionsdiskurs

Um zu messen, ob Religion unabhängig von Beitragsanzahl und -länge auch inhaltlich Raum gewinnt, wurde die Kontextualisierung der Beiträge codiert, und anschließend, ob Religion als Argument dient oder selbst Gegenstand der Diskussion ist. Im ersten Fall könnte man von einem Bedeutungsgewinn in dem Sinne sprechen, dass Religion auch außerhalb der eigenen Sphäre involviert wird oder ist. Im zweiten Fall liegt der Verdacht nahe, dass Religion eher Problem als möglicher Teil der Lösung ist.

Für die Kontextualisierung wurde zwischen keiner, einfacher und umfassender Kontextualisierung unterschieden. Insgesamt zeigt sich für die Religionsberichterstattung nahezu eine Gleichverteilung der Kontextualisierungsgrade. Ein Viertel (24 Prozent) kommt ohne Kontextualisierung aus, in 38 Prozent der Beiträge werden einige wenige zusätzliche Informationen mitgeliefert und in den verbleibenden 39 Prozent der Beiträge werden umfangreiche Einordnungen und Zusatzinformationen gegeben. Der Chi²-Test zeigt zunächst signifikante Unterschiede über die Jahre (Chi² = 19.06, p = .015). Separate ANOVAs für die dichotomisierten

9.2 Dimension Themen

Ausprägungen[24] ergeben nur einen signifikanten Unterschied dahingehend, ob eine Kontextualisierung vorliegt, nicht aber in der Stärke der Kontextualisierung. Bis 2001 scheint zunehmend kontextualisiert zu werden, der Anteil fällt 2005 auf das Niveau von 1993 ab und steigt zu 2009 wieder auf den durchschnittlichen Anteil von 76 Prozent an (Abb. 4). Der Post-Hoc-Test (Scheffé) zeigt hier allerdings nur für die Jahre 2001 und 2005 signifikante Unterschiede an[25]. Die höhere Kontextualisierung in 2001 kann mit der Berichterstattung rund um 9/11 erklärt werden, welches bereits als erklärungsbedürftiges Thema identifiziert wurde und auch ein höheres Volumen der Berichterstattung verursacht. Der vergleichsweise niedrige Wert 2005 wiederum steht sicherlich im Zusammenhang mit den weit weniger erklärungsbedürftigen Themen der Papstwahl und des Todes Johannes Paul II.

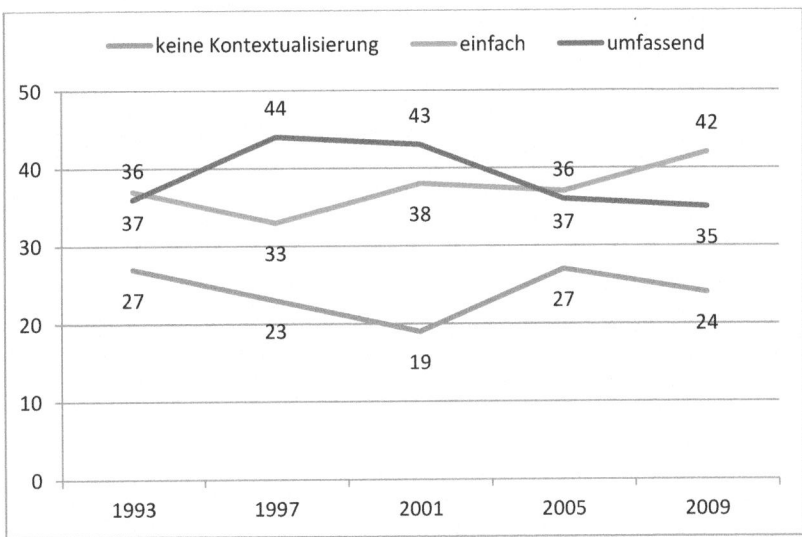

Abb. 4 Entwicklung der Kontextualisierung
Basis: alle Beiträge der Religionsberichterstattung entsprechend Zugriffskriterien, N = 2.017, Angaben in Prozent

---

24 Kontext vorhanden/nicht vorhanden; einfache Kontextualisierung ja/nein; umfassende Kontextualisierung ja/nein
25 Die Signifikanzwerte im Scheffé-Test sind für die Jahre 2001 und 2005 zwar nur marginal (p = .078), eine Kontrastierung der Jahre 2001 und 2005 zeigt allerdings eine hohe Signifikanz des Unterschiedes (p = .004) zwischen diesen beiden Jahren.

Für alle Beiträge, in denen eine Kontextualisierung (einfach oder umfassend) stattfindet (n=1.533), wurde anschließend erfasst, ob über Religion diskutiert wird, ob Religion als Argument gebraucht wird, oder ob Religion über eine einfache Nennung nicht hinaus kommt. In der Mehrheit der Beiträge (55 Prozent) wird über Religion diskutiert, Religion ist also ganz zentral im Beitrag. In einem Fünftel (22 Prozent) wird mit Religion argumentiert. In den verbleibenden 23 Prozent der Beiträge wird Religion nur genannt, ist weder Gegenstand noch Argument in der Berichterstattung. Auch hier zeigen sich zunächst signifikante Unterschiede über die Jahre (Chi² = 23.23, p = .003). Diese beschränken sich aber auf das Item *Argumentation mit Religion* und hier nur darauf, dass sich das Jahr 2001 von 2005 und 2009 unterscheidet. Wie Abbildung 5 zeigt, wird im Jahr 2001 weniger über Religion diskutiert, dafür umso mehr mit Religion argumentiert. Insgesamt scheint sich das Argumentieren mit Religion und die Diskussion über Religion gegenläufig zu entwickeln.

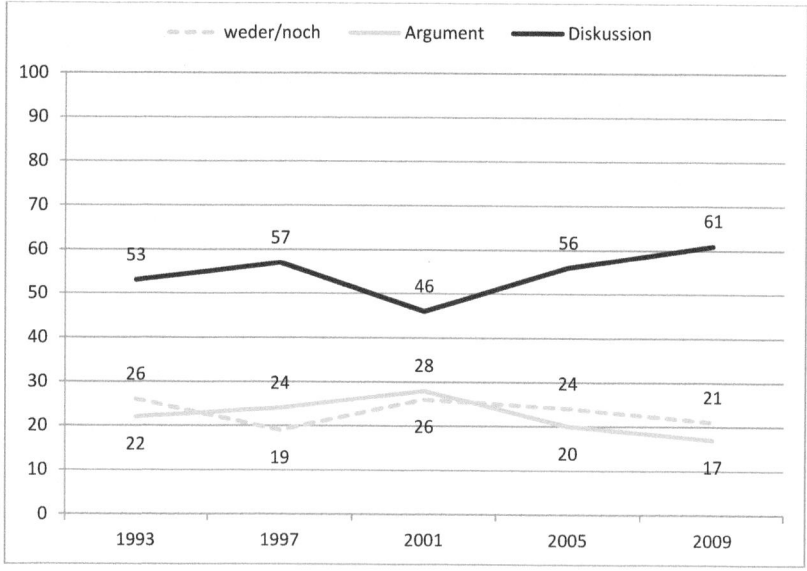

Abb. 5 Argumentation mit oder Diskussion über Religion?
Basis: alle den Zugriffskriterien entsprechende Beiträge in denen eine Kontextualisierung vorgenommen wird, N = 1.533, Angaben in Prozent

Je mehr über Religion diskutiert wird, desto weniger wird mit Religion argumentiert und umgekehrt. Da keine kontinuierliche Entwicklung vorliegt, gibt es hier vermutlich eine Bindung an spezifische Themen. 1997 sind unter den Top-Five Themen z. B. Debatten um das neue Religionsgesetz in Russland (zu Gunsten der Orthodoxie), 2005 dominieren Papsttod und Papstwahl, 2009 wiederum steht im Zeichen des Streits um die Aufhebung der Exkommunikation der Pius-Bischöfe. Hierbei handelt es sich durchweg um Themen, die eine Diskussion über Religion nahelegen. 2001 wiederum finden sich unter den Top-Five-Themen 9/11 und die Gentechnik-Debatte und damit Themen, die nicht direkt mit Religion verbunden sind, bei denen aber eine Argumentation mit Religion möglich ist. Sowohl bei der generellen Kontextualisierung als auch beim Religionsdiskurs findet sich also kein genereller Trend zu einer mehr oder weniger zentralen Position von Religion. Das Auf und Ab bei der Kontextualisierung der Beiträge sowie zwischen Diskussion über Religion und Argumentation mit Religion ist letztlich an die Themenauswahl gebunden.

Darstellungsform
Wie mit dem Thema Religion bzw. mit Themen mit Religionsbezug umgegangen wird, zeigt sich auch in der Wahl der Darstellungsform. Hier ist vor allem interessant, ob Religionsberichterstattung vermehrt in meinungshaltigen Darstellungsformen wie Kommentaren und Leserbriefen vorkommt (vgl. Kap. 7 Operationalisierung). Die Variable Darstellungsform erfasste klassische Informationsformen wie Nachrichten und Berichte getrennt von meinungshaltiger Berichterstattung. Wobei hier noch einmal nach Leserbriefen, Feuilletonbeiträgen und redaktionellen Meinungsformen wie Kommentaren und Glossen getrennt wurde. Zusätzlich wurden Mischformen wie Reportagen erfasst und davon getrennt Interviews, die jedoch nur einen sehr geringen Anteil an der gesamten Religionsberichterstattung ausmachen. Für die Analyse wurden diese Kategorien in drei Gruppen – objektiv, subjektiv, gemischt – unterteilt. Hier zeigt sich eine Verschiebung der Anteile hin zu subjektiver, also meinungshaltiger Berichterstattung. Dabei bleibt der absolute Anteil der objektiven Berichterstattung nahezu stabil. Über die Jahre steigt allerdings die Zahl subjektiver Beiträge, sodass es zu einer Verschiebung der Anteile kommt (vgl. Tab. 6).

Tabelle 6 Entwicklung der Darstellungsformen für Religionsberichterstattung

	1993	1997	2001	2005	2009	Gesamt
Objektiv	181	218	197	278	201	1.075
%	66	61	48	49	50	53
Subjektiv	75	124	188	246	167	800
%	28	35	45	43	41	40
Mischform	16	14	29	43	36	138
%	6	4	7	8	9	7
Gesamt	273	357	415	568	404	2.017
%	100	100	100	100	100	100

Basis: alle den Zugriffskriterien entsprechende Beiträge, N = 2.017, Chi^2 = 45.43, p = .000

Religionsberichterstattung wird über die Jahre also meinungshaltiger, was als Indiz für eine stärkere Auseinandersetzung mit dem Thema Religion gewertet werden kann. Dabei geht diese Plus bei der subjektiven Berichterstattung gleichermaßen auf das Konto von redaktionellen Meinungsformen, Leserbriefen und den Feuilletonbeiträgen (vgl. Tab. A7 im Anhang). Während sich die Journalisten bzw. Redaktionen in den redaktionellen Meinungsformen hauptsächlich zu Personalien, Pastoralreisen und Kunst- und Buchkritiken äußern, sind es bei den Leserbriefen vor allem Reaktionen auf historische Darstellungen, innerkirchliche Kontroversen (Zölibat, Frauen im Priesteramt, Laiendienst) und Meinungsäußerungen zum Thema Islam.

Tenor
Mit dem Tenor sollte der allgemeine Eindruck festgehalten werden, den ein durchschnittlicher Leser nach einmaligem Lesen des Beitrages erhält. Codiert werden sollte, ob sich insgesamt positive oder negative Entwicklungen ablesen lassen, ob eine optimistische oder pessimistische Prognose gestellt wird. Wichtig war dabei, dass die Feststellung des Tenors nicht in Bezug zu Religion erfasst werden sollte. Gut ein Viertel der Beiträge (27 Prozent) sind neutral im Grundtenor, enthalten also keinerlei implizite oder explizite Wertungen. Beiträge mit Tenor sind zur Hälfte (50 Prozent) negativ/pessimistisch, ein Drittel ist positiv/optimistisch, die verbleibenden 17 Prozent enthalten sowohl positive als auch negative Wertungen und wurden als ambivalent codiert. Damit ist die deutsche Berichterstattung im Vergleich zu den USA kritischer bzw. pessimistischer (vgl. Vultee, Craft & Velker 2010: 158), wobei sich dieses Muster durch alle Themenbereiche zieht. Lediglich Kunst&Kultur (57 Prozent optimistisch/positiv) sowie Bildung&Wissenschaft (50 Prozent optimistisch/positiv) sind eher positiv als negativ. Selbst Pastoralrei-

9.2 Dimension Themen

sen, für die Bosshart (1987) (dort Berichterstattung über den Papstbesuch in der Schweiz und in Liechtenstein) in 85 Prozent aller Beiträge einen positiven Tenor fand (Bosshart 1987: 12), sind tendenziell auch eher negativ als positiv (25 Prozent kein Tenor; wenn Tenor, dann 35 Prozent positiv, 25 Prozent ambivalent und 40 Prozent negativ).

Im Vergleich der Jahre zeigen sich zunächst keine signifikanten Unterschiede in den Verteilungen der Bewertungen (ohne neutralen Tenor) (Chi^2 = 12.93, p = .114). Insgesamt wird der Tenor der Beiträge, die Religion enthalten über die Jahre also nicht positiver aber auch nicht negativer. Ein signifikanter Unterschied über die Jahre zeigt sich lediglich in der Verteilung der Artikel mit und ohne Tenor (F (4,2012) = 4.85, p = .001). Allerdings zeigt der Scheffé-Test, dass sich lediglich das Jahr 2001 signifikant von allen anderen Jahren unterscheidet. Dabei nimmt der Anteil der positiven Beiträge im Vergleich mit den anderen Jahren nicht ab, der Anteil der negativen allerdings insgesamt zu (vgl. Abb. 6).

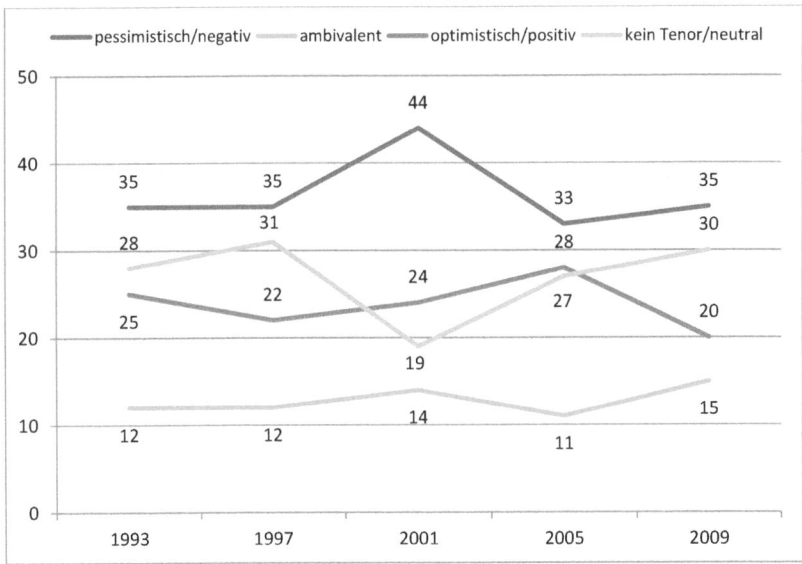

Abb. 6 Entwicklung des Gesamttenors
Basis: alle den Zugriffskriterien entsprechende Beiträge, N = 2.017

Es findet also keine komplette Verschiebung der Wertung von positiv zu negativ statt, sondern es gibt lediglich ein Plus bei den negativen/pessimistischen Beiträgen, welches aber nicht zu Lasten der positiven Beiträge geht. 2001 wird die Religionsberichterstattung also eindeutig wertender und tendenziell auch negativer. Ein Befund, der mit Sicherheit auf Beiträge rund um 9/11 zurückzuführen ist und sich nicht über die folgenden Jahre fortsetzt.

Konflikt
In knapp der Hälfte der analysierten Beiträge (48 Prozent) wird ein Konflikt thematisiert. Wobei sich signifikante Unterschiede zwischen den Jahren zeigen ($F_{(4, 2012)} = 13.14$, $p = .000$). Mit Ausnahme des Jahres 2005 scheint dabei die konflikthaltige Berichterstattung über Religion mit der Zeit kontinuierlich zuzunehmen. Da 2005 die Papstberichterstattung anscheinend alle anderen potenziell konflikthaltigen Themen aus den Top Five Themen verdrängt, wurde noch einmal eine ANOVA ohne das Jahr 2005 gerechnet. Hier zeigt sich ein signifikanter Unterschied ($F_{(3,1445)} = 4.48$, $p = .004$). Dieser ist zwar nur für die Jahre 1993 und 2009 im Post-hoc Test (Scheffé) signifikant, da es sich aber um die beiden Pole der Zeitreihe handelt, kann angenommen werden, dass der Anstieg zwischen den Jahren so moderat ist, dass er im Test nicht signifikant wird, auch wenn die Anteilswerte über die Jahre kontinuierlich ansteigen. Angesichts der Ergebnisse kann trotzdem ein signifikanter Anstieg über die Jahre konstatiert werden (vgl. Abb. A3 im Anhang).

Für die Religionsberichterstattung in den USA stellen Vultee, Craft & Velker (2010) fest, dass 1992 noch fast die Hälfte der Berichterstattung (45 Prozent) einen Konflikt enthielt, der Wert bis 2000 aber auf ein Drittel (33 Prozent) sank (Vultee, Craft & Velker 2010: 158). Für Deutschland zeigt sich hier ein entgegengesetztes Bild. 1993 auf ähnlichem Niveau startend (45 Prozent), enthalten 2001 mehr Beiträge (55 Prozent) einen Konflikt, 2009 sind es noch einmal zwei Prozentpunkte mehr (57 Prozent). Eine mögliche Erklärung kann der unterschiedliche Stellenwert von Religion in den beiden Ländern sein. In Deutschland eher mit Skepsis betrachtet, genießt Religion in den USA, sowohl in Politik als auch in Gesellschaft, allgemein großes Ansehen. Dieser allgemeine Trend scheint sich also in der landesspezifischen Berichterstattung niederzuschlagen. Favre (2011) findet im Schweizer Fernsehen in 37 Prozent der Religionsberichterstattung einen Konflikt (Favre 2011: 86). Als Begründung für den für sie unerwartet niedrigen Wert führt Favre (2011) an, dass gerade die vielen in die Untersuchung einbezogenen Regionalprogramme „stärker mit lebensweltlichen denn mit politischen und gesellschaftlichen Themen verbunden [sind]." (Favre 2011: 86) und die Gesamtberichterstattung damit potenziell weniger konfliktbehaftet ist. Ähnliches

9.2 Dimension Themen

gilt für die in vorliegender Studie dominierenden Themenbereiche Personalia, Kunst&Buchkritik und Historisches/Geschichte. Der eher moderate Anstieg der konflikthaltigen Berichterstattung in FAZ und SZ lässt sich mit der Übermacht dieser – per se – wenig konflikträchtigen Themen begründen. Der dennoch vorhandene Anstieg gerade in 2001 und 2009, genauso wie der Abfall in 2005, ist offensichtlich an konkrete Themen gebunden.

Für 2001 wäre ein weit höherer Anteil der Konfliktberichterstattung erwartbar gewesen. Dass dieser sich nicht so deutlich zeigt, lässt sich durch den Fokus auf die christliche Religion begründen, der hier sicherlich als Dämpfer gegenüber der vermutlich konflikträchtigeren Berichterstattung zum Islam fungiert. Für Religion allgemein sollte man 2001 wesentlich höhere Konfliktwerte erwarten. Grundsätzlich aber erhöht 9/11 und das Thema Gentechnik in diesem Jahr den Konfliktanteil. Dass 2005 aus dem Muster des moderaten Anstiegs herausfällt, kann mit der Berichterstattung „Wir sind Papst!" begründet werden, welche zwei der Top-Five-Themen 2005 stellt (Tod Johannes Paul II., Wahl Benedikt XVI.). Auch die weiteren Top-Themen des Jahres (vgl. Tab. A5 im Anhang) bieten mit Weltjugendtag, Pastoralbesuchen und Ähnlichem kein wirkliches Konfliktpotenzial. 2009 wiederum steht auf Platz 2 der spezifischen Themen die Diskussion um die Aufhebung der Exkommunikation der Bischöfe der Pius-Bruderschaft. Ein Thema, das in mehreren Sphären (Politik, Gesellschaft, Religion) bis auf die höchsten Ebenen kontrovers diskutiert wurde.

Sofern ein Konflikt in den analysierten Beiträgen thematisiert wird (n=963, 48 Prozent der Religionsberichterstattung), entfallen 77,5 Prozent (n=746) der konflikthaltigen Berichterstattung auf Konflikte unter Beteiligung von Religion. Auf die Gesamtberichterstattung über Religion bezogen (N=2.017) sind es 37 Prozent. Durchschnittlich findet sich also in jedem dritten Beitrag der Religionsberichterstattung ein Konflikt, an dem Religion unmittelbar beteiligt ist. Die 77,5 Prozent sollten aber insofern nicht überbewertet werden, da durch die Zugriffskriterien nicht alle Konflikte, aber alle Konflikte mit Nennung von Religion oder religiösen Akteuren in die Analyse gelangten. Wesentlicher ist die Frage, welche Konfliktkonstellationen sich für Konflikte unter Beteiligung von Religion zeigen.

Mitte der 1980er Jahre registriert Buddenbaum (1986) in den USA einen Rückgang der Berichterstattung über Konflikte zwischen Religion und Gesellschaft und eine Zunahme von Berichterstattung über Konflikte zwischen und innerhalb von Kirchen und Religionen (Buddenbaum 1986: 362). Die Konflikte scheinen sich also auf den Bereich Religion zurückzuziehen. Diesem Gedanken folgend, wurden in dieser Studie die Konfliktbeteiligungen weitergehend analysiert. Unterschieden wurde zunächst, ob es sich um Konflikte innerhalb oder zwischen Religionen oder Konfessionen handelte (intrareligiös, intrakonfessionell, interreligiös, interkonfessionell), oder ob die Konfliktlinie zwischen Religion und Staat oder zwischen Religion und Gesellschaft verläuft.

Betrachtet man dahingehend die Berichterstattung über Konflikte unter Beteiligung von Religion (n=746), dann ist zunächst einmal festzustellen, dass sich ein Viertel (25 Prozent) der entsprechenden Artikel nicht spezifizieren ließen. In vielen Fällen ist die darauf zurückzuführen, dass mehr als die in der Spezifizierung genannten Bereiche tangiert wurden. Zum Beispiel in Fällen, in denen Staat, Gesellschaft und Religion beteiligt waren. Sie verblieben in der Auffangkategorie Konflikte unter Beteiligung von Religion (allgemein). Die Konflikte zwischen Religion und Staat schlagen mit etwa einem Fünftel (19 Prozent) zu Buche, dicht gefolgt von intrakonfessionellen Konflikten (17 Prozent). Zu diesen zählen vor allem Diskussionen innerhalb der Katholischen Kirche z. B. über Frauen und Laien im Priesteramt, Zölibat und der Streit um die Petition Vatikanum II. Mit 16,5 Prozent folgen Konflikte zwischen Religion und Gesellschaft. Fasst man alle religionsinternen Konflikte (interreligiös, intrareligiös, interkonfessionell und intrakonfessionell) zusammen, kommt man insgesamt auf einen Anteil von 39 Prozent. Konflikte innerhalb oder zwischen Religionen und Konfessionen machen also den Großteil der Konflikte unter Beteiligung von Religion aus, gefolgt von Konflikten zwischen Religion und Staat sowie Religion und Gesellschaft. Damit herrscht ein nahezu ausgeglichenes Verhältnis zwischen innerhalb der Religionssphäre liegenden Konflikten und sphärenübergreifenden Konflikten.

Die Jahre unterscheiden sich zwar signifikant (Chi^2 = 25.98, p = .011), allerdings gibt es kaum kontinuierliche Entwicklung (vgl. Abb. 7). Es kann also angenommen werden, dass es keinen allgemeinen Trend im Hinblick auf spezifische Konfliktkonstellationen gibt. Separate ANOVAs für die dichotomisierten Konfliktkonstellationen Religion und Gesellschaft (F (4,2012) = .39, p = .814) sowie Religion und Staat (F (4,2012) = 2.81, p = .024) ergaben entweder überhaupt keine signifikanten Unterschiede über die Jahre oder keine signifikanten Unterschiede im Post-hoc Test (Scheffé) zwischen den Jahren. Bei den religionsinternen Konflikten zeigen sich zwar zunächst Unterschiede zwischen den Jahren (F (4,2012) = 5.37, p = .000), diese beziehen sich aber nur auf die Jahre 1993 und 2009. Da es sich hier wieder um die Pole der Zeitreihe handelt, kann lediglich in diesem Fall von einem Trend hin zu mehr Konflikten ausgegangen werden. Angesichts der Stagnation zwischen 1997 und 2005 sollte dies aber nicht überinterpretiert werden. Für das allgemeine Plus an konflikthaltiger Berichterstattung ist somit nicht eine spezielle Konfliktkonstellation verantwortlich.

9.2 Dimension Themen

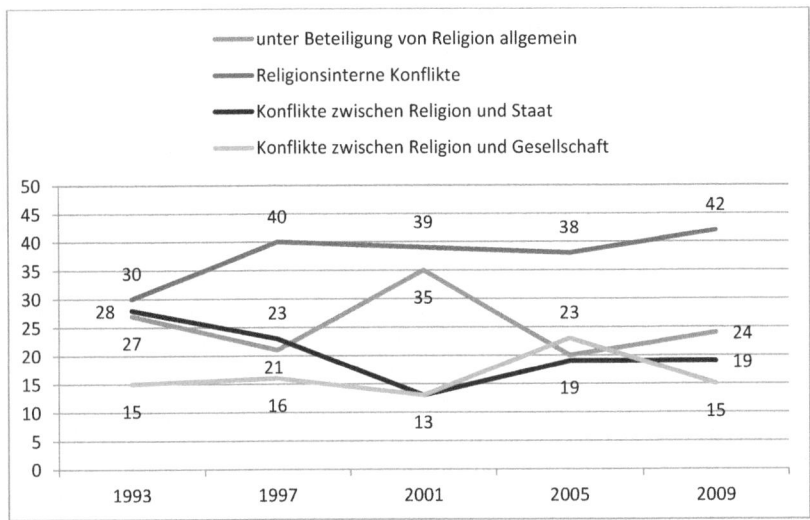

Abb. 7 Entwicklung der Konfliktkonstellationen
Basis: Beiträge mit Konflikten unter Beteiligung von Religion, n = 746

Es kann also nicht behauptet werden, dass Konflikte zwischen Religion und Staat über die Zeit generell zu- oder abnehmen. Gleiches gilt für die ähnlich relevante Konfliktkonstellation Religion und Gesellschaft. Eine wie von Buddenbaum (1986) Mitte der 1980er Jahre dokumentierte Verschiebung der Konfliktlinien über die Zeit lässt sich für Deutschland zwischen 1993 und 2009 nicht nachweisen. Da im hier untersuchten Zeitraum die religionsinternen Konflikte mit 39 Prozent die größte Gruppe ausmachen und Konflikte zwischen Religion und Staat mit 19 Prozent bzw. zwischen Religion und Gesellschaft mit 17 Prozent dahinter liegen, könnte es natürlich sein, dass die von Buddenbaum beschriebene Verschiebung in den 1980er Jahren in Deutschland ebenfalls stattgefunden hat und sich seitdem keine Veränderungen in der Verteilung ergeben haben.

Insgesamt scheint die Berichterstattung über Religion über die Zeit also konflikthaltiger zu werden, wobei keine spezifische Konfliktkonstellation dafür verantwortlich gemacht werden kann. Es dominieren interne Religionskonflikte, wobei die intrakonfessionellen Konflikte den Hauptteil ausmachen. Konflikte zwischen Religion und Staat sowie zwischen Religion und Gesellschaft rangieren hinter religionsinternen Konflikten.

Vultee, Craft & Velker (2010) stellen für die USA fest, dass Berichterstattung über Konflikte im Bereich Religion nahezu immer mit Politik verbunden sind.

Sie stellen daraufhin die Frage, ob jeder religiöse Konflikt gleich politisch ist oder ob die Nähe zur Politik die religiöse Berichterstattung konflikthaltiger erscheinen lässt. Die Autoren empfehlen daher, die Konflikthaltigkeit originär religiöser Themen mit originär politischen Themen (in denen Religion vorkommt) zu vergleichen (Vultee, Craft & Velker 2010: 162). Diesem Gedanken folgend werden für Konflikte mit und ohne Beteiligung von Religion noch einmal die Themenbereiche verglichen. 39 Prozent der Beiträge die einen Konflikt thematisieren (n=963), erscheinen im Themenbereich Religion, weitere 27 Prozent im Bereich Politik. Ist Religion am Konflikt beteiligt (n=746) steigt der Wert für den Bereich Religion (50 Prozent) und sinkt für den Bereich Politik (20 Prozent). Konflikte unter Beteiligung von Religion sind oder werden also durchaus politisch. Es ist aber nicht so, dass jeder religiöse Konflikt gleich politisch ist. Die Anteile entsprechen eher der allgemeinen Verteilung der Themenbereiche (vgl. Tab. 7). Für den zweiten Teil der Annahme von Vultee, Craft & Velker (2010) kann festgestellt werden, dass nicht die Nähe zur Politik Religionsberichterstattung konflikthaltiger erscheinen lässt. Wie bereits festgestellt wurde, bringt Religion genügend eigenes Konfliktpotenzial mit, sodass die Politik Religion nicht mit Konflikten anstecken muss. Vielmehr ist es so, dass der Bereich Politik einen überdurchschnittlich hohen Konfliktanteil mitbringt. Das zeigt sich auch in der Tatsache, dass 49 Prozent der Beiträge, die einen Konflikt enthalten, an dem aber Religion nicht unmittelbar beteiligt ist, im Bereich Politik stehen, was nicht mit dem generellen Anteil von Politik an der Gesamtberichterstattung erklärt werden kann (vgl. Tab. 7). Religion schafft also auch hier den Sprung aus dem ihr eigentlich angestammten Bereich – und zwar hauptsächlich in den Bereich Politik. Beispiele sind Beiträge über Wahlen, Gentechnik oder über den Nahost-Konflikt. Auf dem zweiten und dritten Rang rangieren nach der Politik Gesellschaft und Justiz. Im Bereich Justiz erscheint Religion hauptsächlich als Vermittler bei diversen Geiselnahmen in Südamerika. Insgesamt zeigt sich auch hier eine Art Mehrsystemrelevanz. Diese allerdings nicht in dem Sinne, dass Religion nur in Verbindung mit anderen Themen in die Berichterstattung gelangt. Vielmehr finden sich hier Anzeichen dafür, dass sich Religion erfolgreich in andere Konflikte einmischt, auch wenn sie selbst gar nicht Konfliktbeteiligter ist. Auch wenn tiefergehende Analysen hier nicht möglich sind, könnte man doch vermuten, dass Religion nicht immer nur Teil des Problems ist, sondern sich auch als Konfliktlöser anbietet.

9.2 Dimension Themen

Tabelle 7 Konfliktkonstellationen nach Themenbereichen

	Anteil Themenbereiche overall	Konflikt vorhanden	Konflikt unter Beteiligung von Religion	Konflikt ohne Beteiligung von Religion
Politik	19	27	20	49
Religion	41	39	50	4
Kunst&Kultur	8	4	4	4
Wirtschaft	2	2	1	6
Gesellschaft	12	12	10	16
Justiz	5	7	6	12
Sport	1	1	0	1
Bildung&Wissenschaft	9	6	6	6
Umwelt&Natur		0	0	0
Medien	2	2	2	2
Gesamt	100	100	100	100
N/n	2.017	961	745	216

Angaben in Prozent

Über das Vorhandensein von Konflikten und deren Konstellationen hinaus sollten in der Codierung Konflikt weiter spezifiziert werden. Dazu wurden zwei neue Variablen eingeführt, wovon die erste die Konfliktbeteiligung misst und die zweite die Konfliktintensität. Für die Konfliktbeteiligung konnte von sich gegenüberstehen einzelnen Individuen, über Länder bis hin zu transnationalen Lagern abgestuft werden. Die Ergebnisse bilden fast eine Normalverteilungskurve (vgl. Tab. 8). Konflikte zwischen Individuen und Konflikte zwischen transnationalen Lagern sind in der Religionsberichterstattung eher selten, es dominieren Konflikte zwischen (größeren) Gruppen. Wie im Kapitel 8 (Pretest) angedeutet, bereiteten den Codierern vor allem die Klassifizierung asymmetrischer Konflikte Probleme, sodass nicht ausgeschlossen werden kann, dass die Normalverteilung zu Teilen auch durch eine Art Mittelkategoriephänomen zustande kam. Trotzdem sollen auch hier die Verteilungen über die Jahre geprüft werden. Aufgrund der Likert-Skalierung wurde zunächst eine Korrelation der Beteiligungsvariable mit der Jahresvariable gerechnet, welche keinen Zusammenhang zeigt (Spearman Rho, r = -.080, p = .014)[26]. Da der Korrelationskoeffizient sehr klein ist, das Ergebnis insgesamt jedoch signifikant, wurden Beteiligungsvariable und Jahre ergänzend

---

26 Pearson: r = -.076, p = .038

in einer Kreuztabelle mit Chi²-Test dargestellt, welche signifikante Unterschiede zeigt (Chi² = 43.47, p = .000). In direkter Gegenüberstellung der Variablen (vgl. Tab. 8) erkennt man, dass vor allem das Jahr 2001 und 2005 aus dem allgemeinen Trend fallen. 2001 verschiebt sich die konflikthaltige Berichterstattung eindeutig hin zu größeren Reichweiten, was sicher mit 9/11 zusammenhängt. 2005 wiederum schlägt das Pendel genau nach der anderen Seite aus – nun sind eher einzelne Personen und kleinere Personenkreise an den Konflikten beteiligt.

Tabelle 8 Entwicklung der Konfliktbeteiligung

	1993	1997	2001	2005	2009	Gesamt
Individuen	6	6	6	11	7	7
2	16	16	8	22	23	17
3	49	52	46	42	46	47
4	25	24	30	20	20	24
Transnationale Lager	4	2	9	4	4	5
MW	3,04	3,01	3,28	2,85	2,93	3,02
N=	125	171	225	210	229	960
Gesamt	100	100	100	100	100	100

Basis: alle Beiträge, die einen Konflikt thematisieren, Angaben in Prozent (ausgenommen N und MW), Spearman-Rho r=-.080, p=.014, Chi² = 43.47, p = .000

Insgesamt ist ein Trend zu Konflikten geringerer Reichweite abzulesen. Dieses Ergebnis lässt zwei Schlüsse zu. Entweder haben die Konflikte über die Zeit tatsächlich eine geringere Reichweite, oder Religion wird zum selbstverständlichen Bestandteil der Berichterstattung, sodass die Schwelle zur Publikation (hier über Konflikt) nicht mehr so groß ist. Es werden also nicht nur die weitreichenden Konflikte berichtet, sondern auch die kleinen „alltäglichen". Betrachtet man sich die Themenverteilung (s.o.), ist eher von Letzterem auszugehen. Nicht die Themen, bzw. die Konflikte werden kleiner, sondern Religion wird zur Normalität und überspringt auch schon mit kleineren Konflikten die Publikationsschwelle.

Gestützt wird diese Interpretation durch die Daten bezüglich der Konfliktintensität. Hier findet sich ein sehr schwacher aber hoch signifikanter negativer Zusammenhang (Spearman-Rho, r = -.137, p = .000)[27]. Insgesamt dominieren

---

27 Pearson: r = -.136, p = .000

9.2 Dimension Themen

Konflikte mit schwacher Intensität (62 Prozent) – also Konflikte, die sachlich mit Worten ausgetragen werden. Von 1993 steigt deren Anteil von 50 Prozent auf 70 Prozent im Jahr 2009. Umgekehrt sinkt der Anteil der Konflikte mit starker Intensität – also regelrechten Kriegen mit massivem Waffeneinsatz – von 6 Prozent 1993 auf 3 Prozent im Jahr 2009. Das Jahr 2001 bildet auch hier die einzige Ausnahme in der generellen Tendenz, da sich hier die Verteilung leicht zur stärkeren Intensität verschiebt, was wieder einmal mit 9/11 erklärt werden kann (vgl. Tab. A8 im Anhang).

Zusammenfassend kann für die Konflikte in der Religionsberichterstattung festgehalten werden, dass eine Tendenz zu mehr Konflikten zu erkennen ist. Dieses Mehr an Konflikten geht aber mit einer geringeren Reichweite und geringeren Konfliktintensität über die Jahre einher. Vermutet wird hier, dass Religion immer selbstverständlicher in der Berichterstattung wird und somit die Publikationsschwelle eher übersprungen wird. Generell dominieren religionsinterne Konflikte, allerdings schafft es Religion auch, sich in Konflikte „einzumischen", in denen sie selbst kein integraler Bestandteil ist. Dies ist ein Hinweis auf die den einleitenden Kapiteln vermutete Relevanz von Religion für aktuelle politische und gesellschaftliche Entscheidungen sein. Beispiele sind Top Five Themen wie Gentechnik und islamistischer Terror.

Geografische Reichweite
Bereits im vorhergehenden Abschnitt über die konflikthaltige Berichterstattung wurde die Reichweite von Religion in der Berichterstattung angesprochen. Mit zwei Variablen wurde in der Codierung zwischen Ereignis- und Bezugsort unterschieden. Dahinter steht die Frage, ob sich Religion nur in geografisch begrenzten Diskursen zeigt, oder aber über die Zeit Berichterstattung größerer Reichweite bekommt.

Etwa jeder zehnte Beitrag hat entweder keinen konkreten Ereignis- (11 Prozent) oder keinen konkreten Bezugsort (12 Prozent). Überschneidungen (also weder konkreter Ereignis- noch konkreter Bezugsort) kommen nur in einem Drittel dieser Beiträge vor.

Sofern ein Ereignisort identifizierbar ist (n = 1.785), so ist es in fast der Hälfte der Fälle (48 Prozent) Deutschland. Es folgen der Vatikan (9 Prozent), Italien (6 Prozent) und die USA (4 Prozent). Beim Bezugsort (n = 1.774) ergibt sich zunächst die gleiche Rangfolge: Deutschland ist in 37 Prozent der Fälle Bezugsort, in 5 Prozent ist es der Vatikan, in 4 Prozent der Fälle Italien und in 3 Prozent die USA. Bei einem Fünftel der Beiträge (18 Prozent) bezieht sich die Berichterstattung auf kein konkretes Land, sondern ist transnational/global, was als Ereignisort erwartungsgemäß kaum vorkommt (1 Prozent). Da sich der Rest der Nennungen äußerst kleinteilig auf 40 weitere Länder verteilt, kann man mit den vier genannten den Großteil der Beiträge sinnvoll klassifizieren.

Wenn Deutschland Ereignisort ist, so bezieht sich die Berichterstattung in fast drei Viertel der Fälle (74 Prozent) ebenfalls auf Deutschland. Für 9 Prozent konnte kein konkreter Bezugsort definiert werden, bei weiteren 11 Prozent geht es um transnationale bzw. globale Entscheidungen. Ist der Vatikan Ereignisort, bezieht sich die Berichterstattung nur in 31 Prozent der Fälle auf den Vatikan. Gut die Hälfte der Beiträge hat hier entweder keinen konkreten Ereignisort (11 Prozent) oder der Bezug ist transnational/global (38 Prozent). Die Verteilungen für Italien (inbound: 60 Prozent, transnational/global: 21 Prozent) und die USA (inbound: 71 Prozent, transnational/global: 22 Prozent) sind der Deutschlands sehr ähnlich.

Angesichts der Größe und der Struktur des Vatikans kann man die Anteile nach außen und nach innen gerichteter Beziehungen als mit den anderen drei Ländern vergleichbar betrachten, auch wenn von den Anteilen her der Vatikan mit 31 Prozent zunächst weniger „selbstreflexiv" erscheint. Die Muster von Ereignis- und Bezugsort sind innerhalb der hier untersuchten Religionsberichterstattung überraschend homogen. Bei einem Großteil der Beiträge stimmen Ereignis- und Bezugsort überein. Das gilt nicht nur für Deutschland, sondern auch für alle anderen Länder inklusive Vatikan. Ebenfalls übereinstimmend sind die transnationalen/globalen bzw. nicht zuzuordnenden Bezugsorte. Nur in wenigen Fällen sind spezifische Länder Bezugsort. Da diese derart heterogen sind, zeigen sich in einer Clusterzentrenanalyse mit dichotomisierten Ländervariablen (Ereignis- und Bezugsort für Deutschland, Italien, Vatikan, USA, transnational/global und ohne konkreten Bezugsort) keine übergreifenden Muster. Die Cluster, die sich finden, geben den Überhang der Beiträge wieder, in denen Ereignis- und Bezugsort identisch sind. So finden sich in einem Cluster Deutschland als Ereignisort und Deutschland als Bezugsort, in einem weiteren Vatikan als Ereignisort und Vatikan als Bezugsort usw. Darüber hinaus finden sich keine Muster von Ereignis- und Bezugsorten.

Aspekte
Während die spezifischen Themen zumeist aus den bereits vorliegenden Studien abgeleitet wurden, sind die definierten Aspekte eher abstrakter Natur und basieren auf dem Gesamtdiskurs zur Religion. Wie die Bezeichnungen schon sagen, geht es im ersten Fall um spezifische Themen, die es wahrscheinlicher machen, dass Religion in der Berichterstattung erscheint. Bei den Aspekten geht es eher um bestimmte Aussagen und Wertungen, die hinsichtlich der Religion getroffen werden. Die Aspekte werden dabei nicht als Verursacher der Diskussion betrachtet (obwohl sie dies natürlich auch sein können), sondern eher als inhaltliche

9.2 Dimension Themen

Merkmale. Nennungen müssen daher hier nicht unbedingt explizit erfolgen (siehe Kap. 7 Operationalisierung). Entsprechend dem Gegenstand der Arbeit wurde zunächst der Aspekt der *Rückkehr der Religion* definiert. Des Weiteren, dass *christliche Werte gut für die Gesellschaft* sind und die christliche *Religion essenziell für die europäische Kultur* (und somit auch für die deutsche) ist. Diese beiden, schon im Bereich der Funktion von Religion liegenden Aspekte, wurden um den Aspekt der *Religion als Identifikationsgrundlage* erweitert. Angesichts der scheinbaren Zunahme von religiös konnotierten bzw. rein religiösen Konflikten in der Welt, wurde zusätzlich noch der Aspekt *Religion als Gefahr* definiert. Als sechster Aspekt kam *Säkularisierung* hinzu, da vermutet werden kann, dass bei einer stärkeren Diskussion um Religion auch dieser Aspekt diskutiert bzw. betont wird.

Insgesamt kommen diese definierten Aspekte – sowohl explizit als auch implizit – recht selten in der hier untersuchten Religionsberichterstattung vor. Die Anteile liegen zwischen 4 und 7 Prozent je Aspekt. Drei Viertel der Beiträge (76 Prozent) enthalten überhaupt keinen Aspekt. 16,5 Prozent enthalten nur einen der genannten Aspekte. Zwei und mehr genannte Aspekte in einem Beitrag sind eher die Ausnahme (8 Prozent). Dabei lassen sich so gut wie keine Unterschiede zwischen den Jahren erkennen. Lediglich für den Aspekt Religion als Gefahr gibt es eine Spitze im Jahr 2001, was mit 9/11 erklärt werden kann.

Sofern mehrere Aspekte in einem Beitrag erscheinen, lassen sich nur drei nennenswerte Paarungen ausmachen. Jeweils in etwa jedem zehnten Beitrag (der Beiträge mit zwei und mehr Aspekten, n=154) gehen Säkularisierung und Religion als Gefahr (11 Prozent), Rückkehr der Religion und Säkularisierung (9 Prozent) sowie christliche Werte gut für die Gesellschaft und Christentum essenziell für die europäische Kultur (10 Prozent) zusammen. Auch wenn hier nicht geklärt werden kann, welcher welchen Aspekt in den Paarungen bedingt, erscheint es jedoch plausibel anzunehmen, dass eine Diskussion um Religion als potenzielle Gefahr immer auch die Säkularisierung quasi als Mechanismus gegen weitreichende gefährliche Konsequenzen mitdiskutiert. Im zweiten Fall – Rückkehr und Säkularisierung – dürfte es sich um eine logische Zusammenführung der Antagonismen handeln. Einerseits steht das Säkularisierungsparadigma für die westlichen Gesellschaften, welches auch einen Rückgang der Religiosität postuliert, andererseits lässt sich eine Rückkehr der Religion beobachten. Dies fließt dann entsprechend zusammen in die Beiträge mit ein. Auch die dritte Paarung – christliche Werte gut und essenziell – scheint plausibel. Wenn christliche Werte quasi in die europäische Kultur eingeschrieben sind, haben sie auch die Gesellschaft mitgeprägt und sind daher prinzipiell gut (z. B. im Sinne von stabilisierend) für die Gesellschaft. Wie bereits erwähnt, handelt es sich bei den Paarungen aber um sehr kleine Fallzahlen (n = 154), sodass hier keine Überinterpretation erfolgen sollte.

Eine Hauptkomponentenanalyse mit Varimaxrotation für die sechs Aspekte ergibt drei Faktoren (vgl. Tab. 9). Auf dem ersten Faktor laden christliche Werte gut für die Gesellschaft und christliche Religion essenziell für die europäische Kultur. Zusätzlich lädt der Aspekt Religion als Gefahr negativ auf diesem Faktor. Die gemeinsame Nennung der ersten beiden Aspekte schließt also die Nennung von Religion als Gefahr tendenziell aus. Das Eingewobensein der christlichen Religion in die europäische Kultur und der positive Einfluss christlicher Werte auf die Gesellschaft werden nie (bzw. selten) mit einer Gefahr von Seiten der Religion in Verbindung gebracht. Auf dem zweiten Faktor laden die Rückkehr der Religion und negativ, dass die christliche Religion essenziell für die europäische Kultur ist. Wenn also von einer Rückkehr der Religion die Rede ist, dann wird das nicht im Zusammenhang mit einem christlichen Fundament Europas gesehen, sondern als einzelnes Phänomen betrachtet. Der dritte Faktor beinhaltet, dass christliche Werte gut für die Gesellschaft sind und Religion als Identifikationsgrundlage dient. Negativ lädt auf diesem Faktor der Aspekt der Säkularisierung. Die Interpretation wäre, dass christliche Werte gut für die Gesellschaft sind, weil sie (u. a.) eine Identifikationsgrundlage bilden. Der Aspekt der Säkularisierung wird hier explizit ausgeblendet. Dies erscheint problematisch, da der gesellschaftliche Wertekonsens integrativ wirken sollte, und zwar unabhängig davon, wie man ihn generiert (vgl. Kap. 3 Religion und Politik). Aber auch hier sei noch einmal darauf hingewiesen, dass die Aspekte generell nicht häufig in der Berichterstattung erscheinen und noch weniger in Kombination. Aus diesem Grund – und da die Faktoren plausibel interpretierbar sind, wird das Modell auch trotz eines geringen Kaiser-Mayer-Olkin-Tests (r = .313) angenommen.

Tabelle 9 Faktorenlösung Aspekte

	Faktoren		
	1	2	3
Aspekt1: christliche Werte gut für die Gesellschaft	.663		.321
Aspekt2: christliche Religion essenziell für die europäische Kultur	.370	-.756	
Aspekt3: Religion als Identifikationsgrundlage			.635
Aspekt4: Rückkehr der Religion		.819	
Aspekt5: Säkularisierung			-.810
Aspekt6: (Säkularisierung) Religion als Gefahr		-.866	

Basis: alle Beiträge der Religionsberichterstattung entsprechend Zugriffskriterien, N = 2.017, Hauptkomponentenanalyse mit Varimaxrotation, KMO = .313; Bartlett: 84.894, p = .000; Faktorenladungen > .30

9.2 Dimension Themen

In den Beiträgen, die mindestens einen Aspekt enthielten (n=333, 16,5 Prozent) wurde am häufigsten der Aspekt *christliche Werte gut für die Gesellschaft* (7,2 Prozent) genannt. Dieser Aspekt findet sich logischerweise hauptsächlich in Beiträgen, in denen christliche Religionen im Mittelpunkt stehen. Die Verteilung auf Katholizismus und Protestantismus entspricht der allgemeinen Verteilung der beiden Konfessionen über alle Beiträge: zwei Drittel (66 Prozent) aller Beiträge nennen den Katholizismus und ein Fünftel (21 Prozent) den Protestantismus (vgl. Tab. 10). Bei den Beiträgen, in denen der Aspekt der christlichen Werte genannt wird, sind es 64 Prozent für die Katholiken und 26 Prozent für die Protestanten – also eine ähnliche Verteilung. Interessanter ist hingegen, dass Christentum allgemein, also ohne spezifische Nennung einer Konfession, mit 67 Prozent in den Aspektbeiträgen deutlich über dem allgemeinen Anteil von 38 Prozent liegt. Die Diskussion um christliche Werte in der Gesellschaft ist also gleichermaßen an spezifische Konfessionen als auch an das Christentum auf einer abstrakten Ebene gebunden.

Nur 0,1 Prozentpunkte hinter dem ersten Aspekt (christliche Werte gut für die Gesellschaft) liegt der Aspekt, dass Religion eine Gefahr darstellt (7,1 Prozent). Nun wäre es plausibel zu vermuten, dass vor allem der Islam im Zusammenhang mit Fundamentalismus und islamistischem Terror überdurchschnittlich häufig im Zusammenhang mit diesem Aspekt genannt wird. Dem ist aber nicht so: Sämtliche Religionen sind hier im Vergleich mit ihren Anteilen in der Gesamtberichterstattung überrepräsentiert. Eine Ausnahme bilden lediglich die spezifischen christlichen Konfessionen Katholizismus und Protestantismus. Sie sind im Vergleich zur Gesamtberichterstattung unterrepräsentiert (vgl. Tab. 10). Das legt den Schluss nahe, dass Religionen auf dem abstrakten Niveau tendenziell eher als Gefahr gesehen werden, als spezifische Konfessionen. Inwieweit hier Stereotype zum Tragen kommen, die an ein abstrakteres Niveau gebunden sind, kann mit dieser Studie nicht geklärt werden.

Tabelle 10 Verteilung der Aspekte nach Religionen/Konfessionen im Verhältnis zur Gesamtberichterstattung

	Christentum allgemein	Katholiken	Protestanten	Orthodoxe	Sonstige Christen	Islam	Judentum
Religion als Gefahr (n=144)	73	29	13	9	8	67	21
Christliche Werte gut für Gesellschaft (n=146)	67	64	26	4	3	15	10
Gesamt (n=2017)	38	66	21	6	3	17	13

Basis: Beiträge, die einen der Aspekte enthalten, n = 333, Angaben in Prozent

Insgesamt betrachtet, kommen die hier definierten Aspekte überraschend selten vor. Die beiden noch am meisten genannten Aspekte spiegeln bezeichnenderweise die beiden schon im ersten Teil der Arbeit verhandelten Kernpunkte wieder. Einerseits ist Religion wesentliche und prinzipiell bejahte Wertegrundlage einer Gesellschaft, andererseits birgt Religion immer ein gewisses Gefahrenpotenzial. Interessant ist der Unterschied zwischen den positiv konnotierten und den negativ konnotierten Aspekten. Religion als Gefahr wird allen Religionen gleichermaßen zugeschrieben – taucht aber nicht in Beiträgen auf, in denen es speziell um Katholizismus oder Protestantismus geht (bzw. deren Vertreter enthalten). Der positiv konnotierte Aspekt, dass christliche Werte gut für die Gesellschaft sind, ist zwar auch an das Christentum allgemein gebunden, erscheint aber proportional zur Gesamtberichterstattung auch in Beiträgen, die Katholizismus oder Protestantismus nennen.

Diskussion des Aspektes

Da die einfache Nennung eines Aspektes noch nicht viel über die inhaltliche Verwendung aussagt, wurde für alle genannten Aspekte die Diskussion des Aspektes mit erfasst. So kann Rückkehr der Religion bejaht und verneint werden. Betrachtet man sich die einzelnen Paarungen der vorkommenden Aspekte, ist die Richtung der einzelnen Aspekte relevant für die Analyse. Werden in einem Beitrag Säkularisierung und Rückkehr der Religion genannt, lässt sich noch keine Aussage darüber treffen, ob letztlich von eine Rückkehr ausgegangen wird oder quasi die Säkularisierung „siegt". Für jeden genannten Aspekt wurde somit festgehalten, ob er bestätigt oder widerlegt wird. Für den Fall, dass gleichermaßen Bestätigung und Wiederlegung erfolgte, wurde zusätzlich die Möglichkeit angeboten, die Aspekte als *ambivalent* vorhanden zu codieren.

Mehrheitlich bestätigt werden die Aspekte, dass *christliche Werte gut für die Gesellschaft* sind (89 Prozent), dass die *christliche Religion essenzieller Bestandteil der europäischen Kultur* ist (96 Prozent) und, dass *Religion Identifikationsgrundlage* ist (93 Prozent). Widerlegungen oder ambivalente Behandlung finden sich bei diesen drei Aspekten so gut wie überhaupt nicht. Säkularisierung und Religion als Gefahr werden zwar mehrheitlich bestätigt (Säkularisierung: 59 Prozent, Religion als Gefahr: 73 Prozent), allerdings auch in nennenswertem Umfang ambivalent behandelt (Säkularisierung: 26 Prozent, Religion als Gefahr: 22 Prozent). Säkularisierung wird in 15 Prozent der Nennungen sogar widerlegt. Hier findet also schon eher eine Diskussion des Aspektes statt. Relevant ist dies, weil es sich bei den nicht diskutierten Aspekten um die im vierten Kapitel (Religion und Gesellschaft) genannten wesentlichen Funktionen von Religion handelt. Während diese unwidersprochen bleiben, wird *Säkularisierung*, wenn nicht in Frage gestellt, so doch in relevantem Maße diskutiert und zum Teil auch widerlegt. Trotzdem wird die *Rückkehr der Religion* mehrheitlich (45 Prozent) widerlegt. In 18 Prozent der Fälle wird dieser Aspekt ambivalent behandelt und nur in 37 Prozent wird eine Rückkehr der Religion bestätigt. Obwohl also die Funktionen von Religion – und damit zum Teil auch deren Notwendigkeit – bestätigt wird und Säkularisierung in Frage steht, wird doch nicht von einer Rückkehr der Religion ausgegangen. Die Tatsache, dass alle Aspekte (mit Ausnahme der Rückkehr der Religion) mehrheitlich bestätigt werden, weist darauf hin, dass diese eher als Argument und Fakt in der Berichterstattung auftauchen und selten Gegenstand sind. Zur Klärung genau dieser Frage wurde zusätzlich für alle Aspekte codiert, ob sie Argument/Fakt in den Beiträgen sind oder ob sie Gegenstand der Berichterstattung sind.

Stellung des Aspektes
Die Auswertung der Stellung der Aspekte in der Berichterstattung bestätigt den Eindruck, dass alle Aspekte eher als Fakten bzw. Argumente präsentiert werden. Lediglich bei etwa jeder fünften Nennung ist der Aspekt Gegenstand der Diskussion. Oben angedeutete Tendenzen, dass *Rückkehr der Religion, Säkularisierung* und *Religion als Gefahr* eher Gegenstand der Berichterstattung sind als die anderen drei Aspekte (Werte, Kultur, Identifikation), lassen sich hier nicht finden. (Tab. A9 im Anhang). Aufgrund der geringen Fallzahlen für die Aspekte ist eine weitere Auswertung nach Jahren nicht sinnvoll.

9.3 Dimension Akteure

Nachdem das generelle Volumen sowie die Präsentation und Aufbereitung der Religionsberichterstattung dokumentiert wurde, sollen abschließend noch die Akteure der Religionsberichterstattung analysiert werden. Unter der Dimension Akteure werden hier sowohl in der Berichterstattung vorkommende als auch die Berichterstattung aktiv gestaltende (z. B. Quellen) Akteure betrachtet. Zunächst wird dargestellt, welche Religionen überhaupt in der Berichterstattung vorkommen und wie sie im Verhältnis zueinander und zur Verteilung in der Gesamtbevölkerung stehen. Weiterhin werden Urheber von Stellungnahmen und Aspekten analysiert. Der Fokus der Analyse unter der Dimension Akteure liegt auf den in der Berichterstattung handelnden und/oder zu Wort kommenden aktiven Akteuren sowie den ebenfalls enthaltenen passiven Akteuren.

Welche Religionen

Das Vorkommen der einzelnen Religionen wurde hier gelegentlich schon zur Interpretation der Daten herangezogen, soll aber jetzt noch einmal umfassend dargestellt werden. Für die Erfassung der einzelnen Religionen kam die Variable Valenz der Religion zum Einsatz. Hauptaufgabe dieser Variable war die Messung der Valenz der einzelnen Religionen bzw. Konfessionen. Da im Zuge dessen auch erfasst wurde, ob die jeweilige Religion bzw. Konfession überhaupt in der Berichterstattung vorkam (siehe Kap. 7 Operationalisierung), musste für die Codierung des Vorkommens keine separate Variable gegründet werden.

Unterschieden wurde zunächst nach Christentum, Islam und Judentum. Wobei noch einmal angemerkt werden soll, dass durch die Zugriffskriterien nicht die Gesamtberichterstattung über Islam und Judentum erfasst wurde. Diese flossen nur in das Analysematerial ein, wenn das Christentum genannt wurde oder ein christlicher Akteur (Papst, Bischof, EKD etc.) im Beitrag auftauchte. Abgesehen davon, dass die vorliegende Studie explizit auf die großen christlichen Konfessionen in Deutschland fokussiert, stellt diese Einschränkung insofern kein Problem dar, weil die Darstellung anderer Religionen (im „Westen") fast immer an die Darstellung des Christentum gebunden ist (vgl. Trebbe 2011: 37). Islam und Judentum werden hier also nur im Verhältnis zum Christentum analysiert und nicht im Sinne einer Repräsentativität innerhalb der allgemeinen Religionsberichterstattung.

Innerhalb des Christentums wurden die beiden großen – für Deutschland wesentlichen – Konfessionen katholisch und protestantisch unterschieden. Darüber hinaus wurden orthodoxe Konfessionen und sonstige christliche Glaubensrichtungen erfasst – wobei dazu vor allem die neuen protestantischen, charismatischen Richtungen (Evangelikale, Pfingstler u. Ä.) zählen. Für den Fall, dass keine Einordnung in eine der Konfessionen möglich war (entweder weil keine Spezifizierung erkennbar war, oder weil es ganz allgemein um das Christentum ging), bestand die Möglichkeit, unter Christentum allgemein zu codieren.

Eine erste Auswertung zeigt, dass in zwei Drittel (66 Prozent) der Beiträge die Katholische Kirche vorkommt, welche damit in der Rangfolge der Nennungen den ersten Platz einnimmt. Danach folgt das Christentum allgemein (38 Prozent) und die Protestanten (21 Prozent). Der Islam wird in knapp jedem fünften Beitrag (17 Prozent) genannt, das Judentum in jedem zehnten Beitrag (13 Prozent). Die orthodoxen Kirchen (6 Prozent) und die sonstigen Christen (3 Prozent) spielen kaum eine Rolle. Vultee, Craft & Velker (2010) nehmen an, dass „[The] size of a denomination determines the amount of coverage it receives." (Vultee, Craft & Velker 2010: 152). Wie im Zuge der Auswertung der Hauptthemen bereits angedeutet, trifft das auf die Religionsberichterstattung in den hier analysierten Tageszeitungen nicht zu. Die Katholische Kirche ist eindeutig überrepräsentiert. Deren

9.3 Dimension Akteure

Anteil in der Gesamtbevölkerung liegt bei 30 Prozent (Statistisches Bundesamt 2012) – der Anteil innerhalb der Religionsberichterstattung hingegen liegt, wie erwähnt, bei 66 Prozent. Die Evangelische Kirche wiederum ist im Vergleich zum Bevölkerungsanteil (29 Prozent, Statistisches Bundesamt 2012) mit 21 Prozent leicht unterrepräsentiert. Die Überrepräsentation der Katholischen Kirche konnte schon bei der Verteilung der Themen festgestellt werden. Bei der reinen Nennung nun wird dies noch ausgebaut. In der Berichterstattung ergaben sich für den Katholizismus Anteile von 58 Prozent im Hauptthema und 55 Prozent im Nebenthema, bei den Nennungen sind es nun 66 Prozent. Der Protestantismus machte nur 12 Prozent im Hauptthema und 7 Prozent im Nebenthema aus, erreicht hier nun einen höheren Anteil (21 Prozent). Dies könnte ein Hinweis darauf sein, dass die Evangelische Kirche es zwar nicht schafft, entsprechend ihres gesamtgesellschaftlichen Anteils Themen zu setzen, aber mit ihren Akteuren stärker in der Berichterstattung vorkommt. Allerdings trifft dies auch auf den Katholizismus zu, der ebenfalls mit den reinen Nennungen über dem thematischen Anteil liegt.

Islam und Judentum sind beide – gemessen an ihrem Bevölkerungsanteil – deutlich überrepräsentiert. Nur 0,13 Prozent der deutschen Bevölkerung gehören laut Statistischem Bundesamt (2012) dem jüdischen Glauben an. In der Berichterstattung beträgt der Anteil jedoch 13 Prozent. Ähnlich sieht es für den Islam aus. Da die Bevölkerungsstatistik des Statistischen Bundesamtes Muslime nicht aufführt, musste auf eine Studie des Bundesamtes für Migration und Flüchtlinge aus dem Jahr 2009 zurückgegriffen werden. Diese weist 3,8 bis 4,3 Millionen Muslime in Deutschland aus (BAMF 2009). Obwohl also nur etwa 5 Prozent der Bevölkerung Muslime sind, liegt deren Anteil in der hier analysierten Religionsberichterstattung bei 17 Prozent. Im Gegensatz zu den christlichen Kirchen wird hier die Überrepräsentation vor allem über die Auslandsberichterstattung zustande kommen. Erinnert sei hier an die zum Teil unter den Top-Five auftauchenden Themen *islamistischer Terror* und *Nahost-Konflikt*.

Die „Übermacht" der Katholischen Kirche verschärft sich noch, betrachtet man sich die Kombinationen, in denen die einzelnen Religionen bzw. Konfessionen in der Berichterstattung auftreten (vgl. Tab. 11). Während die Katholische Kirche die Hälfte ihres Vorkommens (35 Prozent solo, 66 Prozent allgemein) alleine bestreitet, also ohne Bindung an andere Religionen/Konfessionen auskommt, sind es bei den Protestanten nur 5 Prozent (Gesamtanteil 21 Prozent). Sieht man sich die Top-Five der Religionskombinationen an, setzt sich der Trend fort. Die Katholische Kirche tritt entweder alleine auf oder in Verbindung mit Christentum allgemein (7 Prozent). Die klassische Verbindung – Katholische und Evangelische Kirche – macht nur etwa 6 Prozent der Berichterstattung aus.

Tabelle 11 Anteil der Religionen/Konfessionen und -kombinationen an der Gesamtberichterstattung

Kombination der Religionen	Anteil an Gesamtberichterstattung
Katholische Kirche solo	35
Christentum allgemein solo	8
Christentum allgemein + Katholische Kirche	7
Christentum allgemein + Islam	6
Katholische Kirche + Protestantische Kirche	6
Protestantische Kirche solo	5

Basis: alle Beiträge der Religionsberichterstattung entsprechend Zugriffskriterien N = 2.017; Angaben in Prozent; Der sechste Platz wurde noch mit aufgenommen, da diesen die Evangelische Kirche (solo) einnimmt – alle anderen Religionen/Konfessionen und ihre Kombinationen liegen dahinter (<=4 Prozent).

Die Zahlen lassen zwei Interpretationen zu: Entweder schafft es die Evangelische Kirche im Gegensatz zur Katholischen Kirche nicht, eigene spezifische Themen zu platzieren oder aber ihre Themenschwerpunkte befinden sich grundsätzlich an gesellschaftlichen und religiösen Nahtstellen. Ein Blick auf die Top Themen über die Jahre zeigte bereits, dass die Katholische Kirche hier (zum Teil ungewollt) mit Solothemen vertreten ist. Dazu zählt neben den Pastoralbesuchen, die fast ausschließlich auf das Konto der Papstreisen gehen, Papsttod und Papstwahl im Jahr 2005, die Debatte um die Aufhebung der Exkommunikation der Pius-Bischöfe 2009, Weltjugendtag und Ähnliches. Bei drei der Top-Five Themen lässt sich per se keine Präferenz für katholisch oder protestantisch ausmachen – dies betrifft Personalia, Kunst- und Buchkritiken und Historisches/Geschichte. Eine entsprechende Analyse zeigt aber, dass die Personalia fast zur Hälfte (47 Prozent) alleine auf das Konto der Katholischen Kirche gehen. Im Themenbereich Historisches/Geschichte ist es ein Drittel (31 Prozent) und bei der Kunst- und Buchkritik immer noch ein Viertel (25 Prozent). Also auch außerhalb inhärent katholischer Themen dominiert die Katholische Kirche und kommt völlig ohne Anbindung an andere Religionen oder Konfessionen aus. Im Gegensatz dazu kommt die Evangelische Kirche eher in Verbindung mit anderen Religionen bzw. Konfessionen vor. Inwieweit dies lediglich ein Effekt unterschiedlichen Outputs der Öffentlichkeitsarbeit und geschickter Themensetzung ist oder einen innerreligiösen Diskussionsstand wiedergibt, kann hier nicht entschieden werden. So kann nicht abschließend geklärt werden, ob sich die Evangelische Kirche im Dialog der Religionen allgemein mehr engagiert als die Katholische Kirche oder ob sie, z. B. aufgrund ihrer fö-

9.3 Dimension Akteure

deralen Struktur und allgemeinen Schmucklosigkeit, lediglich glückloser bei der Themensetzung ist (vgl. Bühler 2011: 209f).

Über die Jahre zeigen sich für fast alle Religionen/Konfessionen signifikante Unterschiede – die einzige Ausnahme bilden die sonstigen Christen (vgl. Tab. A10 im Anhang). Wobei auch hier die Ergebnisse der separaten ANVOAs für die dichotomisierten Vorkommensvariablen der einzelnen Religionen zeigen, dass die Unterschiede keineswegs linear sind (vgl. Abb. 8). Wieder sind es einzelne Jahre, die sich signifikant von den anderen unterscheiden.

Das *Christentum allgemein* verzeichnet 2005 einen Einschnitt. Nach einem Hoch in den Jahren 1997 und 2001 mit 44 bzw. 45 Prozent aller Beiträge, fällt der Anteil 2005 deutlich auf 30 Prozent ab und steigt anschließend 2009 nur mäßig auf 36,5 Prozent. Da sich die absolute Zahl der Beiträge allerdings kaum verändert und die Katholische Kirche ein Anteilshoch verzeichnet, kann der niedrige Werte bei Christentum allgemein mit der Papstberichterstattung zusammenhängen. Das Beitragshoch der Katholischen Kirche drückt den Anteil für Christentum allgemein. Es handelt sich also nicht um einen absoluten Rückgang der Beiträge für das Christentum allgemein, sondern kann mit einem Hoch bei der Katholischen Kirche erklärt werden.

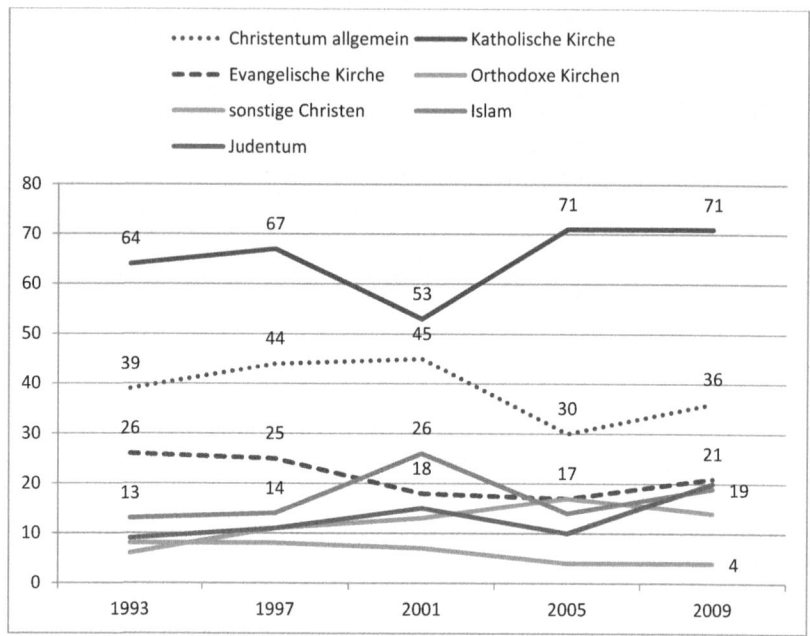

Abb. 8 Entwicklung des Vorkommens der Religionen
Basis: alle Beiträge der Religionsberichterstattung entsprechend Zugriffskriterien, N = 2.017

Ein ähnliches Phänomen zeigt sich auch für die *Katholische Kirche*. Hier bricht 2001 der Anteil an der Gesamtberichterstattung ein. Von einem Schnitt von 66 Prozent über alle Jahre fällt der Wert auf 53 Prozent in 2001 um im Folgejahr auf überdurchschnittliche 72 Prozent (2005) bzw. 71 Prozent (2009) anzusteigen. Auch hier verringert sich nicht das Artikelaufkommen in absoluten Zahlen, sondern lediglich der relative Anteil an der Gesamtberichterstattung. Erklärt werden kann dies durch eine Verdopplung der Artikel rund um 9/11, die entsprechend dem *Islam* einen Peak im Vorkommen verschaffen, welcher umgekehrt vor allem zu Lasten des Anteils der Katholischen Kirche zu gehen scheint.

Wie bereits gesagt, unterscheidet sich bei den Artikeln mit Nennung des Islam nur das Jahr 2001 signifikant von allen anderen Jahren. Während sonst nur etwa jeder fünfte Beitrag (17 Prozent) den Islam nennt, sind es im Jahr 2001 ein Viertel (26 Prozent) der Beiträge. Ein Befund, der mit 9/11 erklärt werden kann.

9.3 Dimension Akteure

Das Judentum kommt vermehrt im Jahr 2009 in der Berichterstattung vor. Jeder fünfte Beitrag (20 Prozent) enthält 2009 das Judentum, im Gegensatz zum Jahresschnitt von 13 Prozent. Wie eine Auswertung der spezifischen Themen für das Judentum 2009 zeigt, ist dieses Ergebnis vor allem auf den Nahost-Konflikt zurückzuführen und den Streit um die Karfreitagsfürbitte.

Zusammenfassend kann festgestellt werden, dass sich hinsichtlich des Vorkommens der Religionen und Konfessionen keine kontinuierliche Entwicklung über die Jahre zeigt. Das Christentum – als im Zentrum der Analyse stehende Religion – gewinnt also nicht kontinuierlich an Bedeutung, sondern steigt und fällt in seinem Aufkommen gebunden an bestimmte Themen und das damit einhergehende sich verändernde Volumen der anderen Religionen. Innerhalb des Christentums dominiert die Katholische Kirche, die mit dem Anteil der Nennungen weit über dem Anteil in der Bevölkerung liegt. Sonstige Christen – hier speziell die aufstrebenden charismatischen Bewegungen – spielen in der deutschen Berichterstattung (noch) keine Rolle.

Valenz Religionen

Über die einfache Erwähnung von Religionen und Konfessionen hinaus, sollte deren Evaluation innerhalb der Berichterstattung gemessen werden. Zu diesem Zweck wurde die Valenz für jede Religion bzw. Konfession auf einer fünfstufigen Skala von sehr negativ über ambivalent bis sehr positiv codiert. Für den Fall, dass gar keine Evaluation der Religion/Konfession vorgenommen wurde, sollte neutral codiert werden. Dies trifft auf über die Hälfte der Nennungen von Religion zu (59 Prozent), wobei die Werte zwischen den Religionen/Konfessionen zum Teil stark schwanken (vgl. Abb. 9). In Beiträgen, in denen das Judentum vorkommt wird für dieses fast nie (82 Prozent neutral) eine Wertung vorgenommen. Wertungen finden sich vor allem für die Katholische Kirche (44 Prozent neutral) und den Islam (44 Prozent neutral). Erwartungsgemäß dominieren beim Islam die negativen Wertungen (36 Prozent negativ/sehr negativ). Bei der Katholischen Kirche hingegen dominieren bei den Wertungen mit 26 Prozent (positiv/sehr positiv) die positiven Wertungen. Dies gilt auch für alle anderen christlichen Konfessionen mit Ausnahme der orthodoxen Kirche, bei der mit 25 Prozent (negativ/sehr negativ) wiederum die negativen Wertungen überwiegen. Tendenziell wird also das Christentum positiver als die anderen Religionen dargestellt, wobei auch hier wieder die Katholische Kirche hervorsticht. Zum einen, weil die Berichterstattung wertender ist, zum anderen, weil sie im Vergleich sehr positiv ist. Wie schon beim Tenor finden sich keine kontinuierlichen Entwicklungen über die Jahre hinsichtlich der Valenz der Religionen. Selbst für den Islam findet sich kein signifikanter Anstieg im Jahr 2001, der eigentlich nach den bisherigen Auswertungen und den

Effekten, die 9/11 bisher gezeitigt hat, erwartbar war. Im Gegensatz zum Tenor findet sich auch keine Entwicklung dahingehend, ob Religion überhaupt evaluiert wird. Die Berichterstattung über die einzelnen Religionen wird nicht nur nicht positiver oder negativer, sondern wird auch nicht meinungsfreudiger bzw. kontroverser. Mehrheitlich hält man sich mit Wertungen einzelner Religionen in der Berichterstattung zurück.

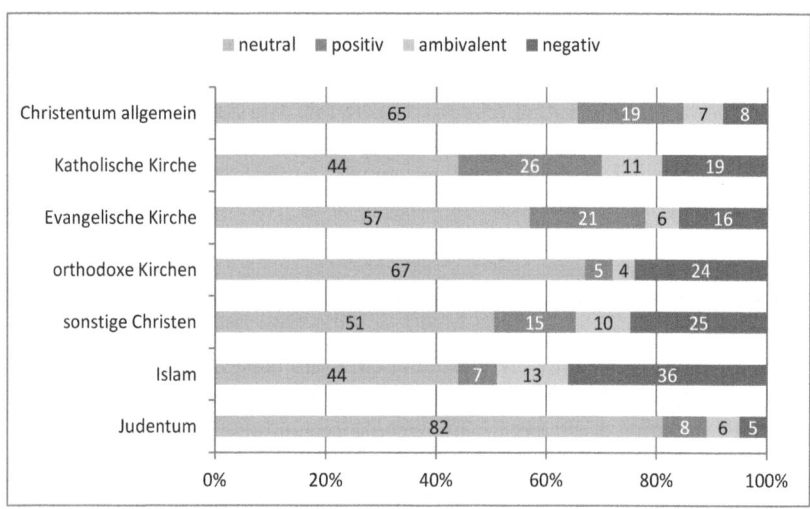

Abb. 9 Valenz der Religionen/Konfessionen
Basis: alle Beiträge der Religionsberichterstattung entsprechend Zugriffskriterien, N = 2.017, Angaben in Prozent, Skalenpunkte sehr positiv und eher positiv sowie sehr negativ und negativ zusammengefasst

Zusammenfassend kann für das Vorkommen der einzelnen Religionen festgehalten werden, dass die Katholische Kirche nicht nur die zahlenmäßig dominierende Religion/Konfession in der Religionsberichterstattung ist, sondern auch die im Vergleich zu den anderen am positivsten bewertete. Dass die Katholische Kirche durch Missbrauchsskandal, Piusbruderschaft und interne Diskussionen um Zölibat, Laien in der Kirche und Ähnliches häufiger aber auch negativer in die Berichterstattung gelangt, trifft also nicht zu. Auch der Islam wird über die Zeit nicht signifikant negativer dargestellt, was angesichts 9/11 hätte erwartet werden können.

9.3 Dimension Akteure

Quelle

Als Quelle des Beitrages wurden Agenturen, Redaktionen oder einzelne Personen codiert, welche entsprechend am Anfang oder Ende des Beitrages durch vollen Namen oder Kürzel ausgewiesen sind. Bis zu drei Quellen konnten die Codierer verschlüsseln. Da lediglich fünf Prozent der Beiträge überhaupt eine zweite Quelle auswiesen und nur knapp ein Prozent eine weitere (dritte) Quelle, konzentriert sich die Auswertung auf die erstgenannte Quelle. Nimmt man die Leserbriefe heraus, die üblicherweise von Nichtjournalisten verfasst werden (n=211), geht der weit überwiegende Anteil der Berichterstattung auf Redaktionen bzw. einzelne Journalisten zurück (82 Prozent). Die restlichen 18 Prozent entfallen auf Agenturen. Sofern eine zweite oder dritte Quelle angegeben wurde, handelt es sich überwiegend um Agenturen (63 Prozent für die zweite Quelle, 78 Prozent für die dritte Quelle). In diesen Fällen wurden also Agenturberichte redaktionell bearbeitet, sodass mehr als eine Quelle ausgewiesen wurde. Erwartungsgemäß dominieren also bei beiden Zeitungen die Eigenberichte. Etwa jeder fünfte Beitrag ist eine Agenturmeldung.

Da bei der Erfassung der besondere Fokus darauf liegen sollte, ob religiöse Akteure über die Zeit gehäufter in der Berichterstattung erscheinen, wurden bei den Agenturen noch einmal Subkategorien für kirchliche (christliche) Nachrichtenagenturen wie *KNA* und *epd* (siehe Kap. 7 Operationalisierung) gegründet. Etwa sechs Prozent aller Beiträge entfallen auf die spezifischen Agenturen, wobei die katholische Nachrichtenagentur (KNA) mit 4,6 Prozent dominiert, gefolgt von der *epd* mit knapp 1,7 Prozent. Die Agentur der Evangelikalen *idea* spielt keine Rolle (0,1 Prozent). Die bisher häufig beobachtete Dominanz bzw. Salienz der Katholischen Kirche kann zu einem Teil mit der häufigeren Verwendung von Agenturmeldungen der entsprechenden Nachrichtenagentur *KNA* zusammenhängen, auch wenn nicht ohne weitere Analyse behauptet werden kann, dass es hier kausale Zusammenhänge gibt. Dazu müsste der Output der *KNA* einer entsprechenden Analyse unterzogen werden. Eine kontinuierliche Entwicklung über die Jahre kann nicht festgestellt werden. Zwar sinkt der Anteil der kirchlichen Agenturen über die Jahre, es sinkt aber auch der Anteil der Agenturbeiträge insgesamt (vgl. Tab. A11 im Anhang), sodass hier kein Trend speziell für die kirchlichen Agenturen identifiziert werden kann.

Bei der Durchsicht des Materials fiel auf, dass bestimmte Redakteure auffällig häufig den Zugriffskriterien entsprechende Beiträge verfassten. Daher wurden alle Codierer angewiesen, bei Personen als Quelle das Kürzel bzw. den Namen offen zu codieren. Diese offenen Codierungen wurden im Anschluss nachcodiert. Sofern eine Quelle zehn oder mehr Beiträge über das gesamte Material verfasst hatte, wurde für diese ein separater Code unter der Kategorie Person definiert.

Zu beachten war dabei, dass ein und dieselbe Quelle zum einen über den vollen Namen ausgewiesen werden konnte (z. B. Heike Schmoll), teilweise aber auch nur mit einem spezifischen Autorenkürzel ausgewiesen war (z. B. oll.). Diese zusammenzuführen bedurfte zum Teil ein wenig Recherche, welche bei der FAZ relativ einfach zu bewerkstelligen war, da diese die Kürzel der Autoren auf ihrer Internetseite ausweist (vgl. http://fazarchiv.faz.net/info/Autoren). Letztlich wurden fünf Redakteure separat erfasst, welche jeweils zehn oder mehr Beiträge im Gesamtzeitraum publiziert haben. Auf diese fünf Quellen entfallen 197 der 2.017 insgesamt codierten Beiträge, also immerhin gut 10 Prozent des Gesamtmaterials und gut 17 Prozent der von Personen verfassten Beiträge (n=1.179, ohne Leserbriefe). Die fünf Quellen sind Heinz-Joachim Fischer (hjf), Daniel Deckers (DD) und Heike Schmoll (oll) von der FAZ, sowie Matthias Drobinski (mad) und Thomas Urban von der SZ. Bis auf Thomas Urban von der SZ können alle ein theologisches Studium vorweisen, was sie vermutlich für die Spezialisierung auf Kirche und/oder Glaubensgemeinschaften qualifizierte. Die Anzahl der von diesen Personen verfassten Beiträge schwankt stark über die Jahre, allerdings ohne einen spezifischen signifikanten Trend erkennen zu lassen ($Ch^2 = 9.39$, $p = .052$). Letztlich scheinen auch hier die Themen ausschlaggebend zu sein, sodass man schließen kann, dass die Redakteure nicht aktiv Themen einbringen, sondern als Spezialisten immer dann gefragt sind, wenn mit Kirche und Glauben verbundene Themen auf der Agenda stehen. So geschehen etwa 2005 – dem Jahr der Papstwahl bzw. des Papsttodes – mit 65 Beiträgen das stärkste Jahr für die spezialisierten Redakteure. Signifikante Unterschiede zeigen sich allerdings beim Tenor der Beiträge (vgl. Abb. 10). Die spezialisierten Redakteure berichten tendenziell positiver als die nicht-spezialisierten Redakteure ($Chi^2 = 8.21$, $p = .042$). Eine Tendenz, die sich im Übrigen für die spezialisierten Agenturen nicht zeigt ($Chi^2 = 8.14$, $p = .846$).

9.3 Dimension Akteure

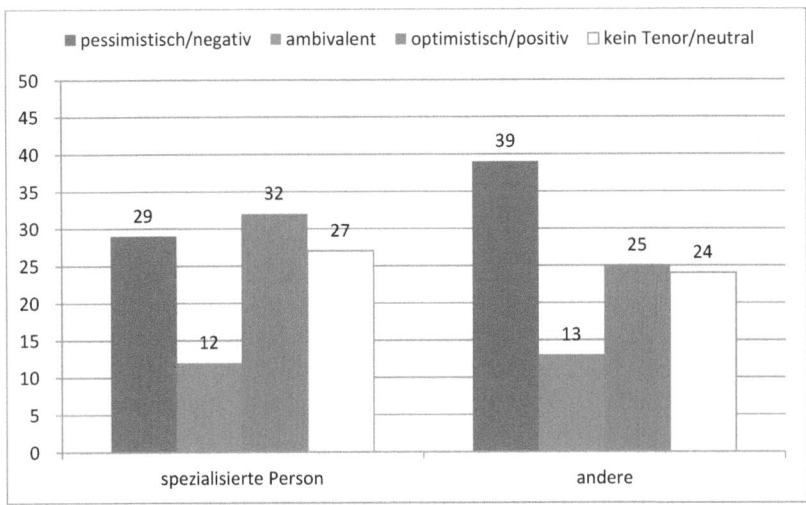

Abb. 10 Tenor der von Personen verfassten Beiträge
Basis: von Personen verfasste Beiträge (ohne Leserbriefe), n=1.587

Für die Quellen lässt sich zusammenfassend festhalten, dass über die Jahre die spezialisierten Agenturen nicht an Bedeutung zunehmen. Vielmehr verlieren sie ebenso wie allen anderen Agenturen an Bedeutung. Bei der Mehrheit der Beiträge handelt es sich um von Personen verfasste Beiträge, wobei jeder zehnte Beitrag auf das Konto der auf das Thema spezialisierten Redakteure geht. Diese berichten tendenziell positiver als ihre Kollegen über Kirche und Glauben. Rückblickend lässt sich das Übergewicht an Berichterstattung über die Katholische Kirche durch die Dominanz sowohl der entsprechenden Agentur als auch durch die zumeist „katholische" Sozialisation der spezialisierten Redakteure erklären. Allerdings kann nicht ausgeschlossen werden, dass die Katholische Kirche von sich aus viel mehr Nachrichtenwert mitbringt, sodass hier nicht unbedingt von einem Effekt stärkerer Professionalisierung und Verankerung der Katholischen Kirche gesprochen werden kann. Wenn dem so wäre, müsste sich über die Jahre ein signifikanter und kontinuierlicher Anstieg entsprechender Beiträge erkennen lassen. Dass dem nicht so ist, stützt eher die These, dass die Katholische Kirche zwar aus genannten Gründen sichtbarer ist als z. B. die Evangelische, insgesamt aber eher auf Themen reagiert wird und diese nicht gesetzt werden.

Urheber Stellungnahme / Urheberbereich Stellungnahme
Sofern eine Stellungnahme Anlass für die Berichterstattung war (n=417), wurde erhoben, welchem Bereich (Politik, Wirtschaft, Religion etc.) der Urheber zuzuordnen war. Fast die Hälfte geht auf Stellungnahmen religiöser Urheber zurück (46 Prozent), wobei allein bei jedem dritten Beitrag (35 Prozent) die Stellungnahme eines Vertreters der Katholischen Kirche der Anlass war. Danach folgen mit 22 Prozent Äußerungen von Medienvertretern, wobei es sich bei den entsprechenden Beiträgen um Reaktionen auf andere Medienberichte handeln dürfte – die anlassgebende Stellungnahme also ein Medienbericht war, der wiederum Anlass zu weiterer Berichterstattung gab. 15 Prozent der Stellungnahmen kamen aus dem politischen Bereich, Protestanten und andere Religionen und Glaubensrichtungen spielen nur eine untergeordnete Rolle. Auf den ersten Blick sieht es so aus, als ob Stellungnahmen religiöser Akteure über die Zeit zunehmen würden. Dies ist aber nur darauf zurückzuführen, dass Stellungnahmen als Anlass der Berichterstattung generell zunehmen.

Ein großer Teil der Beiträge, bei denen der Urheber ein Vertreter der Katholischen Kirche ist (n=145), kommt durch Botschaften zu Ostern oder Weihnachten zustande oder durch die Veröffentlichung von Enzykliken und diversen Aufrufen (20 Prozent), sodass hier von einer Art Routineberichterstattung gesprochen werden kann.

Insgesamt wird über die Jahre nicht stärker auf Äußerungen religiöser Akteure reagiert. Vielmehr sieht es eher so aus, als ob hier Routinen greifen, da ein Großteil auf traditionelle Botschaften zurückzuführen ist und sich der Rest der Stellungnahmen über alle anderen Themen gleichmäßig verteilt. Auch findet sich ein weiteres Indiz für die größere Sichtbarkeit der Katholischen Kirche. Ein vor großem Publikum vorgetragener Ostersegen mit entsprechender Botschaft hat für die Medien scheinbar einen größeren Nachrichtenwert als eine Osterbotschaft der Evangelischen Kirche bzw. der EKD, die über Agenturen verbreitet wird. Auf diese Weise erklärt sich die hier fortgesetzte Dominanz der Katholischen Kirche vor allen anderen Religion bzw. Konfessionen.

Urheber Aspekte
Auch für die Aspekte (christliche Werte gut für die Gesellschaft, Rückkehr der Religion etc.) wurden jeweils noch einmal die Urheber mit den bekannten Bereichen (Politik, Wirtschaft, Religion etc.) erfasst. Wie bereits dokumentiert, kamen die Aspekte insgesamt eher selten in der Berichterstattung vor. Wenn sie vorkamen, wurden sie vor allem von Medienakteuren, also den Journalisten selbst in den Beitrag eingebracht (vgl. Tab. A12 im Anhang).

9.3 Dimension Akteure

Unter den Top-Five tauchen immer wieder die gleichen Bereiche auf. Bildet man eine Rangreihe, liegen die Medien auf Platz 1, gefolgt von Bildung&Wissenschaft und Vertretern der Katholischen Kirche. Die Politik rangiert mit einem durchschnittlichen fünften Rang auf den hinteren Plätzen. Da es sich bei den vordefinierten Aspekten um Argumente auf einer relativ abstrakten Ebene handelt – sie quasi das Destillat mehrerer konkreter Argumente bzw. Tatsachen sind – ist es interessant zu sehen, dass die „Aufbereiter" des öffentlichen Diskurses – hier die Journalisten – und die Experten aus Bildung&Wissenschaft diese Aspekte vornehmlich in die Debatte einbringen. Wie in Tabelle A12 (im Anhang) zu sehen ist, variieren die Ränge nur leicht nach den Aspekten. Dass christliche Werte gut für die Gesellschaft sind geht vor allem auf Vertreter der Katholischen Kirche zurück. Wird die Religion als Gefahr angesprochen, findet sich kaum ein religiöser Akteur als Urheber des Aspektes. Dies ist insofern von Interesse, weil es mit der Erfassung der Diskussion des Aspektes (s.o.) durchaus möglich gewesen wäre, dass sich religiöse Vertreter gegen eine Deklarierung als potenzielle Gefahr wehren. Dieser Aspekt wird jedoch in keiner Weise von religiösen Akteuren aufgegriffen. Neben den grundsätzlich dominierenden Journalisten und Vertretern des Bereiches Bildung&Wissenschaft sind es bei der *Gefahr* gesellschaftliche Akteure, die diesen Aspekt in die Berichterstattung einbringen – wobei es sich hier sowohl um einfache Bürger, als auch um Prominente handeln kann. Alle anderen Aspekte werden vornehmlich von Journalisten und Experten aus Bildung&Wissenschaft in die Berichterstattung eingebracht. Wie schon bei der Analyse der Nennung der Aspekte muss jedoch einschränkend angemerkt werden, dass die Aspekte generell eher selten genannt werden.

Aktive und passive Akteure

Bei der Codierung der Akteure wurde zunächst zwischen aktiven und passiven Akteuren unterschieden (siehe Kap. 7 Operationalisierung). Für jede dieser Klassen konnten bis zu drei Akteure festgehalten werden – insgesamt also bis zu sechs Akteure in jedem Beitrag. Festgehalten werden sollte zunächst für jeden Akteur, welchem Bereich er zuzuordnen ist. Hier kamen wieder die bekannten Bereiche (Politik, Wirtschaft, Religion etc.) zum Einsatz. 44 Prozent der aktiven Akteure (n = 2.655) sind religiöse Akteure, von denen wiederum (n = 1.175) 69 Prozent Vertreter der Katholischen Kirche sind. Auf den weiteren Rängen folgen bei den aktiven Akteuren Vertreter aus der Politik (21 Prozent), aus dem Bereich Bildung& Wissenschaft (10 Prozent) sowie gesellschaftliche Akteure (9 Prozent). Vertreter der protestantischen Kirche stellen nur einen Anteil von 6 Prozent an den aktiven Akteuren. Alle anderen Bereiche rangieren zum Teil weit hinter den genannten. Interessanterweise ergeben sich kaum Unterschiede in der Rangreihe der Bereiche zwischen den aktiven und passiven Akteuren (vgl. Tab. A13 im Anhang). In den hier untersuchten Medien dominieren also religiöse Akteure, gefolgt von Politikern und Experten aus dem Bereich Bildung&Wissenschaft. Außerdem findet sich das schon bekannte Ungleichgewicht zwischen Katholischer und protestantischer Kirche. Es ist also nicht so, dass einige Akteure nur aktiv auftreten, andere hingegen nur passiv. Auch Favre (2011: 90) unterscheidet in ihrer Studie bezüglich der Religionsberichterstattung im Fernsehen der Schweiz zwischen aktiven und passiven Akteuren. Aktiv ergibt sich dort ähnlich wie in der vorliegenden Studie über Handeln oder Sprechen; Passivität darüber, dass der Akteur zitiert wird oder Objekt der Berichterstattung ist. Favre (2011) kommt zu dem Ergebnis, dass religiöse Akteure häufiger in einer passiven Rolle auftreten (41 Prozent aktiv, 59 Prozent passiv). Gleiches gilt für die politischen Akteure (42 Prozent aktiv, 58 Prozent passiv). Alle anderen Akteure sind hingegen überwiegend aktiv (vgl. Favre 2011: 90). Als Grund für die Passivität der religiösen Akteure vermutet Wappler (2011) die Tatsache, dass diese sich nicht so in die Medien drängen und „[...] generell mehr Vorbehalte gegenüber den elektronischen Medien hegen als gesellschaftliche oder politische Akteure." (Wappler 2011: 123). Dies würde allerdings nicht die Passivität der politischen Akteure erklären. Für diese kann kaum angenommen werden, dass sie Vorbehalte gegen die Medien hätten und sich nicht in die Berichterstattung drängen würden. Für die hier untersuchten deutschen Tageszeitungen zeigt sich dann auch ein entgegengesetztes Bild. Sowohl religiöse wie auch politische Akteure sind überwiegend in der aktiven Rolle anzutreffen (Religion: 57 Prozent aktiv, Politik: 54 Prozent aktiv). Sie sagen also etwas oder tragen durch Handeln etwas Entscheidendes zur Berichterstattung bei (vgl. Abb. 11).

9.3 Dimension Akteure

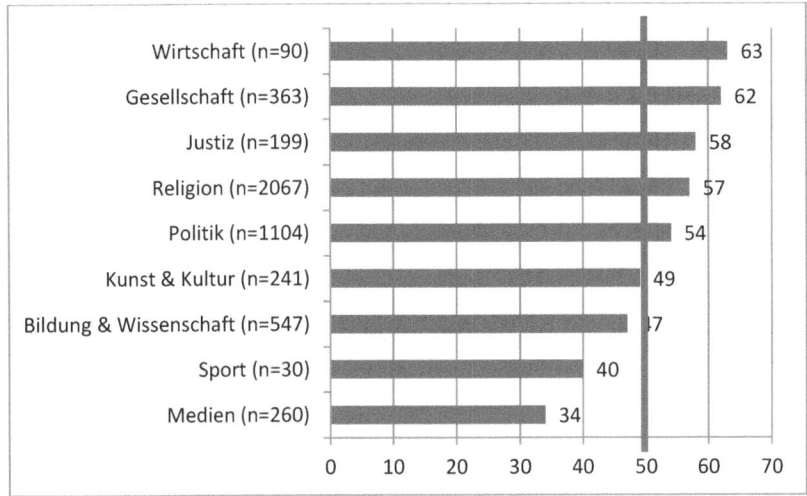

Abb. 11 Anteil aktiver Akteure an allen Akteuren je Bereich
Basis: alle Akteure, N = 4.910, Angaben in Prozent, Lesebeispiel: Akteure aus dem Bereich Wirtschaft sind zu 63 Prozent aktiv (37 Prozent passiv), damit sind diese Akteure mehrheitlich aktiv. Das Gegenteil gilt für Akteure aus dem Sport: hier sind nur 40 Prozent aktiv (60 Prozent passiv). Damit sind diese mehrheitlich passiv.

Am aktivsten sind Akteure aus dem Bereich Wirtschaft, die allerdings zahlenmäßig kaum eine Rolle spielen. Auf dem zweiten Platz rangieren die gesellschaftlichen Akteure, die auch Favre (2011) als mehrheitlich aktiv identifizieren konnte (vgl. Favre 2011: 90). Bei Favre (2011) erklärt sich die Aktivität darüber, dass gesellschaftliche Akteure auch zentraler Bestandteil der Berichterstattung sind, weil es vornehmlich um Themen aus der Lebenswelt der Bürger geht. Dieses Argument würde hier angesichts der hauptsächlich verhandelten Themen wie Personalia aus dem kirchlichen Bereich, Gentechnik etc. nicht zutreffen. Ein Vergleich der beiden Studien ist allerdings schwierig, da der Akteursbereich Gesellschaft nicht identisch gefasst wurde.

Um die Frage zu beantworten, ob über die Jahre mehr religiöse Akteure in der Berichterstattung erscheinen, wurde eine einfache Zählvariable für Akteure aus dem Bereich Religion gebildet. Hier findet sich kein Zusammenhang (Pearson: $r = .050$, $p = .024$). Die Dichotomisierung der Zählvariable, die nun Beiträge mit und ohne religiöse Akteure markiert, ergibt zwar zunächst einen signifikanten

Zusammenhang ($F_{(4,2012)} = 3.39$, $p = .009$), welcher sich aber im Post-hoc-Test (Scheffé) nur als signifikant für die Jahre 2001 und 2009 zeigt. Auch hier findet sich also keine kontinuierliche Entwicklung hin zu mehr (oder weniger) religiösen Akteuren in der Berichterstattung über die Jahre. Der signifikante Unterschied zwischen den Jahren 2001 und 2009 kann wieder auf spezifische Themen zurückgeführt werden und kennzeichnet keinen generellen Trend.

Für alle aktiven und passiven Akteure aus den Bereichen Politik und Religion wurden zusätzlich die Führungsebenen erhoben. Dabei konnte zwischen oberster Führungsebene (z. B. Bundeskanzlerin oder Papst), mittlerer Führungsebene (Ministerpräsident oder Bischof) und unterster Führungsebene (Lokalpolitiker oder Laie) unterschieden werden. Hier zeigen sich allerdings weder Unterschiede zwischen den aktiven und den passiven Akteuren, noch zwischen politischen und religiösen Akteuren. Es dominiert grundsätzlich die oberste Führungsebene. Aktive politische Akteure verorten sich zu 69 Prozent in der obersten Führungsebene, aktive religiöse Akteure zu 59 Prozent. Die Verteilung der passiven politischen und religiösen Akteure ist nahezu identisch. Die mittleren und unteren Führungsebenen bekommen erst mit den nachrangigen Akteuren (zweiter und dritter aktiver/passiver Akteur) mehr Gewicht in der Berichterstattung. Aber selbst beim dritten passiven Akteur dominiert immer noch die oberste Führungsebene (politisch: 55 Prozent, religiös: 45 Prozent). (vgl. Tab. A14 im Anhang). Ein Ergebnis, welches mit den Nachrichtenfaktoren Prominenz und Status erklärt werden kann. Es zeigen sich also keine religionsspezifischen Auswahlmuster.

Koalitionen
Ein Ziel der Studie war es, mögliche Koalitionen der Akteure zu identifizieren – also Akteurspaare bzw. -gruppen, die immer wieder zusammen in der Berichterstattung vorkommen. Zu diesem Zweck wurden Faktorenanalysen für die Akteure gerechnet, wobei nur die Bereiche einbezogen wurden, die den größten Teil der Akteure stellen. Bereiche wie Kunst&Kultur, Sport oder Wirtschaft sind mit Akteuren so schwach vertreten, dass die nötigen Fallzahlen für eine Analyse nicht erreicht werden. Einbezogen wurden also nur aktive und passive Akteure aus Politik, Religion, Bildung&Wissenschaft sowie Gesellschaft. Die Variablen wurden für die Faktorenanalyse dichotomisiert (Akteur Bereich X kommt vor / kommt nicht vor). Es wurde unter 24 Variablen (aktiv/passiv, je vier Bereiche je drei Akteure) nach Mustern im Sinne von Koalitionen gesucht. Die Analyse weist insgesamt neun Faktoren aus. Keiner davon zeigt bereichsübergreifende Koalitionen. Ganz im Gegenteil zeigen sich sogar Abstoßungen zwischen den Bereichen. Zwar landen z. B. auf dem zweiten Faktor aktive religiöse Akteure mit aktiven politischen Akteuren und passiven gesellschaftlichen Akteuren, allerdings wei-

9.3 Dimension Akteure

sen Letztgenannte negative Korrelationskoeffizienten auf. Das Gleiche gilt für die passiven Akteure aus Bildung& Wissenschaft und Religion auf dem neunten Faktor. Ansonsten finden sich auf den Faktoren Akteure (passiv und aktiv) gleicher Bereiche zusammen (vgl. Tab. A15 im Anhang). Zur Sicherheit wurden noch einmal Zählvariablen jeweils für die hier besonders relevanten politischen und religiösen Akteure generiert und miteinander korreliert. Die Korrelation ist zwar hoch signifikant, aber a) sehr schwach und b) negativ. Je mehr politische Akteure vorkommen, desto weniger religiöse Akteure kommen vor und umgekehrt (Pearson-Rho, $r = -.154$, $p = .000$). Gleiches gilt für gesellschaftliche Akteure (Pearson-Rho, $r = -,095$, $p = .000$) und solche aus dem Bereich Bildung&Wissenschaft (Pearson-Rho, $r = -.130$, $p\ 0\ .000$), die neben Politikern und Religionsvertretern die größten Akteursgruppen bildeten. Auch wenn sich eine gewisse Mehrsystemrelevanz bei Themen und Anlässen (s.o.) erkennen lässt, zeigt sich kein bereichsübergreifendes Miteinander bei den Akteuren. Inwiefern dies auf die Selektion seitens der Journalisten zurückzuführen ist oder ein Indiz für eine gewisse Abschottung der Bereiche ist, kann hier leider nicht geklärt werden.

Für die Dimension Akteure lässt sich zusammenfassend feststellen, dass im Gegensatz zu anderen Ländern und/oder anderen Medien hier die religiösen Akteure dominieren. Der einfache Bürger oder Gläubige kommt hingegen kaum in der Berichterstattung vor. Einen relevanten Anteil machen noch Politiker und Vertreter aus dem Bereich Bildung&Wissenschaft aus. Favre (2011) stellt für Berichterstattung rund um das Thema Religion im Schweizer Fernsehen fest, dass religiöse Akteure darin am häufigsten vorkommen (60 Prozent), gefolgt von den sonstigen Akteuren (womit Privatpersonen und Bürger gemeint sind) und gesellschaftlichen Akteuren (58 Prozent). Politische Akteure machen bei Favre (2011) ca. ein Viertel (27 Prozent) der Akteure aus (Favre 2011: 89). Den Überhang von sonstigen Akteuren erklärt Favre (2011) mit dem thematischen Schwerpunkt auf lebensweltlichen Dingen der Bürger, wie z. B. Übergangsriten (Taufe, Konfirmation etc.) in den untersuchten Programmen. Für die USA stellen Vultee, Craft & Velker (2010) fest, dass mit einem Verhältnis von 3:1 bis 4:1 (entspricht 75-80 Prozent) religiöse Akteure in der Berichterstattung vorkommen. Auch dort handelt es sich eher um einfache Bürger, die über sich und ihr Leben reden. Wissenschaftler, andere Experten und religiöse Würdenträger kommen hingegen kaum zu Wort (Vultee, Craft & Velker 2010: 158ff). Kann der Unterschied zur Schweizer Studie noch mit den unterschiedlichen Medien erklärt werden, so können die Unterschiede zu der amerikanischen Studie eigentlich nur mit unterschiedlichen Formen von Religion und religiösem Leben erklärt werden. Die in den USA populären charismatischen Glaubensrichtungen fokussieren sehr auf das Individuum, während gerade die Katholische Kirche saliente Würdenträger anzubieten hat, die dann im öffentlichen Diskurs auftauchen. Selbstverständlich werden auch die hier untersuchten Medien – überregionale Tageszeitungen – zu dem Bild beitragen. Vermutlich wird der Anteil von Vertretern des Bereichs Gesellschaft (z. B. Bürgern) in regionalen Tageszeitungen steigen. In FAZ und SZ dominieren eindeutig religiöse Würdenträger, Politiker und Experten. Gegen die im Kapitel Operationalisierung geäußerte Erwartung, dass sich Koalitionen von Akteuren identifizieren lassen, finden sich keinerlei signifikante bereichsübergreifende Akteurskombinationen innerhalb der Beiträge bzw. über die Gesamtberichterstattung. Hinsichtlich der Führungsebenen greifen die üblichen Nachrichtenfaktoren wie Prominenz oder Status. Lediglich mit den nachrangigen Akteuren erhalten mittlere und untere Führungsebenen mehr Gewicht in der Berichterstattung, ohne jedoch die Dominanz der oberen Führungsebenen zu brechen.

9.4 Zusammenfassung

Berichterstattung über Religion nimmt über den hier untersuchten Zeitraum kontinuierlich zu. Dieses Plus bezieht sich dabei nicht nur auf Ressorts wie Politik und Gesellschaft, sondern findet sich auch im Sport und in der Wirtschaft. Generell kann eine Mehrsystemrelevanz für Religion festgestellt werden, die die Berichterstattungsschwelle reduziert. Allerdings lässt sich auch eine Art ‚Grundrauschen' der Religionsberichterstattung feststellen, welches ohne Anbindung an andere Themen auskommt. Es besteht aus Personalia und klassischen Feuilletonbeiträgen sowie historischen Betrachtungen. Besonders die Katholische Kirche produziert hier ausreichend eigenen Nachrichtenwert, um in der Berichterstattung zu erscheinen. Zu dem Grundrauschen, welches als zeitlich unabhängig betrachtet werden kann, kommt Berichterstattung über ‚hot buttons' der Religion wie Gentechnik, islamistischer Terrorismus und Ähnliches hinzu. Diese Themen sind es auch, die die meisten Entwicklungen und Unterschiede in der Berichterstattung im Zeitvergleich verursachen. So wird mit der Zeit mehr über Religion diskutiert, was sich unter anderem auch in einer deutlichen Zunahme der meinungshaltigen Berichterstattung zeigt. In ihren Bewertungen ist die Berichterstattung insgesamt kritischer als z. B. in den USA oder der Schweiz. Der generellen Tendenz folgend, spielen Konflikte auch im Bereich Religion eine immer größere Rolle, allerdings zeigt sich ein Trend dahingehend, dass Religion schon mit ‚kleineren' Konflikten die Berichterstattungsschwelle überwindet. Auch dies kann als Indikator für einen Bedeutungsgewinn der Sphäre an sich genommen werden. Bei den Konflikten dominieren religionsinterne Konflikte. Konflikte zwischen Staat und Religion sowie Gesellschaft und Religion rangieren noch dahinter. Auch hier scheinen die

9.4 Zusammenfassung

Konstellationen und Konfliktlinien nicht genereller Natur zu sein, sondern eindeutig themenabhängig. Ein themenunabhängiger Befund ist die Dominanz der Katholischen Kirche. Sie ist in der Berichterstattung überproportional vertreten und wird auch am positivsten bewertet. Trotz der nachweisbaren Mehrsystemrelevanz finden sich keine bereichsübergreifenden Akteurskoalitionen über die Zeit. Dies ist insofern positiv, als sich keine Meinungskartelle feststellen lassen. Negativ ist allerdings zu betrachten, dass trotz der Involvierung verschiedener Bereiche (vornehmlich Politik und Religion) kein Miteinander entsprechender Akteure sichtbar wird.

Diskussion 10

Am Beginn dieser Arbeit stand die Frage, ob Religion in den öffentlichen Raum zurückkehrt. Implizit war hier die im Säkularisierungsparadigma fußende Annahme, dass Religion zunächst verschwunden war und aktuell aufgrund bestimmter Ereignisse und öffentlich verhandelter Themen an Bedeutung gewinnt. Angesichts der Ergebnisse dieser Arbeit muss die letzte Annahme grundsätzlich in Frage gestellt werden. Gerade in Deutschland mit einem Kooperationssystem von Kirche und Staat wurden die Verbindungen von Politik, Staat und Kirche nie ganz aufgelöst. In vielen Bereichen war und ist der Staat auf Leistungen der Religion bzw. der Kirchen angewiesen. Dies beschränkt sich auch nicht nur auf die besonders sichtbaren Sozialleistungen. Religion – hier die christliche Religion – stellt auch eine unverzichtbare Werte-, Integrations- und Mobilisierungsgrundlage für die Gesellschaft. Dementsprechend verblieb in der Bevölkerung ein großer Anteil religiöser Bürger, der zahlenmäßig jede andere Organisation, Partei oder Verein übersteigt. In den Medien lässt sich außerdem ein Grundrauschen an Religionsberichterstattung nachweisen, welches zeitlich unabhängig erscheint. Daher ist es plausibel anzunehmen, dass Religion nie ganz verschwunden war. Der aktuelle Befund einer Rückkehr der Religion ist somit eher ein Bedeutungszuwachs und kein Rückgewinn an Bedeutung.

Der Zuwachs wiederum scheint an bestimmte Themen und Ereignisse gebunden zu sein. Die Auswertung von Trenddaten bezüglich der Religiosität zeigt insgesamt einen Aufwärtstrend, wobei die Entwicklung äußerst volatil ist. Zusammen mit den Ergebnissen der Inhaltsanalyse kann angenommen werden, dass diese Volatilität durch besonders saliente Themen in den Medien bzw. im öffentlichen Diskurs zustande kommt. Als Werttreiber zeigen sich islamistischer Terror, Gentechnik, Religionsunterricht und Ähnliches – Themen, die bereits in der Literatur als besonders religionsaffin genannt wurden. In Konfrontation mit dem Islam wird die eigene Religion als Vergleichsbasis aufgerufen. Die Möglichkeiten der Gentechnik machen Entscheidungen notwendig, die nicht aus bestehenden Gesetzen und Normen generiert werden können. Debatten um Kruzifixe und Religionsunterricht schließlich sind schon eine Reflexion der Frage nach der Stellung von Religion in der Gesellschaft. Geht man davon aus, dass moralisch aufgeladene Themen mehr und mehr auf der öffentlichen Agenda stehen, so kann plausibel angenommen werden, dass auch Religion mehr und mehr Relevanz gewinnen wird. Ein wichtiger Indikator hierfür ist auch die Tatsache, dass selbst nicht-religiöse Menschen den Wunsch äußern, dass Politiker religiöse Werte vertreten sollten. Hintergrund dürfte hier der Wunsch nach moralischem Handeln sein, welcher wiederum die gesellschaftliche Wertegrundlage tangiert. Auf gesellschaftlicher Ebene ist zudem eine Trendumkehr bezüglich der Kirchenmitgliedschaften auszumachen. Zwar ist dies noch kein ausreichend valider Faktor, allerdings erodiert damit ein gängiges Argument gegen die Rückkehr der Religion.

An den generellen Befund des Bedeutungszuwachses schließt sich die Frage an, wie dieser zu bewerten ist. Angesichts der Leistungen von Religion könnte man sagen, dass ein Bedeutungszuwachs nicht weiter problematisch ist. Grundsätzlich ist Religion funktional. Außerdem haben auch Glaubensgemeinschaften wie alle anderen Organisationen, Vereine, Parteien, Gewerkschaften und Personen das Recht, sich in die öffentliche Debatte einzubringen. Problematisch ist allerdings, wenn Religionsgemeinschaften mit Letztwertbegründungen argumentieren. So darf die kritische Betrachtung der Gentechnik nicht daran gebunden sein, dass ein Eingriff in Gottes Schöpfung stattfindet, sondern höchstens, dass sie bestimmte Gefahren birgt. Gesellschaftliche Werte wie Solidarität, Toleranz etc. sollen mit ihrer Funktionalität für die Gesellschaft begründet werden und nicht damit, dass sie von Gott sind. Inwieweit es Religionen möglich ist, ihre Argumente in der öffentlichen Debatte zu säkularisieren, ist weiterhin offen. Problematisch erscheint hier die in den Medien nachgewiesene Dominanz der Katholischen Kirche. Ergebnisse aus den USA weisen nach, dass dogmatische Glaubensrichtungen den gesellschaftlichen Zusammenhalt eher bedrohen als ihn stützen. Kritisch gesehen werden muss auch das grundsätzliche Verhältnis der Katholischen Kirche zu Politik und öffentlicher Debatte.

Für den Bereich der Medien ist festzustellen, dass zunächst keine Professionalisierung der Öffentlichkeits- und Medienarbeit der Kirchen nachgewiesen werden kann. Die Berichterstattung erfolgt mehrheitlich entlang gängiger Nachrichtenfaktoren wie Prominenz, Relevanz und Konflikt. Der Einfluss der Kirchen auf die Medien ist also noch als gering einzuschätzen. Problematisch allerdings ist der Befund, dass es innerhalb der Medien spezialisierte Journalisten gibt, die religiös – hier vor allem katholisch – sozialisiert sind und für die sich eine leicht verzerrte Darstellung nachweisen lässt. Geht man von einer weiteren Zunahme der

Religionsberichterstattung im Zusammenhang mit entsprechenden Themen aus, gewinnen diese spezialisierten Akteure ebenfalls an Bedeutung. Im Zuge dessen würde die verzerrte Darstellung in Zukunft problematische Ausmaße annehmen. Hier muss unbedingt für einen vielfältigen und differenzierten Umgang mit entsprechenden Themen gesorgt werden. Dementsprechend sollte die unabhängige Journalistenausbildung auch das Thema Religion ernster nehmen und die Ausbildung nicht allein kircheneigenen oder kirchennahen Schulen überlassen.

Angesichts der dokumentierten Relevanz und Präsenz von Religion in der Öffentlichkeit sollte Gegenstand zukünftiger (auch wissenschaftlicher) Debatten nicht mehr sein, ob Religion, Kirche, Glauben einen Platz in der Gesellschaft haben, sondern wie dieser ausgestaltet werden kann oder sollte. Bezüglich der Frage nach dem *Ob*, kann belegt werden, dass sich moderne Gesellschaften nicht zwangsläufig säkularisieren, sondern Momente der Modernisierung sogar zu einem Bedeutungsgewinn von Religion beitragen. Auch religiöse Pluralität wie im Marktmodell angenommen führt nicht automatisch zu einer vitaleren Religiosität. Hier muss sogar angenommen werden, dass die Grundannahme – der Bedarf an Religion sei stabil – falsch ist. Er steigt und fällt mit spezifischen Problemstellungen, Themen und Ereignissen. Auch von einer Individualisierung kann nicht gesprochen werden. Weder verschwindet Religion aus dem öffentlichen Raum, noch wird das religiöse Feld besonders synkretistisch. Vielmehr profitieren gerade die etablierten, kulturgebenden Religionen bzw. Kirchen vom Aufschwung in diesem Bereich. Religion war also niemals verschwunden und gewinnt aktuell an Bedeutung. Wichtig ist also die Frage, *wie* die Beteiligung gerade der besonders relevanten institutionalisierten Religionen aussehen soll. Einerseits haben sie das gleiche Recht wie alle anderen Gruppen sich in öffentliche Dinge einzubringen, zumal die Nachfrage steigt – andererseits muss darüber diskutiert werden, in welcher Weise legitime religiöse Argumentationen in den allgemeinen öffentlichen Diskurs integriert werden können. Einen wesentlichen Beitrag hier müssen auch die Medien als die vierte Gewalt im Staate leisten, indem sie auch mit einer vielfältigen und differenzierten Darstellung in Bezug auf Religion den öffentlichen Diskurs anreichern.

Quellenverzeichnis

Ahn, Gregor (2007): Kommunikation von Religion im Internet. In: Malik, Jamal; Rüpke, Jörg; Wobbe, Theresa (Hrsg.) (2007): Religion und Medien. Vom Kultbild zum Internetritual. Münster: Aschendorff, 191-205

Albrecht, Christian (2007): Evangelische Publizistik. In: Malik, Jamal; Rüpke, Jörg; Wobbe, Theresa (Hrsg.) (2007): Religion und Medien. Vom Kultbild zum Internetritual. Münster: Aschendorff, 153-163

ALLBUS 2002: Allbus compact Datensatz – verfügbar unter www.gesis.org [abruf: 12.03.2009]

Arjomand, Said Amir (1991): The Emergence of Islamic Political Ideologies. In: Beckford, James A.; Luckmann, Thomas (1991): The Changing Face of Religion. Worcester: Billing & Sons, 109-123

Ayatollahy, H. (2008): The role of media in the threats and opportunities of globalization for religion. In: Journal of Media and Religion 7, 34-44

Bähler, Regula (2011): Mediale Darstellung von Religionen. Aus Sicht der Aufsichtsbehörde UBI. In: Jecker, Constanze (Hrsg.) (2011): Religionen im Fernsehen. Analysen und Perspektiven. Konstanz: UVK Verlagsgesellschaft mbH, 147-159

Ball-Rokeach, Sandra J.; Power, Gerard J.; Guthrie, K. Kendall; Waring, H. Ross (1990): Value-Framing Abortion in the United States. An Application of Media System Dependency Theorie. In: International Journal of Public Opinion Research, 2 (3), 249-273

Bundesamt für Migration und Flüchtlinge (BAMF) (2009): Muslimisches Leben in Deutschland. Abrufbar unter: http://www.bamf.de/SharedDocs/Anlagen/DE/Publikationen/Forschungsberichte/fb06-muslimisches-leben.html?nn=1362958

Beckford, James A.; Luckmann, Thomas (1991): The Changing Face of Religion. Worcester: Billing & Sons

Berkowitz, Dan; Eko, Lyombe (2007): Blasphemy as sacred rite/right „The Mohammed cartoons affair" and maintenance of journalistic ideology. In: Journalism Studies, 8(5), 779-797

Bonacker, Thorsten; Imbusch, Peter (2006): Zentrale Begriffe der Friedens- und Konfliktforschung. In: Imbusch, Peter; Zoll, Ralf (Hrsg.): Friedens- und Konfliktforschung. Wiesbaden: VS Verlag für Sozialwissenschaften, 67-80

Böntert, Stefan (2007): E-Prayer und Andacht per Mausklick. In: Malik, Jamal; Rüpke, Jörg; Wobbe, Theresa (Hrsg.) (2007): Religion und Medien. Vom Kultbild zum Internetritual. Münster: Aschendorff, 165-179

Bosshart, Louis (1987): Der Papstbesuch in der Schweiz und im Fürstentum Liechtenstein. In: Maier, Hans; Roegele, Otto B.; Spieker, Manfred (Hrsg.) (1987): Katholikentage im Fernsehen. Paderborn, München, Wien, Zürich: Ferdinand Schöningh, 9-20

Brague, Remi (1996): Orient und Okzident. In: Kallscheuer, Otto (Hrsg.) (1996): Das Europa der Religionen. Ein Kontinent zwischen Säkularisation und Fundamentalismus. Frankfurt a.M.: Fischer, 45-66

Braml, Josef (2005): Die theo-konservative Politik Amerikas. In: Aus Politik und Zeitgeschichte, 7, 30-38

Braml, Josef (2008): Westliche Wertegemeinschaft? Zur Sprengkraft religiöser Werte. In: Aus Politik und Zeitgeschichte, 5-6, 21-27

Brocker, Manfred (2007): Die Christliche Rechte in den USA. In: Aus Politik und Zeitgeschichte, 6/, 24-31

Buddenbaum, Judith M. (2002): Social Science and the study of religion. Going forward by looking backward. In: Journal of Media and Religion, 1(1), 13-24

Buddenbaum, Judith M. (1998): Mass media and religion. In: History of the Mass Media in the United States. Routledge

Buddenbaum, Judith M. (1988): The religion beat at daily newspapers. In: Newspaper Research Journal 9(4), 57-69

Buddenbaum, Judith M. (1986): An analysis of religion news coverage in three major newspapers. In: Journalism Quarterly, 63(3), 600-606

Buddenbaum, Judith M. (1982): News about Religion. A Readership Study. In: Newspaper Research Journal, 3(2), 7-17

Bühler, Willi; Peier-Plüss, Martin (2011): Mediale Repräsentation und Kontextualisierung des Christentums. In: Jecker, Constanze (Hrsg.) (2011): Religionen im Fernsehen. Analysen und Perspektiven. Konstanz: UVK Verlagsgesellschaft mbH, 205-214

Bundestag (2011): http://www.bundestag.de/dokumente/rechtsgrundlagen/grundgesetz/gg_00.html

Casanova, José (1996): Global Catholicism and the Politics of Civil Society. In: Socialogical Inquiry, 66(3), 356-373

Casanova, José (1996): Chancen und Gefahren öffentlicher Religion. Ost- und Westeuropa im Vergleich. In: Kallscheuer, Otto (Hrsg.) (1996): Das Europa der Religionen. Ein Kontinent zwischen Säkularisation und Fundamentalismus. Frankfurt a.M.: Fischer, 181-210

Cerny-Werner, Roland; Gries, Rainer (2009): Der Vatikan und der Ostblock im Kalten Krieg. In: Aus Politik und Zeitgeschichte, 1-2, 39-45

Coe, Kevin; Domke, David (2006): Petitioners or Prophets? Presidential Discourse, God, and the Ascendancy of Religious Conservatives. In: Journal of Communication, 56, 309-330

Cornelissen, Joep P. (2008): Corporate Communication. In: Donsbach, Wolfgang (Hrsg.): International Encyclopedia of Communication, Oxford: Blackwell, 1004-1010

Dahinden, Urs; Koch, Carmen (2011): Mediale Darstellung von Religionen: aus Sicht der Medien- und Kommunikationswissenschaft. In: Jecker, Constanze (Hrsg.) (2011): Religionen im Fernsehen. Analysen und Perspektiven. Konstanz: UVK Verlagsgesellschaft mbH, 99-111

Dahinden, Urs; Wyss, Vinzenz (2009): Spezialisierung im Journalismus: Allgemeiner Trend? Herausforderungen durch das Thema Religion. In: Dernbach, Beatrice; Quandt, Thorsten (Hrsg.): Spezialisierung im Journalismus. Wiesbaden: VS Verlag für Sozialwissenschaften

Da Re, Stephan (2003): Religion und Kirche in den Medien. Marburg: Tectum

Debertin, Sebastian (2007): Christentum und Bibel als Teil der wertevermittelnden Programme im KI.KA. In: Malik, Jamal; Rüpke, Jörg; Wobbe, Theresa (Hrsg.) (2007): Religion und Medien. Vom Kultbild zum Internetritual. Münster: Aschendorff, 97-104

Diner. Dan (1996): Zweierlei Osten. Europa zwischen Westen, Byzanz und dem Islam. In: Kallscheuer, Otto (Hrsg.) (1996): Das Europa der Religionen. Ein Kontinent zwischen Säkularisation und Fundamentalismus. Frankfurt a.M.: Fischer, 97-113

Donsbach, Wolfgang (2009): Journalist. In: Noelle-Neumann, Elisabeth; Schulz, Winfried; Wilke, Jürgen (Hrsg.): Fischer-Lexikon. Publizistik und Massenkommunikation. Frankfurt a.M.: S. Fischer Verlag GmbH

Döveling, Katrin (2007): Feeling is believing. Eine kommunikationswissenschaftliche Analyse der Trauer um Papst Johannes Paul II. In: Malik, Jamal; Rüpke, Jörg; Wobbe, Theresa (Hrsg.) (2007): Religion und Medien. Vom Kultbild zum Internetritual. Münster: Aschendorff, 73-91

Dunn, Elisabeth W.; Moore, Moriah; Nosek, Brian A. (2005): The War of the Words: How Linguistic Differences in Reporting Shape Perceptions of Terrorism. In: Analyses of Social Issues and Public Policy, 5(1), 67-86

Eilders, Christiane (2004): Von Links bis Rechts – Deutung und Meinung in Pressekommentaren. In: Eilders, Christiane; Neidhardt, Friedhelm; Pfetsch, Barbara (Hrsg.): Die Stimme der Medien. Pressekommentare und politische Öffentlichkeit in der Bundesrepublik. Opladen: VS Verlag, 129-166

Emons, Pascale; Scheepers, Peer; Wester, Fred (2009): Longitudinal Changes in Religiosity in Dutch Society and Drama Programs on Television, 1980-2005. In: Journal of Media and Religion, 8, 24-39

Favre, Veronika (2011): Resultate der quantitativen Inhaltsanalyse: Religion(en) in fünf Schweizer Fernsehprogrammen. In: Jecker, Constanze (Hrsg.) (2011): Religionen im Fernsehen. Analysen und Perspektiven. Konstanz: UVK Verlagsgesellschaft mbH, 65-95

Fisher, Cathleen S. (2007): Religion and Politics in the United States. Implication for transatlantic relations. In: Pruin, Dagmar; Schieder, Rolf; Zachhuber, Johannes (Hrsg.) (2007): Religion and Politics in the United States and Germany. Religion und Politik in Deutschland und den USA. Berlin: Lit., 35-47

Forschungsgruppe Weltanschauungen in Deutschland (2012): Kindertageseinrichtungen, Anzahl, Finanzierung, 2002. Abrufbar unter: http://fowid.de/nc/archive/erweiterte-suche [15.05.2012]

Friedrichs, Lutz; Vogt, Michael (Hrsg.) (1996): Sichtbares und Unsichtbares: Facellten von Religion in deutschen Zeitschriften. Würzburg: Ergon

Gabriel, Karl (2008): Jenseits von Säkularisierung und Wiederkehr der Götter. In: Aus Politik und Zeitgeschichte, 52, 9-15
Gabriel, Karl; Reuter, Hans-Richard (Hrsg.) (2010): Religion und Gesellschaft. Paderborn: Ferdinand Schöningh
Gabriel, Karl; Reuter, Hans-Richard (2010): Einleitung. In: Gabriel, Karl; Reuter, Hans-Richard (Hrsg.) (2010): Religion und Gesellschaft. Paderborn: Ferdinand Schöningh
Garcia, Cesar (2010): Pope Benedict XVI on Religion in the Public Sphere. In: Journal of Communication and Religion, 33, 87-107
Gottschlich, Maximilian (1987): Papstbesuch in Österreich – Medienecho und Öffentlichkeitsreaktionen. In: Maier, Hans; Roegele, Otto B.; Spieker, Manfred (Hrsg.) (1987): Katholikentage im Fernsehen. Paderborn, München, Wien, Zürich: Ferdinand Schöningh, 21-30
Graf, Friedrich Wilhelm (2009): Christen im demokratischen Verfassungsstaat. In: Aus Politik und Zeitgeschichte, 14, 15-20

Hanley, David (2003): Die Zukunft der europäischen Christdemokratie. In: Minkenberg, Michael; Willems, Ulrich (Hrsg.) (2003): Politik und Religion. Politische Vierteljahresschrift. Wiesbaden: Westdeutscher Verlag, 231-255
Hasenclever, Andreas; Alexander De Juan (2007): Religionen in Konflikten – Herausforderungen für die Friedenspolitik. In: Aus Politik und Zeitgeschichte 6/2007. 10-16
Haskell, David M. (2007): Evangelical Christians in Canadian National Television News, 1994-2004: A Frame Analysis. In: Journal of Communication and Religion, 30 (March), 118-152
Haus, Michael (2003): Ort und Funktion der Religion in der zeitgenössischen Demokratietheorie. In: Minkenberg, Michael; Willems, Ulrich (Hrsg.) (2003): Politik und Religion. Politische Vierteljahresschrift. Wiesbaden: Westdeutscher Verlag, 45-67
Hepp, Andreas; Krönert, Veronika (2010): Der katholische Weltjugendtag als Hybridevent: Religiöse Medienereignisse im Spannungsfeld zwischen Mediatisierung und Individualisierung. In: Hepp, Andreas; Höhn, Marco; Vogelgesang, Waldemar (Hrsg.): Populäre Events. Wiesbaden: VS Verlag für Sozialwissenschaften
Hildebrandt, Mathias (2007): Krieg der Religionen? In: Aus Politik und Zeitgeschichte, 6, 3-9
Hoover, Stewart M.; Venturelli, Shalini S. (1996): The Category of the Religious: The Blindspot of Contemporary Media Theory. In: Critical Studies in Mass Communication, 13, 251-265
Huber, Wolfgang (Bischof) (2009): Christen in der Demokratie. In: Aus Politik und Zeitgeschichte, 14, 6-8
Huff, Matthias (2007): Religiöses in nonfiktionalen Programmen des KI.KA. In: Malik, Jamal; Rüpke, Jörg; Wobbe, Theresa (Hrsg.) (2007): Religion und Medien. Vom Kultbild zum Internetritual. Münster: Aschendorff, 93-95
Hungerford, M. (2006): Religion and conflict in the news. Conference Papers – International Communication Association, Retrieved from Communication & Mass Media Complete Database, 1-34
Hussain, Ali J. (2007): The Media's Role in a Clash of Misconceptions. The case of the Danish Muhammad Cartoons. In: Harvard International Journal of Press/Politics, 12(4), 112-130

Quellenverzeichnis

Hynds, Ernest C. (1999): Large dailies have improved coverage of religion in 1990s. In: Newspaper Research Journal, 20(1), 43-54

Immerfall, Stefan; Kurthen, Hermann (2008): Die transatlantische Wertegemeinschaft im 21. Jahrhundert. In: Aus Politik und Zeitgeschichte, 5-6, 3-8
IVW (2011): Auflagenzahlen, abrufbar unter http://daten.ivw.eu/index.php?menuid=1&u=&p=

Jandura, Olaf; Jandura, Grit; Kulmann, Christoph (2005): Stichprobenziehung in der Inhaltsanalyse. Gegen den Mythos der künstlichen Woche. In: Gehrau, Volker; Fretwurst, Benjamin; Krause, Birgit; Daschmann, Gregor (Hrsg.): Auswahlverfahren in der Kommunikationswissenschaft, Köln: Halem, 71-116
Jarren, Otfried (2008): Massenmedien als Intermediäre. Zur anhaltenden Relevanz der Massenmedien für die öffentliche Kommunikation. In: M&K Medien und Kommunikationswissenschaft, 56 (3-4), 329-346
Jecker, Constanze (Hrsg.) (2011): Religionen im Fernsehen. Konstanz: UVK
Jecker, Constanze; Schönhagen, Philomen (2011): Explorative Vorstudie: Charakteristika der Religionsthematisierung. In: Jecker, Constanze (Hrsg.) (2011): Religionen im Fernsehen. Analysen und Perspektiven. Konstanz: UVK Verlagsgesellschaft mbH, 43-63

Kallscheuer, Otto (Hrsg.) (1996): Das Europa der Religionen. Ein Kontinent zwischen Säkularisation und Fundamentalismus. Frankfurt a.M.: Fischer
Kallscheuer, Otto (1996): Zusammenprall der Zivilisationen oder Polytheismus der Werte? Religiöse Identität und europäische Politik. In: Kallscheuer, Otto (Hrsg.) (1996): Das Europa der Religionen. Ein Kontinent zwischen Säkularisation und Fundamentalismus. Frankfurt a.M.: Fischer
Kallscheuer, Otto (2002): Die Trennung von Politik und Religion und ihre ‚Globalisierung' in der Moderne. In: Aus Politik und Zeitgeschichte, 42-43, 3-5
Kallscheuer, Otto (2005): Der Vatikan als Global Player. In: Aus Politik und Zeitgeschichte, 7, 7-14
Kepplinger, Mathias; Donsbach, Wolfgang (1987): Der Münchner Katholikentag 1984 im Fernsehen. In: In: Maier, Hans; Roegele, Otto B.; Spieker, Manfred (Hrsg.) (1987): Katholikentage im Fernsehen. Paderborn, München, Wien, Zürich: Ferdinand Schöningh, 57-71
Knoblauch, Hubert (2008): Die populäre Religion und die Transformation der Gesellschaft. In: Aus Politik und Zeitgeschichte, 52, 3-8
Kranemann, Benedikt (2007): Gottesdienstübertragung: Kirchliche Liturgie in medialer Öffentlichkeit. In: Malik, Jamal; Rüpke, Jörg; Wobbe, Theresa (Hrsg.) (2007): Religion und Medien. Vom Kultbild zum Internetritual. Münster: Aschendorff, 181-184
Krüger, Oliver (2011): Exkurs. Die Präsenz von Religionen im deutschen Fernsehen. In: Jecker, Constanze (Hrsg.) (2011): Religionen im Fernsehen. Analysen und Perspektiven. Konstanz: UVK Verlagsgesellschaft mbH, 161-183
Kutz, Magnus-Sebastian (2007): Freedom vs. Fear. Die PR-Kampagne der Bush-Administration zum Krieg gegen den Irak. In: Gassen, Vera; Hofer, Lutz; Rüske, Eike Mark; Stollen, Torsten; Wolf, Christian (Hrsg.): Düsseldorfer Forum politische Kommunikation. Berlin: Lit., 191-213

Leggewie, Claus (2005): Religionen und Globalisierung. In: Aus Politik und Zeitgeschichte, 7, 3-6

Liedhegener, Antonius; Werkner, Ines-Jaqueline (2011): Religion, Zivilgesellschaft und politisches System – ein offenes Forschungsfeld. In: Liedhegener, Antonius; Werkner, Ines-Jaqueline (Hrsg.) (2011): Religion zwischen Zivilgesellschaft und politischem System. Wiesbaden: VS Verlag für Sozialwissenschaften, DOI 10.1007/978-3-531-92742-8_1

Maddux, Kristy (2008): Rhetoric and Religion. In: Donsbach, Wolfgang (Hrsg.): International Encyclopedia of Communication, Oxford: Blackwell, 4333-4335

Maier, Hans; Roegele, Otto B.; Spieker, Manfred (Hrsg.) (1987): Katholikentage im Fernsehen. Paderborn, München, Wien, Zürich: Ferdinand Schöningh

Malik, Jamal; Rüpke, Jörg; Wobbe, Theresa (Hrsg.) (2007): Religion und Medien. Vom Kultbild zum Internetritual. Münster: Aschendorff

Marhold, Wolfgang (2010): Privatisierung und Individualisierung: Thomas Luckmanns phänomenologischer Zugang zur heutigen Sozialform der Religion. In: Gabriel, Karl; Reuter, Hans-Richard (Hrsg.) (2010): Religion und Gesellschaft. Paderborn: Ferdinand Schöningh, 133-148

Martin, David (1996): Europa und Amerika. Säkularisierung oder Vervielfältigung der Christenheit – Zwei Ausnahmen und eine Regel. In: Kallscheuer, Otto (Hrsg.) (1996): Das Europa der Religionen. Ein Kontinent zwischen Säkularisation und Fundamentalismus. Frankfurt a.M.: Fischer, 161-180

Mazzoleni, Gianpietro (2008): Mediatization of Society. In: Donsbach, Wolfgang (Hrsg.): International Encyclopedia of Communication, Oxford: Blackwell, 3052-3055

Meyer, Thomas (2005): Die Ironie Gottes. Religiotainment, Resakralisierung und die liberale Demokratie

Meyer, Thomas (2007): Religion und Politik. Ein neu belebtes Spannungsfeld. Friedrich-Ebert-Stiftung. Berlin: Dreispringer

Minkenberg, Michael (2003): Staat und Kirche in westlichen Demokratien. In: Minkenberg, Michael; Willems, Ulrich (Hrsg.) (2003): Politik und Religion. Politische Vierteljahresschrift. Wiesbaden: Westdeutscher Verlag, 115-138

Minkenberg, Michael; Willems, Ulrich (2002): Neuere Entwicklungen im Verhältnis von Politik und Religion im Spiegel politikwissenschaftlicher Debatten. In: Aus Politik und Zeitgeschichte, 42-43, 6-14

Minkenberg, Michael; Willems, Ulrich (Hrsg.) (2003): Politik und Religion. Politische Vierteljahresschrift. Wiesbaden: Westdeutscher Verlag

Müller, Tim (2009): Religiosity and attitudes towards the involvement of religious leaders in politics. In: World Values Research, 2(1), 1-29

Nisbet, Matthew; Moy, Patricia; Scheufele, Dietram (2003): Religion, Communication, and Social Capital. Conference Papers, International Communication Association, Annual Meeting, 2003, Retrieved from Communication & Mass Media Complete Database

Noelle-Neumann, Elisabeth; Köcher, Renate (2002): Allensbacher Jahrbuch der Demoskopie 1998-2002. München: K.G. Saur

Noelle-Neumann, Elisabeth; Petersen, Thomas (2005): Alle, nicht jeder. Einführung in die Methoden der Demoskopie. Berlin, Heidelberg: Springer

Oermann, Nils Ole (2007): The importance of religious affiliations among political elites. A comparision of Germany and the United States. In: Pruin, Dagmar; Schieder, Rolf; Zachhuber, Johannes (Hrsg.) (2007): Religion and Politics in the United States and Germany. Religion und Politik in Deutschland und den USA. Berlin: Lit., 150-173
Opielka, Michael (2007): Kultur versus Religion? Soziologische Analysen zu modernen Wertkonflikten. Bielefeld: transcript Verlag

Padovani, Cinzia (2008): Vatican Radio. In: Donsbach, Wolfgang (Hrsg.): International Encyclopedia of Communication, Oxford: Blackwell, 5251-5253
Pantti, Mervi; Sumiala, Johanna (2009): Till death do us join: media, mourning rituals and the sacred center of the society. In: Media, Culture & Society, 31(1), 119-135
Petersen, Nybro (2010): American television fiction transforming Danish teenagers' religious imaginations. In: Communications, 35, 229-247
PEW Research Center's Project for Excellence in Journalism (2009): Religion in the News: 2008. Retrieved from http://pewforum.org, 29.03.2010, o.S.
PEW Research Center's Project for Excellence in Journalism (2010): Religion in the News: 2009. Retrieved from http://pewforum.org, 29.03.2010, o.S.
PEW Research Center's Project for Excellence in Journalism (2011): Religion in the News. Islam was No.1 Topic in 2010. Retrieved from http://pewforum.org, 16.04.2011, o.S.
PEW Research Center's Project for Excellence in Journalism (2012a): Religion in the News. 2011. Retrieved from http://pewforum.org, 20.04.2012, o.S.
PEW Research Center on Religion & Public Life (2012b): More See 'Too much' religious Talk by Politicians. Retrieved from http://pewforum.org, 20.04.2012, o.S.
Pfiffner, Manfred R. (2011): Mediale Darstellung von Religionen: aus Sicht des Publikums. In: Jecker, Constanze (Hrsg.) (2011): Religionen im Fernsehen. Analysen und Perspektiven. Konstanz: UVK Verlagsgesellschaft mbH, 125-133
Pollack, Detlef (2002): Religion und Politik in den postkommunistischen Staaten Ostmittel- und Osteuropas. In: Aus Politik und Zeitgeschichte, 42-43, 15-22
Pollack, Detlef (2003): Säkularisierung – ein moderner Mythos? Studien zum religiösen Wandel in Deutschland. Tübingen: Mohr Siebeck
Pollack, Detlef (2009): Rückkehr des Religiösen? Studien zum religiösen Wandel in Deutschland und Europa II, Tübingen: Mohr Siebeck
Pruin, Dagmar; Schieder, Rolf; Zachhuber, Johannes (Hrsg.) (2007): Religion and Politics in the United States and Germany. Religion und Politik in Deutschland und den USA. Berlin: Lit

Radwan, Jon (2008): Religion and Popular Communication. In: Donsbach, Wolfgang (Hrsg.): International Encyclopedia of Communication, Oxford: Blackwell, 4179-4182
Rausch, Helke (2008): Wie europäisch ist die kulturelle Amerikanisierung? In: Aus Politik und Zeitgeschichte, 5-6, 27-32
Regnotto, Marcel; Beutler, Vera; Birrer, Alfons; Nyffeler, Bettina (2011): Mediale Darstellung von Religionen: aus Sicht der Konzessions- und Aufsichtsbehörde BAKOM. In: Jecker, Constanze (Hrsg.) (2011): Religionen im Fernsehen. Analysen und Perspektiven. Konstanz: UVK Verlagsgesellschaft mbH, 135-145
Rendtorff, Trutz (1996): Kirche und Staat. Die gespaltene europäische Christenheit. In: Kallscheuer, Otto (Hrsg.) (1996): Das Europa der Religionen. Ein Kontinent zwischen Säkularisation und Fundamentalismus. Frankfurt a.M.: Fischer, 121-140

Reuter, Hand-Richard (2010): Gott als symbolischer Ausdruck der Gesellschaft: Émile Durkheims Theorie der sozialintegrativen Funktion von Religion. In: Gabriel, Karl; Reuter, Hans-Richard (Hrsg.) (2010): Religion und Gesellschaft. Paderborn: Ferdinand Schöningh, 51-70

Robbers, Gerhard (2003): Status und Stellung von Religionsgemeinschaften in der Europäischen Union. In: Minkenberg, Michael; Willems, Ulrich (Hrsg.) (2003): Politik und Religion. Politische Vierteljahresschrift. Wiesbaden: Westdeutscher Verlag, 139-163

Riesebrodt, Martin (2007): Cultus und Heilsversprechen. Eine Theorie der Religionen. München: Beck

Redfern, Marin (2005): Intelligent Design has not surfaced in the British Press. In: Niemann Reports, 59, Winter, 73-74

Robertson, Roland (1991): Globalization, Politics, and Religion. In: Beckford, James A.; Luckmann, Thomas (1991): The Changing Face of Religion. Worcester: Billing & Sons, 10-23

Rolfes, Helmuth (2007): Inter Mirifica, and what followed. The second Vatican council as the beginning of a new era in the relationship between the church and the media. In: Rolfes, Helmuth; Zukowski, Angela Ann (Hrsg.) (2007): Communicatio Socialis. Challenge of Theology and Ministry in the Church. Kassel: University Press

Rolfes, Helmuth; Zukowski, Angela Ann (Hrsg.) (2007): Communicatio Socialis. Challenge of Theology and Ministry in the Church. Kassel: University Press

Rüpke, Jörg (2007): Religion medial. In: Malik, Jamal; Rüpke, Jörg; Wobbe, Theresa (Hrsg.) (2007): Religion und Medien. Vom Kultbild zum Internetritual. Münster: Aschendorff, 19-28

Rundfunkstaatsvertrag (2010): 13. Rundfunkstaatsvertrag (RStV in der Fassung vom 01.04.2010, abrufbar unter: http://www.die-medienanstalten.de

Schauer, Florian (2007): Europas Götterdämmerung. Von der Re-Sakralisierung politischer Kultur. Marburg: Tectum

Schenk, Susan (2009). Das Islambild im internationalen Fernsehen. Ein Vergleich der Nachrichtensender Al Jazeera English, BBC World und CNN International. Berlin: Frank und Timme.

Schieder, Rolf (2001): Zivilreligion in Amerika. In: Schieder, Rolf (Hrsg.): Wieviel Religion verträgt Deutschland?. Frankfurt: Suhrkamp, 95-118

Schieder, Rolf (2007a): Die Zivilisierung der Religionen. In: Aus Politik und Zeitgeschichte 6, 17-24

Schieder, Rolf (2007b): Die zivilreligiöse Funktion des Amtes des Bundespräsidenten der Bundesrepublik Deutschland am Beispiel der Weihe der Dresdner Frauenkirche. In: Pruin, Dagmar; Schieder, Rolf; Zachhuber, Johannes (Hrsg.) (2007): Religion and Politics in the United States and Germany. Religion und Politik in Deutschland und den USA. Berlin: Lit. 137-147

Schilson, Arno (1997): Medienreligion. Zur religiösen Signatur der Gegenwart. Tübingen: Francke

Schirrmacher, Thomas (2009): Demokratie und christliche Ethik. In: Aus Politik und Zeitgeschichte, 14, 21-26

Schlott, Rene (2008): Der Papst als Medienstar. In: Aus Politik und Zeitgeschichte, 52, 16-21

Schütz, Walter J. (2009): Deutsche Tagespresse 2008. In: Media Perspektiven, 9, 454-483

Schulz, Winfried (2009): Nachricht. In: Noelle-Neumann, Elisabeth; Schulz, Winfried; Wilke, Jürgen (Hrsg.): Fischer-Lexikon. Publizistik und Massenkommunikation. Frankfurt a.M.: S. Fischer Verlag GmbH
Semetko, Holli A.; Valkenburg, Patti M. (2000): Framing European Politics: A Content Analysis of Press and Television News. In: Journal of Communication, 50, 93-109
Statistisches Bundesamt (2012): Bevölkerungsstatistik. Abrufbar unter: https://www.destatis.de/DE/ZahlenFakten/GesellschaftStaat/Bevoelkerung/Bevoelkerungsstand/Tabellen/AltersgruppenFamilienstand.html
Steeves, Leslie H. (2008): Spirituality and Development. In: Donsbach, Wolfgang (Hrsg.): International Encyclopedia of Communication, Oxford: Blackwell, 4796-4798
Steinbach, Udo (2008): Christen im Nahen Osten. In: Aus Politik und Zeitgeschichte, 26, 3-7
Stout, Daniel A.; Buddenbaum, Judith M. (2002): Genealogy of an emerging field. Foundations for the study of media and religion. In: Journal of Media and Religion, 1(1), 5-12
Sutor, Bernhard (2009): Christliche Ethik im säkularen Staat freiheitlicher Verfassung. In: Aus Politik und Zeitgeschichte, 14, 9-14

Taylor, Charles (1996): Drei Formen des Säkularismus. In: Kallscheuer, Otto (Hrsg.) (1996): Das Europa der Religionen. Ein Kontinent zwischen Säkularisation und Fundamentalismus. Frankfurt a.M.: Fischer, 217-246
Tonnemacher, Jan (2005): Berufsfeld Non-Profit-PR. In: Bentele, Günter; Fröhlich, Romy; Szyszka, Peter (Hrsg.): Handbuch der Public Relations, Wiesbaden: VS Verlag für Sozialwissenschaften, 490-497
Trebbe, Joachim: Themenspezifische Fernsehprogrammforschung. Religion(en) im Fernsehen. In: Jecker, Constanze (Hrsg.) (2011): Religionen im Fernsehen. Analysen und Perspektiven. Konstanz: UVK Verlagsgesellschaft mbH, 21-41

Uertz, Rudolf (2005): Katholizismus und Demokratie. In: Aus Politik und Zeitgeschichte, 7, 15-22
Uertz, Rodolf (2007): Politische Ethik im Christentum. In: Aus Politik und Zeitgeschichte, 6/, 34-38
United Nations (2011): Composition of macro geographical (continental) regions, geographical sub-regions, and selected economic and other groupings. Retriewed from http://millenniumindicators.un.org/unsd/methods/m49/m49regin.htm

Voigt, Karsten (2007): Religion und Politik. Ein Vergleich zwischen der Situation in Deutschland und den USA. In: Pruin, Dagmar; Schieder, Rolf; Zachhuber, Johannes (Hrsg.) (2007): Religion and Politics in the United States and Germany. Religion und Politik in Deutschland und den USA. Berlin: Lit., 17-33
Vultee, Fred; Craft, Stephanie; Velker, Matthew (2010): Faith and Values: Journalism and the Critique of Religion Coverage of the 1990s. In: Journal of Media and Religion, 9, 150-164

Wagner, Hans (1987): An Programm und Auftrag vorbei... Die Fernsehberichterstattung (ARD und ZDF) zum 87. Deutschen Katholikentag in Düsseldorf 1982. In: Maier, Hans; Roegele, Otto B.; Spieker, Manfred (Hrsg.) (1987): Katholikentage im Fernsehen. Paderborn, München, Wien, Zürich: Ferdinand Schöningh, 31-56

Wappler, Nathalie (2011): Mediale Darstellung von Religion: aus journalistischer Sicht. In: Jecker, Constanze (Hrsg.) (2011): Religionen im Fernsehen. Analysen und Perspektiven. Konstanz: UVK Verlagsgesellschaft mbH, 113-124

Warner, Carolyn (2003): Die katholische Kirche als politischer Akteur in Italien, Frankreich und Deutschland. In: Minkenberg, Michael; Willems, Ulrich (Hrsg.) (2003): Politik und Religion. Politische Vierteljahresschrift. Wiesbaden: Westdeutscher Verlag, 279-299

Weimer, Wolfram (2006): Credo. Warum die Rückkehr der Religion gut ist. München: Deutsche Verlags-Anstalt

Weischenberg, Siegfried; Malik, Maja; Scholl, Armin (2006): Die Souffleure der Mediengesellschaft. Konstanz: UVK Verlagsgesellschaft mbH

Wiemeyer, Joachim (2009): Das Engagement von Christen in politischen Parteien. In: Aus Politik und Zeitgeschichte, 14, 27-32

Willems, Ulrich (2003): Religion als Privatsache? Eine kritische Auseinandersetzung mit dem liberalen Prinzip einer strikten Trennung von Politik und Religion. In: Minkenberg, Michael; Willems, Ulrich (Hrsg.) (2003): Politik und Religion. Politische Vierteljahresschrift. Wiesbaden: Westdeutscher Verlag, 88-112

Willems, Ulrich; Minkenberg, Michael (2003): Politik und Religion im Übergang – Tendenzen und Forschungsfragen am Beginn des 21. Jahrhunderts. In: Minkenberg, Michael; Willems, Ulrich (Hrsg.) (2003): Politik und Religion. Politische Vierteljahresschrift. Wiesbaden: Westdeutscher Verlag, 13-41

Wyss, Vinzenz; Keel, Guido (2009): Religion surft mit. Journalistische Inszenierungsstrategien zu religiösen Themen. In: Communicatio Socialis, 4, 351-364

Zachhuber, Johannes; Pruin, Dagmar; Schieder, Rolf (2007): Religion and Politics in the United States and Germany. Old Divisions and New Frontiers. In: Pruin, Dagmar; Schieder, Rolf; Zachhuber, Johannes (Hrsg.) (2007): Religion and Politics in the United States and Germany. Religion und Politik in Deutschland und den USA. Berlin: Lit., 7-16

Zollitsch, Robert (Erzbischof) (2009): Mehr Zeugnis wagen! In: Aus Politik und Zeitgeschichte, 14, 3-5

Anhang

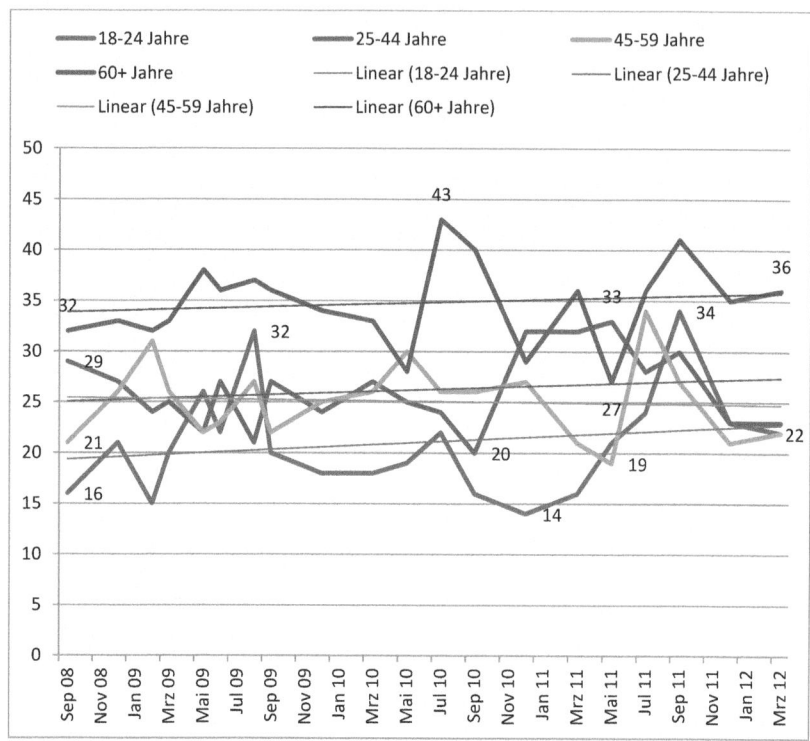

Abb. A1 Religiosität in Dresden mit Trendlinien
Frage: Einmal abgesehen davon, ob Sie regelmäßig Gottesdienste besuchen oder nicht: Würden Sie sagen, dass Sie ein religiöser Mensch sind, oder würden Sie das nicht sagen? Antwortitems: ein religiöser Mensch, kein religiöser Mensch – Angaben in Prozent für „ein religiöser Mensch"
Basis: IfK-DNN-Barometer, repräsentative telefonische Bevölkerungsbefragung (18+) in Dresden (CATI), N≈500

Anhang

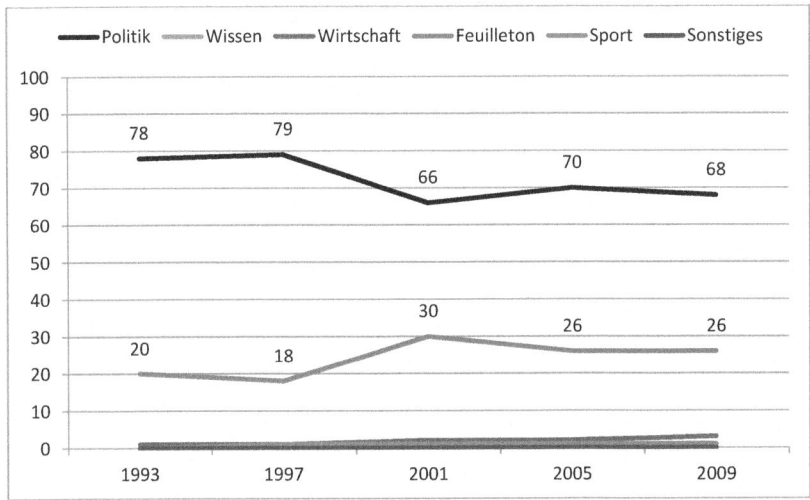

Abb. A2 Entwicklung der Religionsberichterstattung nach Ressort
Basis: alle Beiträge der Religionsberichterstattung entsprechend Zugriffskriterien, N = 2.017, Entwicklungen für Politik und Feuilleton signifikant (p≤.001), Angaben in Prozent

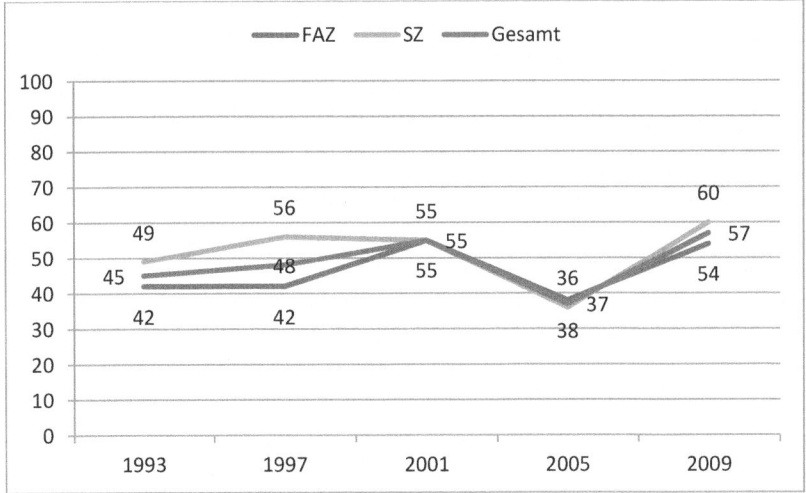

Abb. A3 Entwicklung der konflikthaltigen Berichterstattung
Basis: alle Beiträge der Religionsberichterstattung entsprechend Zugriffskriterien, N = 2.017, Angaben in Prozent, Ausprägung: Konflikt thematisiert

Tabelle A1 Faktorenanalyse Werte

Werte	Faktoren			
	1	2	3	4
Fleiß und Ehrgeiz	.743			
Sicherheitsstreben	.731			
Leistung im Beruf	.671			
Gesetz und Ordnung respektieren	.548			.416
Phantasie und Kreativität		.709		
Selbstverwirklichung		.651		
Toleranz		.598		
Benachteiligten helfen		.466		.449
Macht und Einfluss			.814	
Hoher Lebensstandard			.744	
Durchsetzungsvermögen			.520	
Hedonismus			.445	
Gottesglaube		.494		.691
Politisches Engagement				.520

Datenquelle: ALLBUS 2002; Basis: Deutsche Bevölkerung; N = 2.810; Hauptkomponentenanalyse; Varimaxrotation; KMO = .776; Bartlett: 6.295.406, p = .000; Faktorladungen > .30
Frage: „Jeder Mensch hat ja bestimmte Vorstellungen, die sein Leben und Verhalten bestimmen. Wenn Sie einmal daran denken, was Sie in Ihrem Leben eigentlich anstreben: Wie wichtig sind dann die folgenden Dinge für Sie persönlich?", Skala: siebenstufige Likert-Skala, „unwichtig" bis „außerordentlich wichtig"
Items: (1) Gesetz und Ordnung respektieren, (2) Einen hohen Lebensstandard haben, (3) Macht und Einfluss haben, (4) Seine eigene Phantasie und Kreativität entwickeln, (5) Nach Sicherheit streben, (6) Sozial Benachteiligten und gesellschaftlichen Randgruppen helfen, (7) Sich und seine Bedürfnisse gegen andere durchsetzen, (8) Fleißig und ehrgeizig sein, (9) Auch solche Meinungen tolerieren, denen man eigentlich nicht zustimmen kann, (10) Sich politisch engagieren, (11) Die guten Dinge des Lebens in vollen Zügen genießen, (12) An Gott glauben, (13) Etwas im Beruf leisten, (14) Sich selbst verwirklichen

Tabelle A2 Variablenübersicht ALLBUS 2002 für Religiositätsindex nach Pollack (2009)

Variable	Skala		jeweils ein Punkt im Index für...
Identifikation / Formale Kriterien			
Konfession	v329	Konfessionen, nominal	alle außer „keine"
Konative Kriterien			
Kirchliche Beerdigung	v123	ja/nein/egal	ja
Meditation, innere Einkehr	v125	täglich, über 1x pro Woche, 1x pro Woche, 1-3x im Monat, mehrmals im Jahr, seltener, nie	min. 1-3x im Monat
Kirchliche Trauung	v241	ja/nein	ja
Taufe falls Kinder	v446	ja/nein	ja
Häufigkeit kirchlicher Aktivitäten	v336	über 1x die Woche, 1x pro Woche, 1-3 mal im Monat, mehrmals im Jahr, seltener, nie	min. 1-3x im Monat
Beten	v334	täglich, über 1x pro Woche, 1x pro Woche, 1-3x im Monat, mehrmals im Jahr, seltener, nie	min. 1-3x im Monat
Kirchgangshäufigkeit	v333	über 1x die Woche, 1x pro Woche, 1-3x im Monat, mehrmals im Jahr, seltener, nie	min. 1-3x im Monat
Kirchliche Sendungen rezipieren	v337	über 1x die Woche, 1x pro Woche, 1-3x im Monat, mehrmals im Jahr, seltener, nie	min. 1-3x im Monat
Affektive Kriterien			
Gottesglaube	v19	Likert, siebenstufig, unwichtig bis sehr wichtig	Skalenpunkte 5-7
Glauben an Leben nach dem Tod	v172	ja/nein	ja
Glauben an Himmel	v173	ja/nein	ja
Glauben an Hölle	v174	ja/nein	ja
Glauben an Sünde	v175	ja/nein	ja
Glauben an Vergebung	v176	ja/nein	ja
Glauben an Reinkarnation	v177	ja/nein	ja

ALLBUS 2002

Tabelle A3 Vergleich Korrelationskoeffizienten für Korrelationen zwischen Jahr und Beitragsanzahl der Religionsberichterstattung gesamt und einzelnen Ressorts

	Spearman-Rho		Pearson	
	r	p	r	p
Religionsberichterstattung gesamt	.679	.003	.649	.005
Feuilleton	.549	.022	.628	.007
Wirtschaft	.919	.000	.879	.000
Sport	.544	.024	.499	.041
Politik	.444	.074	.485	.050

Basis: alle Beiträge der Religionsberichterstattung entsprechend Zugriffskriterien, N = 2.017

Tabelle A4 Anteile spezifischer Themen (nachcodiert)

Thema	Häufigkeit	Prozente
Personalia	272	13
Kunst- Buchkritiken	192	10
Historisches	90	4
Pastoralreisen & Audienzen	84	4
(Religions-)Gesetze	82	4
Enzykliken, Aufrufe, Botschaften	78	4
Morde, Geiselnahmen, Terror (nicht islam.)	62	3
innerkirchliche Kontroversen	56	3
Kirchentag, Weltjugendtag	49	2
Islam	49	2
interreligiöse Diskussionen	45	2
Tod Papst Johannes Paul II.	44	2
Pius-Bruderschaft	43	2
Islamistischer Terror	41	2
Religion & Medien	39	2
Religionsunterricht	38	2
Gentechnik	37	2
Papstwahl Benedikt XVI.	37	2
Wahlen	36	2
Wissenschaft & Religion	34	2
Ökumene	29	1
Nahost-Konflikt	28	1
Kriege	17	1
Abtreibung	16	1
sonstiges	519	26
Gesamt	2.017	100

Basis: alle Beiträge der Religionsberichterstattung entsprechend Zugriffskriterien, N = 2.017

Tabelle A5 Top 10 der spezifischen Themen nach Jahr

Rang	Gesamt	%	1993	%	1997	%	2001	%	2005	%	2009	%
1	Personalia	13,5	Personalia	13,2	Personalia	14,8	Personalia	12,5	Personalia	14,4	Personalia	12,1
2	Kunst- und Buchkritiken	9,5	Kunst- und Buchkritiken	10,3	Kunst- und Buchkritiken	9,8	Kunst- und Buchkritiken	10,1	Kunst- und Buchkritiken	8,6	Pius-Bruderschaft	10,4
3	Historisches und Geschichte	4,5	Pastoralbesuche und Audienzen	6,2	Gesetze und Religion	6,7	islamistischer Terror	7,2	Tod Papst Johannes Paul II.	7,7	Kunst- und Buchkritiken	9,4
4	Pastoralbesuche und Audienzen	4,2	Historisches und Geschichte	5,5	Historisches und Geschichte	5,6	Gentechnik	6,7	Wahl Benedikt XVI.	6,2	Gesetze und Religion	5,4
5	Gesetze und Religion	4,1	Enzykliken, Aufrufe, Botschaften	5,5	Enzykliken, Aufrufe, Botschaften	5,6	Historisches und Geschichte	4,1	Historisches und Geschichte	4,8	Pastoralbesuche und Audienzen	4,5
6	Enzykliken, Aufrufe, Botschaften	3,9	Morde, Geiselnahmen, Terror (nicht islam.)	5,5	Morde, Geiselnahmen, Terror (nicht islam.)	5	Islam	3,4	Kirchentag und Weltjugendtag	5,6	Enzykliken, Aufrufe, Botschaften	4,5
7	Morde, Geiselnahmen, Terror (nicht islam.)	3,1	Pastoralbesuche und Audienzen	5,1	Pastoralbesuche und Audienzen	4,2	Nahost-Konflikt	3,4	Pastoralbesuche und Audienzen	3,7	interreligiöse Diskussionen	3,5
8	innerkirchliche Kontroversen	2,8	innerkirchliche Kontroversen	3,3	innerkirchliche Kontroversen	3,4	Pastoralbesuche und Audienzen	3,1	Wahlen (pol.)	2,8	Historisches und Geschichte	2,7
9	Islam	2,4	interreligiöse Diskussionen	2,9	Islam	3,4	innerkirchliche Kontroversen	2,9	Enzykliken, Aufrufe, Botschaften	2,6	Wahlen (pol.)	2,7
10	Kirchentag und Weltjugendtag	2,4	Medien & Religion	2,6	Religionsunterricht	2,8	Gesetze und Religion	2,4	Wissenschaft & Religion	2,5	innerkirchliche Kontroversen	2,7

Tabelle A6 Zusammenfassung der Ressorts

Zusammenfassung	FAZ		SZ	
Politik	Politik	P	Seite3	S3
			Leserbriefe	LB
			Meinungsseite	MS
			Nachrichten	N
			Panorama	Pan
			Politik	P
			Politisches Buch	PB
			Themen	T
			Themen aus dem Ausland	TA
			Themen aus Deutschland	TD
			Themen des Tages	TT
Feuilleton	Feuilleton	F	Feuilleton	F
	Bilder und Zeiten	BZ	Kunst und Preise	KP
	Kunstmarkt	KM	Kunstmarkt	KM
	Reiseblatt	R	Literatur	Lit
	Neue Sachbücher	NS	Medien	M
	Schallplatten und Phono	SP	Reise	R
			Sachbuch	SB
			Schallplatte	SP
Wirtschaft	Wirtschaft	W	Geld	Geld
	Immobilienmarkt	I	Wirtschaft	W
Sport	Sport	S	Sport	S
Wissen	Natur und Wissenschaft	NW	Beruf und Karriere	BK
	Beruf und Chance	BC	Bildung und Beruf	BB
	Technik und Motor	TM	Schule und Hochschule	SH
	Motormarkt	Mot	Wissen	Wis
Sonstiges	Jugend schreibt	JS	Dokumentation	Dok
	Jugend und Umwelt	JU	Forum	For
			Freizeit	Frz

Tabelle A7 Subjektive Religionsberichterstattung

	1993	1997	2001	2005	2009	Gesamt
Leserbriefe	17	40	48	70	36	211
%	6	11	12	12	9	11
Redaktionelle Meinungsformen	19	36	49	59	52	215
%	7	10	12	10	13	11
Feuilletonbeiträge	35	44	91	111	77	358
%	13	12	22	20	19	18
Gesamt	71	120	188	240	165	784
%	100	100	100	100	100	100

Basis: alle den Zugriffskriterien entsprechende subjektiven Beiträge, N = 784

Tabelle A8 Entwicklung der Konfliktintensität

	1993	1997	2001	2005	2009	Gesamt
Schwache Intensität	50	63	53	68	70	62
2	16	17	8	13	13	13
3	10	6	11	10	9	9
4	18	13	19	6	6	12
Starke Intensität	6	1	9	3	3	4
MW	2,14	1,72	2,22	1,62	1,59	1,84
N=	125	169	224	208	229	955
Gesamt	100	100	100	100	100	100

Basis: alle Beiträge, die einen Konflikt thematisieren, n=955, Angaben in Prozent (ausgenommen N und MW)

Tabelle A9 Diskussion und Stellung der Aspekte

Aspekte	Anteil	n	Diskussion			Stellung	
			bestätigt	widerlegt	ambi-valent	Fakt	Gegenstand
christliche Werte gut für die Gesellschaft	7	146	89	5	6	83	17
Christentum essenziell für europäische Kultur	5	108	96	2	2	90	10
Religion als Identifikationsgrundlage	4	74	93	1	6	79	21
Rückkehr der Religion	5	96	37	45	18	83	17
Säkularisierung	7	138	59	15	26	86	14
Religion als Gefahr	7	144	73	4	22	76	24
Gesamt	6		75	12	13	83	17

Basis: alle Beiträge der Religionsberichterstattung entsprechend Zugriffskriterien, N = 2.017, Angaben in Prozent (ausgenommen *n*)

Tabelle A10 Ergebnisse der einfaktoriellen Varianzanalysen (ANOVA) für Vorkommen der Religionen und Jahr

Religionen / Jahr	F	df	p
Christentum allgemein	7.92	4,2011	.000
Katholisch	11.00	4,2012	.000
Protestantisch	3.72	4,2012	.005
Orthodox	4.04	4,2012	.003
Sonstige Christen	.231	4,2012	.921
Islam	8.15	4,2011	.000
Judentum	6.39	4,2011	.000

Basis: alle Beiträge der Religionsberichterstattung entsprechend Zugriffskriterien, N = 2.017

Tabelle A11 Entwicklung Agenturbeiträge

	1993	1997	2001	2005	2009
Eigenberichte	66	77	90	87	92
Agenturmeldungen	34	23	10	13	9
kirchliche Agenturen	12	7	3	5	3
Gesamt	100	100	100	100	100
N	272	357	415	568	404

Basis: alle Beiträge der Religionsberichterstattung entsprechend Zugriffskriterien, N = 2.017, Angaben in Prozent (außer N)

Tabelle A12 Bereiche der Urheber der Aspekte

Rang Ø	Urheber Bereich	Werte (n=146)		Kultur (n=108)		Identifikation (n=74)		Rückkehr (n=96)		Säkularisierung (n=138)		Gefahr (n=144)	
		Rang	%	Rang	%	Rang	%	Rang	%	Rang	%	Rang	%
1	Medien	2	18	1	26	1	37	1	47	1	42	1	46
2	Bildung & Wissenschaft	4	10	2	20	2	21	2	19	2	16	3	13
3	katholisch	1	24	4	12	3	16	3	10	3	11	6	2
4	Gesellschaft	3	13	3	17	4	7	4	8	5	7	2	18
5	Politik	3	13	5	10	5	6	5	5	4	10	5	6
6	protestantisch	5	6	7	4	6	4	4	8	5	7	6	2

Basis: jeweiliger Aspekt, Fallzahlen in der Tabelle, Angaben in Prozent

Tabelle A13 Aktive und passive Akteure nach Bereichen

Bereich der Akteure	Anteile aktive Akteure				Anteile passive Akteure			
	Akteur 1	Akteur 2	Akteur 3	Ø	Akteur 1	Akteur 2	Akteur 3	Ø
Religion zusammengefasst	47	41	38	44	42	38	34	40
Politik	19	27	28	23	21	23	26	22
Bildung& Wissenschaft	10	8	10	10	13	13	14	13
Gesellschaft	8	11	8	9	6	6	6	6
Kunst&Kultur	5	3	5	4	5	6	6	5
Justiz	4	4	6	4	4	4	3	4
Medien	3	3	3	3	7	9	9	8
Wirtschaft	2	2	2	2	1	2	1	1
Sport	1	,4	,3	,5	1	1	1	1
nicht entscheidbar	,3	,3	,3	,3	,2	,0	,0	,1
n=	1552	772	331		1232	678	345	
Gesamt	100	100	100	100	100	100	100	100

Basis: alle Akteure, N = 4.910, Angaben in Prozent (ausgenommen n)

Tabelle A14 Führungsebenen aktiver und passiver Akteure für Politik und Religion

Aktive Akteure	Politik A1 n	Politik A1 %	Politik A2 n	Politik A2 %	Politik A3 n	Politik A3 %	Religion A1 n	Religion A1 %	Religion A2 n	Religion A2 %	Religion A3 n	Religion A3 %	Aktive Gesamt Politik n	Aktive Gesamt Politik %	Aktive Gesamt Religion n	Aktive Gesamt Religion %
oberste Führungsebene	215	75	125	62	57	63	461	65	148	49	52	44	397	69	661	59
mittlere Führungsebene	54	19	52	26	23	26	177	25	85	28	43	37	129	22	305	27
unterste Führungsebene	16	6	24	12	10	11	72	10	69	23	22	19	50	9	163	14
Gesamt	285	100	201	100	90	100	710	100	302	100	117	100	576	100	1.129	100

Passive Akteure	Politik P1 n	Politik P1 %	Politik P2 n	Politik P2 %	Politik P3 n	Politik P3 %	Religion P1 n	Religion P1 %	Religion P2 n	Religion P2 %	Religion P3 n	Religion P3 %	Passive Gesamt Politik n	Passive Gesamt Politik %	Passive Gesamt Religion n	Passive Gesamt Religion %
oberste Führungsebene	171	70	100	69	46	55	313	63	131	55	51	45	317	67	495	58
mittlere Führungsebene	43	18	31	21	21	25	105	21	67	28	38	33	95	20	210	25
unterste Führungsebene	32	13	14	10	16	19	82	16	42	18	25	22	62	13	149	17
Gesamt	246	100	145	100	83	100	500	100	240	100	114	100	474	100	854	100

Basis: alle Akteure, N = 4.910

Tabelle A15 Faktorenlösung Akteurskonstellationen

	Faktoren								
	1	2	3	4	5	6	7	8	9
A1 Bildung&Wissenschaft	.894								
A2 Bildung&Wissenschaft	.845								
A3 Bildung&Wissenschaft	.834								
A1 Religion		.756							
A1 Politik		-.672							
P3 Gesellschaft		-.573							
A3 Religion		.558							
P2 Politik			.838						
P3 Politik			.811						
P1 Gesellschaft				.756					
A2 Gesellschaft				.751					
A3 Gesellschaft				.548					
A2 Politik					.874				
A2 Religion					-.673				
A1 Gesellschaft						-.681			
P2 Gesellschaft						-.618			
P1 Bildung&Wissenschaft							-.809		
P1 Politik								-.782	
P1 Religion								.771	
P3 Bildung&Wissenschaft									.728
P3 Religion									-.518
P2 Bildung&Wissenschaft									.514

Basis: alle Akteure, N = 4.910, Hauptkomponentenanalyse; Varimaxrotation; KMO = .415; Bartlett: 610.557, p = .000; Faktorenladungen > .50
A1-A3: aktive Akteure 1-3; P1-P3: passive Akteure 1-3

The manufacturer's authorised representative in the EU is Springer Nature Customer Service Centre GmbH, Europaplatz 3, 69115 Heidelberg, Germany. If you have any concerns regarding our products, please contact ProductSafety@springernature.com

Printed and bound by CPI Group (UK) Ltd, Croydon, CR0 4YY

23/03/2026

02076680-0001